中山大学中国道路与文明发展学术成果系列资助出版

陈淑琼／著

新时期中国农地制度改革研究

人民出版社

目　录

导　论

民以食为天，食以粮为先，粮以土为基。土地是人类安身立命之本，是"一切生产和一切存在的源泉"①，是农业最基本的生产要素，也是农民最基本的生活保障。土地问题是中国农村的根本问题。土地制度是最基础性的社会经济制度，其变革是一切社会制度变革的基础。它制约着社会历史的发展进程。农地制度是农村经济制度的核心，它不仅影响生产潜力的发挥，而且影响生产主体的投资和意愿，进而影响生产技术和生产组织形式的进步以及农业政策的效果。亘古至今，中国农地制度变迁始终是在一定历史条件的作用下进行着的。农地制度安排合理与否，不仅关乎农村的经济进步、政治稳定与社会和谐，而且关乎整个国家的长治久安。因而，要切实解决"三农"问题，改变农业落后、农民困顿、农村贫穷的现状，农地制度创新迫在眉睫。

本书以农地制度改革为研究对象。研究农地制度问题，首先应当界定新时期农地制度改革相关的概念，以确定研究的标准和尺度，构筑研究的逻辑基础。

"新时期"不仅是指我国改革开放三十多年的时间范围，更是指一个时代背景，是对我国社会经济发展水平的总体概述。这一时期具有不同于以往时代的三个特征：一是社会主义市场经济的基础地位确立并在

---

① 《马克思恩格斯文集》第 8 卷，人民出版社 2009 年版，第 31 页。

我国深入发展和逐步完善；二是我国经济实力不断增强，国际地位不断提高；三是农村社会经济环境发生了深刻变化。

《土地管理法》将我国土地分为三大类，即农用地、建设用地和未利用地。农用地是指直接用于农业生产的土地，包括耕地、林地、草地、农田水利用地、养殖水面等。《农村土地承包法》将农村土地限定为农民集体所有和国家所有依法由农民集体使用的耕地、林地、草地以及其他依法用于农业的土地，即农村土地指的是农用地。本书中的农地概念仅指农用地中的耕地。

土地制度是在一定社会历史条件下，人们在占有和使用土地过程中所形成的各种关系的规范系统。土地制度确定和限制了人们在利用土地过程中的选择集合和激励结构，并通过影响人们的行为选择最终决定土地的经济绩效和相应的利益分配。从制度层面上看，土地制度包含土地的经济制度和相应的土地产权制度。"土地产权制度是法定的土地财产权利，是土地财产在法律上的肯定或土地财产的法律存在形式，可简称为土地法权，它属于上层建筑范畴。"[1] 前者属于经济基础，后者属于上层建筑。土地经济制度是土地法权制度形成的基础，土地经济制度决定土地法权制度；但土地法权制度反过来又具有反映、确认、保护、规范和强化土地经济制度的功能。[2] 从结构上看，土地制度是由土地所有制、土地使用制度、土地流转制度和土地管理制度以及对应的土地产权制度等构成的有关土地的社会经济制度。其中，土地产权制度是土地制度的核心，是人地关系的基础[3]。

农地制度是在一定社会历史条件下，以农地为媒介的经济关系以及相应的法权关系。农地制度是农村社会经济制度的基础，是农村经济

---

① 周诚：《土地经济学原理》，商务印书馆 2003 年版，第 162 页。

② 参见毕宝德：《土地经济学》，中国人民大学出版社 2005 年版，第 162 页。

③ 农业部农村经济研究中心：《中国农村研究报告（1990—1998）》，中国财政经济出版社 1999 年版，第 403 页。

发展的主要载体，是农村各种生产要素有效组合从而转化成为现实生产力的基本中介。作为农村生产关系的核心，它有效地处理与协调农村各种经济主体的相互关系，使潜在的生产力转化为现实的生产力。农地制度有广义和狭义之分。广义的农地制度包括一切有关农地的制度。狭义的农地制度是指包括农地所有权制度、使用制度、管理制度、流转制度和征地制度等在内的经济关系和法律关系的总和。本书的农地制度是狭义的农地制度。

作为一种制度，农地制度不仅具有制度的一般，而且具有制度的特殊。这些属性一起构成了农地制度的基本特点。总而言之，农地制度主要有如下四个方面的特点。一是基础性。自古以来，土地都是基础性资源，土地的基础性决定了包括农地制度在内的土地制度的基础性。从产业发展的历史考察，农地制度是最古老的经济制度。原始农牧业的产生和人类定居生活的开始催生了历史上最早的农地所有制。农业是最古老的产业，被称为第一产业。手工业和商业是随着社会分工的不断深化才从农业中分离出来，并在近代先后发展成为第二产业和第三产业。农业乃人类社会一切非农产业的基础和母体。二是差异性。土地问题不仅是经济问题，而且是社会政治问题。农地资源的稀缺性、不可再生性、非相容性及其对最基本生活资料——粮食生产的特殊重要性，导致各方利益主体的土地利益冲突。由于经济发展水平不同、人地比例各异，各国依据国情制定了特殊的农地制度，以防止土地闲置、浪费和垄断占有所酿发的一系列社会经济问题。国家性质不同，农地制度不同。社会主义国家实行农地公有制，资本主义国家则实行农地私有制。就是同属资本主义国家，美国和日本的农地制度也有差异，美国允许农地兼并，日本则有诸多限制。多数国家除了典型形式，还存在着其他多种土地所有制形式，如个体农民所有、事业单位或宗教团体所有及若干人共有与合有等。三是关联性。农地制度的基础性决定其关联性。比如，农地制度的优劣必然影响农地利用效果，进而影响粮食生产、农业发展甚至其他产业的发展；又如，历史上，农地制度的畸形引发土地兼并，从而导致贫富悬殊，进而激化社会矛盾，轻则社会动荡，重则朝代更迭；再如，加快工业化、城镇化的进程也对农地制度有反向要求。合理的农地制度可以促进工业化、城镇化和农业现代化"三化"协调发展，不合理的农地制度则可能成为"三化"协调发展的桎梏。四是阶段性。农地制度的地位在生产力发展的不同阶段是不同的。从历史上看，地产先于资本而存在。因为在前资本主义的农业社会中，地产或农地制度体现了人类财富的基本形式和人类生存的主要基础。在资本主义社会，农地从属于资本。土地所有者与土地经营者完全分离，只是凭借土地所有权获取地租。可见，随着生产的社会化和商品经济的发展，农地制度采取了所有权与使用权相分离的制度，逐渐弱化农地所有权而强化农地使用权。[①]

农地不仅是农业生产最基本的生产资料，而且是构成农村土地关系的客体。因此，农地兼具自然属性和社会经济属性。社会生产力是人类的生产活动形成的一种生产能力，自然生产力则是自然界本身所具有的一种生产能力。农地生产力是两种生产力的统一。促进农地生产力的发展是农地制度的目的所在。农地制度确定和限制了人们在利用土地过程中的选择集合和激励结构，并通过影响人们的行为选择最终决定了土地的经济绩效和相应的利益分配。农地制度具有多种功能。

第一，激励功能。对行为主体的激励程度是决定经济效果大小的最主要因素。能否激发经济主体的潜力，关键要看经济主体的个人收益与成本是否一致。任何一种农地制度安排皆非完美无瑕。经济主体在利益最大化预期的诱惑驱动下，难免出现制度设计者意料之外的行为，表现为制度激励的反向作用。

---

① 参见李明秋：《中国农村土地制度创新研究》，华东农业大学博士论文，2004年，第36—37页。

第二，约束功能。制度是对经济主体的选择约束。约束功能包括两层含义：一是对经济主体可为和不可为的选择给予规范；二是对经济主体超过制度规定权利义务边界的行为予以约束和奖惩。要让制度发挥其约束功能，首先必须清晰界定制度规定的权利义务。权利义务边界不清必然导致农地制度约束功能的减弱。我国现行农地制度的问题，就是因为权利边界和产权边界模糊不清。

第三，资源配置功能。对生产要素进行分配和调整是制度的内在要求。好的制度可以优化资源配置。农地是重要的社会生产要素，农地制度决定着农地资源的配置方式，影响着农地资源的利用效率，决定着农业经济的发展绩效。因此，选择适用的农地制度与社会经济状况相匹配，使其对资源配置达到最佳效果无疑是至关重要的。

第四，利益保障功能。新制度经济学认为，经济主体只有有限的理性。而环境的复杂性和不确定性给人们带来的预期必然充满着风险性和不确定性。农地制度可以使这种风险性和不确定性最小化，以保障经济主体的权利。当然，农地制度不同，其保障功能的性质、内容和强度各异。这就需要因时因势选择和完善农地制度，确保其保障功能的实现。

第五，利益分配功能。农地制度是分配的前提，合理的农地制度是公平分配的有力保障。公平的分配可以促进社会稳定和谐，不公平的分配则可能会对农村经济社会产生负面影响，甚至会抑制社会经济发展，遑论对社会经济进步起激励作用。

"三农"问题严峻化是和当前农地制度改革的滞后分不开的。农地制度问题一日不解决，农村的繁荣、农业的发展、农民的富裕就难以实现。十八届三中全会和五中全会昭示着新一轮农地制度改革。然而，目前在农地制度改革的目的、目标、方式和手段上却仍然没有形成共识。本书试图通过研究改革开放以来中国农地制度改革，总结三十多年来农地制度改革的经验教训，探寻"三农"问题的出路，为农地制度创新服务。

共和国史上最有效率的两次农地制度创新是 20 世纪 50 年代初和 20 世纪 80 年代初的农地制度改革。前者通过土地改革，使农民获得有制度保障的土地所有权、自由买卖权和出租权，实现社会公正和平等，从而解放了农业生产力。但这种制度安排很快就被土地"集体所有、集体经营"制度所取代。"'大跃进'和人民公社运动，完全违背客观实际情况，头脑发热，想超高速发展"①，"使我们受到惩罚"②。直到我国确立了家庭承包制，才再次解放了农村生产力。

人民公社制度何以败？家庭承包制何以成？激励功能异也。经济主体的内在潜力能否释放，关键在于其收益与成本是否一致。人民公社时期，"三级所有、队为基础"土地制度下，劳动的收益和成本背离，偷懒成本外部化导致"搭便车"风行，谁都想少承担成本而多享用资源。承包制使家庭拥有完全的生产剩余权，偷懒成本内部化，从而抑制了懒惰行为，纠正了激励扭曲，调动了劳动积极性。当然，任何制度皆非完美。在利益驱动下，经济主体也可能违背制度设计初衷，出现制度的负激励。

家庭承包制的推行也并非一帆风顺。面对这场自下而上的改革，中央政府的态度经历了禁止、允许例外、承认存在到大力支持并全面推广的渐变过程。改革由实践所倒逼，理论准备难免滞后且不足。面对方兴未艾的实践，理论概括也非常粗糙。这必然延缓农地制度的规范和完善。因此，全面推行仅三年便出现了反复：在实践中出现了集体农场、"两田制"等农地制度形式，收回了承包地；在理论上出现了否定家庭承包制的私有论、永佃论、租赁论、国有论等各种观点，喧嚣杂陈。

---

① 《邓小平文选》第三卷，人民出版社 1993 年版，第 253 页。
② 《邓小平文选》第三卷，人民出版社 1993 年版，第 234、136 页。

家庭承包制的先天不足也不可小觑。20 世纪 80 年代中以后，家庭经营的局限性随着社会主义市场经济的发展而日渐凸显。土地经营模式的不断创新虽曾使其保持活力，但其小农性质并没有得到根本的改变。户均农地面积过小，以劳动集约的精耕细作方式提高土地生产率，土地细碎，土地使用制度缺乏必要的张力，这些特点使土地资源不能得到合理的配置，无法在更大范围内实现流转，进而影响到农地规模化经营和农业产业化发展。随着工业化和城镇化进一步加快，土地资源被大量用于非农建设。由于农地制度的内在缺陷，对集体与农民在土地上的具体关系模糊，各级地方政府通过集体组织干预农民的经营自主权，甚至乱占滥用农地，侵犯农民权益的现象屡禁不止，甚至呈蔓延之势，已经危及农村乃至整个国家的稳定和繁荣。

农地制度并非一成不变，而是处于不断的变迁之中。即便是在特定历史条件下成功的、曾经促进生产力发展的农地制度安排，也会在新的历史阶段被新的农地制度安排所取代，而新的农地制度安排也非一劳永逸。只有既能保障农民土地权益又能促进生产力发展的农地制度安排才能回应农业增长、农村繁荣、农民幸福的新课题。这一结论进一步推动了马克思主义农地制度理论的中国化。

改革开放之初，农地制度改革曾经促进农村社会经济的发展。但随着时间的推移，其局限性日益凸显并阻碍农村社会经济的进一步发展：工业化和城镇化的用地扩张加剧了人地矛盾；占比过高的农业人口以及农地的过度分散经营制约着农业效率的提高；人力的不合理开发利用与自然力的破坏加速了耕地面积的萎缩、地力的减退和生态的恶化；家庭承包制固有的制度缺陷导致土地生产率的下降和农业生产的停滞。因此，研究和创新农地制度是解决现实难题的唯一出路。

首先，通过新时期农地制度的研究推动农地制度的创新和完善。新时期经济的快速增长得益于经济体制改革，尤其是农村经济体制的改革。在诸多农村制度安排中，农地制度因土地对农业生产和农民生活的特殊作用而显得尤为重要。不同的农地制度安排有不同的经济绩效。由集体经营体制到家庭承包制的制度迭代带来了农村社会经济的繁荣和农产品的快速增产。[①] 在技术恒定的情况下，制度创新是促进经济增长的决定性因素。[②] 有效的农地制度创新具有一系列正效应：一是保证农地的可持续利用；二是保证有限的农地资源和劳动力、资本按照物质技术关系的客观要求进行合理组织；三是保证短缺的农地资源在农业产业经济主体之间的合理配置。本研究试图梳理新时期农地制度变迁的一般规律，提出农地制度创新的基本原则和思路，为农地制度的创新提供政策建议。

其次，通过新时期中国农地制度的研究促进"三农"问题的解决。农业、农村和农民问题是事关经济社会发展全局的根本问题。"三农"问题的症结在农地问题。农地问题不仅涉及农业生产的发展和农民权益的保护，而且关乎社会主义事业的兴衰成败。农地的合理分配是社会公平的基础，农地的有效利用是经济效率的保障。因此，作为农业基本生产要素的农地，其制度建设尤为重要。合理的农地制度能够激发农民的生产潜力，提高农业的经济效益，促进农村的经济增长。建立既能确保适度管制又能促进农地流转的农地制度已刻不容缓。研究新时期农地制度改革，探寻农地问题的出路，有助于完善中国特色农地制度，助推我国农业现代化的早日实现。

新时期农地制度研究具有高度的综合性和复杂性，它涉及经济学、法学、社会学、政治学和历史学等诸多学科，具有较为宽阔的学术研究空间。研究新时期中国农地制度可以对许多尚存争议的问题进行探讨，以跨学科的视野澄清一些理论问题。关于农地制度改革的动因、制约因素和效果评价，关于农地所有制关系调整的目标模式，关于家庭承包制

---

① 参见林毅夫：《制度、技术与中国农业发展》，人民出版社 1996 年版。

② 参见［美］道格拉斯·C.诺斯、罗伯特·保尔·托马斯：《西方世界的兴起》，张炳九译，学苑出版社 1988 年版，第 1 页。

的现实适应性、内在缺陷以及发展趋势，还有农地管理、农地流转、农地征收等领域的问题，学术界至今仍然没有形成共识。这里的回应在一定程度上拓展了农地制度的研究空间。本研究的实证研究，弥补了已有成果在实证研究方面的不足。

国内学者对农地制度的研究主要集中在农地产权制度、农地家庭承包制度、农地流转制度和农地征用制度四个方面。虽然都是基于农地承包者的权益保护问题，但因学术背景和人生体验各异，其学术观点相异，甚至相反。

第一，关于农地产权制度。

关于我国现行农地产权制度的缺陷，学术界的观点基本一致，如：产权主体缺位；产权关系不明晰；农地所有权权能残缺，权能结构不合理。土地使用权制度的缺陷：土地承包关系不稳定，家庭经营自主权不落实；土地使用权不能商品化，缺乏规范的土地使用权市场；土地产权制度缺乏法律保障，农地流转的立法滞后。农地转让难以合法化；地权歧视，地方政府滥用征地权强制征地，并以公共利益之名压低地价，损害农民的合法权益；等等。

农地所有制的改革方向。是农地制度问题中的热议焦点之一。各方都了然于心，产权的界定和划分既关乎社会财富的重新分配，也关乎社会性质和社会结构的变化，甚至关乎社会的走向，因而据理力争、互不相让，形成了多种思路。其中以农地国有论、私有论、集体所有论四种观点最为集中。

第一种观点主张农地国有化，认为国家对全部土地拥有终极所有权。现行农地所有权制度实质上就是农地国有制。① 国家是农地所有权

---

① 参见文迪波：《还农村土地所有制形式的本来面目》，《农业经济问题》1987 年第 8 期。

的真正主体，村集体只是其基层代理人。农业税就是农地国有权的经济实现。① 农地国有化具有可操作性。集体已名存实亡。国有化才是最优选择，不会引发动荡。② 只需要在法律条文上取消"村社农民集体所有制"即可。③ 论据有三个方面：一是腐败论。现有土地产权关系模糊，村干部觊觎集体财产，有时随意变更承包方或在征地问题上损害农民利益。国有化有助于规范地方政府行为。④ 二是认识论。作为农地主人，农民种地却要订约交费。国有化后农民拥有永佃权，对农地拥有排他性权利。三是效率论。农地使用权缺乏稳定性和流转性，降低了使用效率。土地投资被侵占，农民宁可撂荒也不转包。⑤ 土地国有化可实现国家对土地资源高效管理。⑥ 农地国有化能兼顾公平与效率，解决土地细碎化和土地利用的无政府状态。⑦ 学者们提出两种操作方案。一是国有永佃制。土地所有权归国家，不允许买卖或转让，土地使用权则通过法律永佃给农民，政府不收租只征统一地税。⑧ 二是国家租赁制。土地归国家所有，成立土地经营管理部门，将土地按效益原则租给农民使用，农民按租赁合同向国家缴纳地租。⑨ 两种观点方向一致，只是在期限长短、可否流转和买卖上存在分歧。

　　第二种观点主张农地私有化。论据有四个方面：一是效率论。农地

---

① 参见孙自铎：《试论农地制度改革》，《经济体制改革》1996 年第 8 期。
② 参见安希伋：《论土地国有永佃制》，《中国农村经济》1988 年第 11 期。
③ 参见丁建中、陈贵江：《论我国农地产权制度改革的目标模式》，《农业经济问题》1994 年第 10 期。
④ 参见韩俊：《土地流转与制度创新》，载《产权，流转和规模》，国务院农研中心，1989 年。
⑤ 参见蔡昉：《论我国农村土地制度建设——理论与对策》，《农村经济文稿》1989 年第 1 期。
⑥ 参见杨勋：《国有私营：中国农村土地制度改革的现实选择》，《中国农村经济》1989 年第 5 期。
⑦ 参见余先念：《未来农村土地使用制度的模式选择》，《经济问题》1993 年第 8 期。
⑧ 参见安希伋：《论土地国有永佃制》，《中国农村经济》1988 年第 11 期。
⑨ 参见蔡昉：《农村经济发展特征与下一步改革》，《经济研究》1987 年第 8 期。

产权主体和经营权主体的分离，势必降低农地经营主体的积极性，只有将农地明确为农民家庭所有，才能给农业生产注入长久的动力。① 二是传统论。华夏文明是私有文明。应弘扬传统，物归原主。② 反对立足耕种的土地私有原型就是反对农民认真耕作。③ 三是实质论。集体所有制只是法律象征，农户才是实际所有者；④ 且农地私有变革成本低，只须把承包地归农民私有。四是回归论。应打破公有制即社会主义的神话，将农地所有权给予农民，"重建个人所有制"。⑤ 学术界有两种方案：一是在强化国家土地管理职能的基础上使土地私有原型明朗化和稳定化。⑥ 二是实现部分的农民所有权。因为完全的土地私有行不通。⑦

第三种观点主张坚持和完善农地集体所有制。土地集体所有制极具可塑性，可以多种模式出现。重塑和完善土地集体所有制是唯一出路。⑧ 完善集体所有制成本最低，风险最小。因为国家无力负担因私有化而使几亿潜在失业人口显化的救济，而国有化的实惠有限、操作成本过高。⑨ 如何操作？曹泽华主张，以土地财产权取代承包经营权；⑩ 孙自铎主张以租赁制代替承包制；⑪ 肖瑛和董捷主张，确定土地使用权内容，

---

① 陈东琪观点，转引自田昂：《基于 NIE 视角的新中国农地产权制度研究》，硕士学位论文，山东大学，2013 年，第 9 页。

② 参见陈东琪：《新土地所有制》，重庆出版社 1989 年版。

③ 参见魏正果：《我国农业土地国管私用论》，《中国农村经济》1989 年第 5 期。

④ 参见李庆曾：《谈我国农村土地所有制结构改革》，《农业经济问题》1986 年第 4 期。

⑤ 参见李永民、李世灵：《农村改革的深层障碍与土地产权构建》，《中国农村经济》1989 年第 4 期。

⑥ 参见魏正果：《我国农业土地国管私用论》，《中国农村经济》1989 年第 5 期。

⑦ 参见罗继瑜：《土地所有制改革初探》，《农业经济问题》1987 年第 7 期；李庆曾：《谈我国农村土地所有制结构改革》，《农业经济问题》1986 年第 4 期。

⑧ 参见周诚：《不断完善农地集体所有制》，《农村工作通讯》2004 年第 4 期。

⑨ 参见陈吉元、英陶、姚刚：《中国农村经济发展与改革所面临的问题及对策思路》，《经济研究》1989 年第 10 期。

⑩ 参见曹泽华：《以产权改革为核心完善农村土地制度》，《求实》2005 年第 3 期。

⑪ 参见孙自铎：《由承包制到租赁制——农业生产责任制的发展趋势》，《农业经济问题》1988 年第 7 期。

完善农村土地配套建设。① 多数学者的建议可以概括为四点：其一，将集体土地的所有权主体界定为村民小组。法人代表为依法选举产生的村委会主任。其二，建立规范合理的产权结构。将占有权、使用权与收益权划归农户所有，在法律上赋予农户一定时期的土地处置权。其三，完善土地流转制度，关键是建立集体土地价格评估制度和地价体系。其四，深化农村税赋制度改革，明晰租税费关系。村集体向政府上缴农业税；农户向村集体上交租金。

农地国有论者认为国有化可以解决集体所有制下的腐败问题。对此，笔者不敢苟同。本研究认为腐败是权力机制的问题。权力机制不完善，无论在何种所有制下都可能滋生腐败。至于农地国有制的效率问题，本研究也不认同。国有制实惠不多，但制度成本较高。农地私有化论者的重要论据是土地产权明晰是提高农业生产的基础。本研究则认为，在农地使用权逐渐取代农地所有权越来越受关注的今天，纠住所有权不放并不符合世界潮流，况且农地私有制存在不确定的风险。在人多地少、生产力仍比较落后的中国，效率问题固然重要，公平问题也同样不可小觑。因此，完善集体所有制才是理性的选择。

第二，关于农地家庭承包经营制度。

关于家庭承包制的实质，学术界有三种看法：主流观点认为，这种"新型的家庭经济"是用以克服平均主义的生产责任制；② 第二种观点认为，它是土地租赁的特殊形式，农民按承包合同向集体交纳的提留已包含着地租，按承包地份额向国家上缴的是赋税；③ 第三种观点认为，它

---

① 参见肖瑛、董捷：《我国农村土地产权制度改革的现状和深化》，《农村经济》2001年第7期。

② 参见陈扬：《当前农村家庭经济的几点探讨》，《人文杂志》1983年第3期；唐明钱：《中国农村新型家庭经济的崛起》，《经济研究》1983年第12期；袁亚愚：《中国农业现代化的历史回顾和展望》，四川大学出版社1984年版，第89页。

③ 参见刘福垣：《农村改革的新方略》，中国财政经济出版社1992年版，第21—22页。

是保留着集体经济外貌的小农经济。[①]

关于家庭承包制的效率，林毅夫、周其仁认为，对农业劳动的监督难度高且准确度低，导致分配的平均主义，因为激励不力而扼杀劳动者的积极性，使传统农地体制效率低下。家庭承包制下劳动者获取其努力的边际报酬率的全部份额，形成了有效的激励机制，而且实现外部利益内部化，节约了监督费用。[②]

关于家庭承包制的缺陷，包括两个方面：一是土地承包的平均分配导致土地生产经营的不平等，阻碍了土地与劳动力等生产要素的优化配置；二是土地承包过于分散，农地规模狭小，制约了农业机械的应用和推广。

对于如何完善现行的集体所有制下的家庭承包制，学者建议：一是稳定农地承包关系，强化承包经营权，明确所有权；二是完善农地流转机制，促进适度规模经营。[③]

本研究认为家庭承包制仍然是最适合中国当前生产力水平的农地经营制度，它的确陷于现实窘境，其小农性质所衍生的问题只能从外围来解决，通过加强集体的"统"、民间组织的"合"和工业的反哺为之提供新的发展空间。

第三，关于农地管理制度。

围绕耕地保护，学术界展开辩论。多数学者认为，坚守 18 亿亩耕地红线不容置疑。[④] 但也有学者反驳。茅于轼认为这一决策可能会延误

① 参见刘必坚：《包产到户是否坚持了公有制和按劳分配》，《农村工作通讯》1980 年第 3 期；印存栋：《分田单干必须纠正》，《农村工作通讯》1980 年第 2 期。

② 参见林毅夫：《制度、技术与中国农业发展》，上海三联书店 1992 年版，第 8、55 页；周其仁：《中国农村改革：国家与土地所有权关系的变化——一个经济制度变迁史的问题》，《管理世界》1995 年第 3 期。

③ 参见骆友生、张红宇：《家庭承包责任制后的农地制度创新》，《经济研究》1995 年第 1 期。

④ 参见 赵庆利：《坚守十八亿亩耕地红线不容置疑》，《中国国土资源报》2009 年 2 月 6 日第 6 版。

国家工业化和城镇化过程；用土地保发展比保粮食更为重要。[1] 郑振源认为，"耕地总量动态平衡"制度既不可能又无必要，不但抬高房地产价位，而且导致农民贫困。[2] 张千帆认为，现有耕地保护制度是建立在牺牲农民和农区利益基础之上的，导致农民—地方—国家三者之间的利益冲突。[3] 显然，持否定观点的学者没有考虑到全局利益和长远利益，这种狭隘和短视不利于国民经济的可持续发展。

第四，关于农地流转制度。

有观点否定规模经营，认为增加规模未必带来增产。[4] 多数学者认为，规模经营是农业发展的必然趋势。规模经营提高土地生产率。[5] 随着规模的扩大，农地利用效率呈现"U"型趋势。[6] 还有学者认为，即使有小规模经营劳动生产率较高的特例，也非规模小使然。还有，随着粮食供求态势的变化，土地与劳动力的矛盾加剧，这就要求适度规模经营。[7] 本研究认同规模经营的发展趋势，但不主张操之过急和一刀切。小经营仍有其灵活性，不宜立即完全排斥。

对于农地流转的原则，有学者认为，农地流转必须坚持依法、自愿、有偿的原则。要提高流转效率，必须界定农民的土地权益，使农户真正享有完整的承包经营权。[8] 有学者认为，推行农地资本化、发育多

---

[1] 参见茅于轼：《为什么18亿亩耕地红线没有必要?》，搜狐博客2008年12月26日。

[2] 参见郑振源：《也谈耕地保护和粮食安全》，2009年4月9日，http://www.china-review.com/lat.asp?id=21552。

[3] 参见张千帆：《中国耕地保护之惑》，《三农中国》（季刊），2011年6月11日，http://www.snzg.cn/article/2011/0611/article_24332.html。

[4] 参见万广华、程恩江：《规模经济、土地细碎化与我国粮食生产》，《中国农村观察》1996年第3期。

[5] 参见徐明华：《粮田规模经营：利弊尚待权衡》，《中国农村经济》1999年第3期。

[6] 参见陈欣欣、史清华、蒋伟峰：《不同经营规模农地效率的比较及其演变趋势分析》，《农业经济问题》2000年第12期。

[7] 参见张光辉：《农业规模经营与提高单产并行不悖》，《经济研究》1996年第1期。

[8] 参见何凌云、黄季焜：《土地使用权的稳定性与肥料使用——广东省实证研究》，《中国农村观察》2001年第9期。

样化的土地流转制度，解决农地资源配置中的公平与效率难题。① 有学者主张按效益配置资源是农地制度建设的主要目标。农地流转的本质是农地产权主体的变换，目标是实现适度规模经营与优化土地资源配置，原则是市场机制与政府调控的有机统一。②

对于农地流转的方式，一种观点认为，农地流转规范化的实现方式主要是转让、租赁、抵押、入股与买卖等。③ 农地流转有八种方式：出让、出租、发包、转让、转包、转租、入股和抵押。④ 另一种观点主张构建市场化土地流转制度。有学者认为，实现农地使用权规范有序流转，首先要在稳定农地产权的基础上形成农地流转的市场化机制与服务社会化，克服农地流转的随意性、封闭性、行政性与不稳定性。⑤ 有学者主张培育农地市场，包括土地所有权市场和土地使用权市场。农村一级土地市场在一定时期内将是一种不完全的市场，农地市场的培育重点将是二级土地市场。⑥

关于农地流转的对策，范恒森提出土地证券化，主张建立全国性的土地证券市场以解决土地资产流动性、收益性和融资性的问题。⑦ 金永思认为，土地保障体系和基金式的现代社会保障体系的对接，是建立土地流转机制的决定性因素。本研究也认为，社会保障问题的拖延是土

---

① 参见吴群：《我国农村土地制度改革面临的主要问题及发展方向》，《求是学刊》2002 年第 4 期。

② 参见赖昭瑞：《论市场经济条件下农村土地流转机制的构建》，《山东财政学院学报》1999 年第 4 期。

③ 参见赖昭瑞：《论市场经济条件下农村土地流转机制的构建》，《山东财政学院学报》1999 年第 4 期。

④ 参见修海玉：《农村土地流转运作方式与土地流转市场建设初探》，《农业经济问题》1994 年第 11 期。

⑤ 参见张红宇：《中国农地调整与使用权流转》，《管理世界》2002 年第 5 期。

⑥ 参见杨学成、曾启：《试论农村土地流转的市场化》，《中国社会科学》1994 年第 4 期。

⑦ 参见范恒森：《土地证券化与中国农业发展》，《经济研究》1995 年第 11 期。

地流转的阻力。①

第五，关于农地征收制度。

冯振中认为征地制度明显滞后，存在法律界定不明确，征地范围较宽泛；②农地产权不清晰，农民参与较为困难；监督机制不健全，征地行为欠规范；征地补偿不合理，农民利益无保障；安置措施不完善，矛盾纠纷较突出等弊端。韩俊认为，征地制度存在公权侵犯私权、行政权侵犯财产权，以城市公共利益侵犯农民土地财产权利的问题。如何改革征地制度，多数学者主张实行严格的耕地保护制度。改革有两个方面：一是保证农民权益；二是控制征地规模。③学者们试图从公共利益、正当程序和公正补偿三个方面来规制政府权力。容志认为，加强地方官员与地方的"共容性利益"，提高其对地方民意的负责度，增强地方民众（以及地方人大）的"议价"能力是消解地方官员"机会主义"的根本途径。④张千帆认为，根除地方政府的圈地冲动，阻断土地财政，是解决滥征耕地之策。必须将城市化与土地征收脱钩，完善土地规划中的央地协商和公共参与制度。⑤陈锡文认为，经营性用地和公益性用地均要符合土地利用总体规划和土地用途管制。经营性用地应提高补偿标准。征地方必须解决被征地农民的生计问题，包括就业和社会保障。⑥韩俊认为，改革要把握好四个方面：一是必须以土地的市场价值为依据实行

---

① 参见金永思：《农用地流转机制建立的难点分析与对策建议》，《中国农村观察》1996 年第 3 期。

② 参见冯振中：《在建设新农村视野下对我国农地征用制度的反思》，《中国国土资源经济》2006 年第 8 期。

③ 参见韩俊：《将土地农民集体所有界定为按份共有制》，浙江横店第二届中国县域经济论坛上的演讲，2003 年 11 月 1 日。

④ 参见容志：《土地调控中的中央与地方博弈——政策变迁的制度经济学分析》，中国社会科学出版社 2010 年版，第 239 页。

⑤ 参见张千帆：《中央与地方关系的法治化：以中央和地方的监管分权为考察》，《求是学刊》2010 年第 1 期。

⑥ 参见陈锡文：《就中国农村经济、政策答问》，国务院新闻办举行新闻发布会，2004 年 2 月 9 日。

公平补偿，不能以侵害农民利益为代价降低建设成本。尤其是一般性建设项目不能随意以国家重点建设名义压低征地价格。补偿形式可以多样化，比如，货币、就业安置、社会保险和企业股份等。二是各地竞相压低土地出让价的做法应坚决纠正。三是要建立失地农民的社会保障。四是要制定规范征地行为的法律法规。① 朱林兴认为，征收集体土地应以土地所有权市场价格为基础确定补偿费用。② 赵小风认为，征地补偿标准应考虑国情。公益性用地采用不完全补偿原则，以农用土地基准地价为标准测算征地费；经营性用地采用完全补偿原则，按市价计算购地费。本研究认为，征地补偿标准的确定不能以土地的未来用途而区别对待，而应该从被征地者的角度来考虑。因为，不管土地的新用途公益性还是经营性，被征地者的损失是一样的。公益性的补偿缺口应由政府弥补。这可以借鉴英美土地发展权制度。③

　　国内学界对我国农地制度改革的理论研究对我国农地制度改革实践的良性运作起着积极的作用，但也存在不少缺陷，需要随着实践的发展而拓宽、深化和完善。第一，论题随主流意识形态的变化而变化，对农地制度改革方案的研究和设计也因此缺乏系统性和战略性。第二，大多没有实现政治逻辑、经济逻辑和社会逻辑三者的有机结合，对深化农地制度改革的研究和设计顾此失彼。第三，把农地制度改革与农地立法两个层次上的研究人为地割裂开来。第四，侧重于规范分析，实证研究较少，且实证研究中偏重面上讨论，忽视对农地制度实践的个案研究，研究结论的针对性和可操作性不足。第五，没有立足当代中国农村社会转型的宏观背景，其改革主张和政策建议缺乏特定的时空意义。第六，

① 参见韩俊：《将土地农民集体所有界定为按份共有制》，浙江横店第二届中国县域经济论坛上的演讲，2003 年 11 月 1 日。
② 参见朱林兴：《导入市场机制，改革征地制度》，《探索与争鸣》2004 年第 2 期。
③ 参见赵小风：《关于我国土地征用制度的若干思考》，《西南农业大学学报》（社会科学版）2004 年第 1 期。

以西方经济学理论为基础，但仅仅从制度层面研究农地制度，忽略了生产力的发展要求，在制度绩效评判上缺乏从农户角度的考察。基于以上原因，本研究以马克思生产力与生产关系的辩证关系为理论指导，以制度经济学为分析工具，通过研究视角的转换对新时期农地制度改革进行理论探讨和实证研究，力求更加贴近现实国情和农村生产力的发展要求，实现政治逻辑、经济逻辑和社会逻辑三者的有机融合，探求更为合理可行的制度安排，消除现行体制下的农地制度缺陷，以期推进我国农地制度创新的历程。

中国农地制度改革的研究受到国外经济学、法学和史学等领域学者们的关注和重视。其成果主要集中在农地所有权制度、农地产权效率、农地产权变动、农地规模经营、农地财产权利等方面。

第一，关于农地所有权制度。

其一，土地私有论。Louis Putterman 认为，中国的农地所有权与其说是农村集体所有权，不如说是一种地方政府的所有权，这种制度必然导致农地资源的过度利用。他主张将土地集体所有制改革为土地私人所有权制度。罗伊·普罗斯特曼认为村组干部都有可能利用集体土地谋私利。他主张界定土地权利及责任，策划土地市场发展的法律框架。[1] 但其观点被卢克·埃里克森认为是美国地缘斗争的组成部分。[2] 海外华人学者杨小凯、文贯中和陈志武也主张中国农地私有化。杨小凯指出，农地私有化是百利无害的帕累托改进，有利于发展经济、安定社会和稳定地方财政收入。[3] 文贯中认为，只有明晰产权才能激发农户长期稳定的预期，提高土地使用效率。现行农地制度导致了制度性排斥农村人口的

---

① 　Louis Putterman, "The Role of Ownership and Property Rights in China's Economic Transition", *The China's Quarterly*, Vol.144：1047-1064.

② 　参见 [美] 卢克·埃里克森：《关于中国农村土地私有化的辩论》，官进胜译，中国乡村发现网 2012 年 2 月 3 日，http://www.zgxcfx.com/Article/41218.html。

③ 　参见杨小凯：《中国土地所有权私有化的意义》，学者社区网 2007 年 7 月 20 日，http://www.china-review.com/sao.asp?id=18760。

畸形发展，影响了劳动工资、汇率调整以及中国的比较优势，阻碍了资本市场发育的深化，加剧了城乡间和地区间的收入差距。①

其二，土地集体所有论。与土地私有论者不同，Ostrom、Stevenson 等学者认为，集体土地产权比私有产权拥有更多的益处，如更低的制度成本、规模经济以及降低风险等。在一些特定的自然、社会和经济条件下，集体土地产权制度可能产生更优的绩效和结果。②

第二，关于农地产权的效率。

德怀特·希·帕金斯指出租佃关系的普遍存在并非土地增产的障碍，真正对土地生产力起作用的是"保证佃农有权耕种指定地段的土地及其期限和作为缴纳地租根据的地租计算方法"③。邹至庄发现分工制度、限制劳动力在不同公社间的流动，是影响农业发展的制度性因素。他认为，由于不存在土地市场和劳动力市场，使用土地无需成本，劳动力无法流动，土地资源无效配置，生产率注定低下。④ 普罗斯特曼等指出中国现有农地法律的弊端，包括农地集体经济组织主体模糊、农民土地权利在司法上不具备可执行性、土地权利尤其是家庭承包权性质不够明确等等，提出了可资借鉴的政策思路。⑤ 迈尔斯指出，中国 1980—1982 年农村产权改革激励农民提高劳动效率并提高生产水平；但仍不彻底，亟须公平而有效地分配产权。⑥ 麦克兰等认为，制度因素是 20 世

---

① 参见文贯中：《中国农村土地制度及其对农业投资的影响》，载《产权·流转·规模》国务院农研中心 1989 年版；文贯中：《解决三农问题不能回避农地私有化》，中国经济学教育科研网 2006 年 5 月 22 日，http：//www.cenet.org.cn/article.asp?articleid=21093。

② Ostrom. E., Stevenson, *Governing the Commons：the Evulution of lnstitotions for Collective Aetion*，Cambridge University Press，1990.

③ 参见 ［美］德怀特·希·帕金斯：《中国农业的发展（1368～1968）》宋海文译，上海译文出版社 1984 年版。

④ 参见 ［美］邹至庄：《中国经济》，南开大学出版社 1984 年版。

⑤ 参见迟福林主编：《把土地使用权真正交给农民》，中国经济出版社 2002 年版。

⑥ ［美］雷蒙·迈尔斯（马若孟）：《东亚农业的制度变迁和变革——一个历史学阐释》，中国经济史论坛，2004 年 4 月 29 日。

纪 80 年代前期影响中国农业增长的重要因素。其中，生产队体制向家庭承包制的转变是 1978—1984 年间农业产出增长的首要因素。①

第三，关于农地产权的变动。

赵冈认为，中国农村地权变动的主要原因是农户生产能力的变化。②Turner、Brandt 和 Rozelle 认为行政性调地有助于消除不同农户由于人口变化和非农就业机会不同所导致的配置效率损失。③ 国外学者认为，合理的调地有利于效率的提高。本研究在广东省揭阳市的调研中也发现，部分农户并不认同"增人不增地，减人不减地"。主张调整或部分调整的农户占比高达 69.9%，明确反对调整的仅占 2.3%。这表明农户对集体成员权的珍视，同时也显示了土地仍然具有强大的保障功能。

第四，关于农地规模经营。

罗伊·普罗斯特曼等认为，农场规模与生产效率的关系呈反比，小农场的生产率一般高于大农场；发达国家农场规模大于资本密集程度高等现象并不是农业税率高的原因；各国实践证明，家庭农场比集体农场效率更高。向大农场过渡应是市场导向的自愿的渐进过程。发达地区农场规模的扩大可以通过在自愿基础上私人之间的土地使用权转让来实现。他建议稳定土地承包关系，延长土地承包期。由此可见，家庭作为经济组织形式以其灵活性和包容性将长期存在于农业组织生产之中。因此，农地流转不能强行推进，而应坚持自愿原则让市场起决定作用。④这种观点已经得到中国决策层和学术界的认同。

---

① 乔榛、焦方义、李楠:《中国农村经济制度变迁与农业增长——对 1978—2004 年中国农业增长的实证分析》,《经济研究》2006 年第 7 期。
② 参见赵冈、陈钟毅:《中国土地制度史》,新星出版社 2006 年版。
③ Turner, L. Brandt, and S. Rozelle (2000). "Local Governmert Behavior and Property Right Formation in Rural China." Working Paper, Department of Economics, University of Toronto.
④ [美] 罗伊·普罗斯特曼、李平、蒂姆·汉斯达德:《中国农业的规模经营: 政策适当吗?》,《中国农村观察》1996 年第 6 期。

关于农地财产权利。Franz von Benda-Beckmann. F 和 K.von 认为，土地权利具有四个功能：社会功能、经济功能、环境功能和政治功能；中国农地制度改革必须综合考虑这四个因素，否则将阻碍社会经济发展，造成生态环境退化，伤害公共利益，危及政治稳定。[①]

国外学者对我国农地制度的研究成果，角度和侧重点各不相同，观点甚至针锋相对。尽管建立在资本主义私有制经济基础上的某些西方农地制度思想和理论不可能脱离其阶级局限性，某些目标过于理想化，但其研究方法和视角，不失为我国农地制度改革的理论发展和制度实践提供重要的借鉴和启示。当然，这些理论与中国国情的结合需要一个衔接机制和尝试过程。

本研究从历史与现实出发，勾勒新时期农地制度演变的轨迹，总结农地制度变迁的规律和经验，为当前农地制度创新提供现实观照。在研究维度上，以生产力与生产关系相结合来指引研究。学术界对我国的农业现代化的研究相对重生产力而轻生产关系。本研究在分析生产力状况的基础上，关注生产关系范畴，重点研究我国农地制度创新路径。在价值取向上，以公平与效率双重视角，客观评价现行农地制度的绩效和，提出问题，揭示原因。在此基础上，根据新制度经济学相关理论，提出农地制度创新的原则和思路；在结构安排上，以历史变迁为主线，应用西方制度学派、政治经济学、农业经济学等理论分析中国农地制度变革及其得失。在材料选取上，立足当代，追本溯源，详今重新，对农地制度变迁进行梳理和剖析，探寻农地制度的发展方向；在比较借鉴上，总结和借鉴具有代表性和可比性的国家（地区）的农地制度改革的经验。

---

① Benda-Beckmann F. and K. von, "A Funtional Analysis Property Right", In *Property Right and Economic Development：Land and Natural Resources in South-East and Oceania*，T. Van Meijl and F.von.

任何研究都离不开方法的支撑，在某种意义上，有什么样的方法就有什么样的研究。根据农地制度的特点，本书主要采用以下研究方法。

第一，马克思主义政治经济学与西方制度经济学相结合的方法。既以生产力理论及地租理论为指导，又借鉴制度变迁理论研究我国农地制度变迁。以马克思主义的基本观点分析农地制度问题，以生产力的发展研究农地制度的更替。

第二，问卷调查法。为了更好地把握农地制度的客观存在，笔者于 2013 年 7—8 月在广东省揭阳市对 4 个县 17 个镇 28 个村的农户进行了随机抽样问卷调查，回收有效问卷 442 份。通过对调查数据的分析和研究，重点考察了广东省揭阳市的农地制度实施状况及农户的农地制度观。

第三，统计分析法。本研究收集并整理相关的统计年鉴和调研组实地调查获取的有关数据。在实证检验部分使用的模型是二元 logistic 回归模型。从农户的角度进行考量，研究土地流转对农民收入的影响。

第四，纵横比较法。中国农地制度有深厚的底蕴，发达国家和地区的农地制度也有成功的经验。在研究农地制度变迁过程中，注重汲取纵横两个方面的经验教训，为农地制度创新提供借鉴。

第五，文献研究法。笔者查阅了相关的专业书籍和政策法律文本以及中国期刊网的文献，总结了农地制度变迁的经验教训和基本规律，力求为深化农地制度改革提供具有科学性的政策建议。

第一章　新时期农地制度改革的
理论基础和背景

中国共产党人的农地制度思想在改革开放以来党的历届领导集体领导农村改革发展的实践中进一步得到发展和丰富。这一思想既蕴含着许多基于新的实践而生成的新理念，从而体现出现实创新性，也传承了古今中外许多富含价值的理论，从而体现出历史继承性。

第一节　农地制度改革的理论基础

马克思和恩格斯创立了马克思主义农地制度理论，为社会主义国家解决农地问题奠定了理论基础。列宁最早将马克思主义农地制度构想转化为实践。毛泽东以马克思主义农地制度理论为指导，以苏俄农地制度建设的经验教训为借鉴，探索并形成了中国特色农地制度理论，实现了马克思主义农地制度理论的中国化。经典作家农地制度理论对今天的农地制度建设仍然具有重要价值。

一、马克思、恩格斯农地制度理论

马克思和恩格斯揭示了社会主义代替资本主义这一人类历史发展的必然规律，在创立其革命理论的过程中，在《资本论》等经典论著中深入分析、系统论述了农地制度问题，形成了马克思主义农地制度理论。

（一）土地产权理论

关于土地产权的内涵。马克思认为，土地产权是由土地所有权及由其衍生的占有权、使用权、收益权和处分权等组成的权能体系。其中最主要的是土地所有权、占有权和使用权。土地所有权是指农地所有权主体把土地当作他的意志支配领域而加以保持，排斥他人并得到社会公认的权利。土地占有权是指经济主体实际掌控土地的权利。土地使用权是指土地使用者依据一定规则实际利用土地的权利，是土地产权中最重要的权能之一。土地所有权是土地财产权的存在状态，它是农地制度的核心，反映不同的人或者组织围绕土地的使用产生的权利关系。它是一个历史范畴。社会生产力的发展是其发展变化的根本原因。

关于土地产权的组合。马克思认为，权利主体对土地产权的各项权能可以同时占有，也可以使所有权和使用权分离。所有的土地产权权能结合在一起表现为独立完整的产权。土地使用权与所有权的分离为地租的产生提供了条件。农业资本家按租约向土地所有者让渡部分剩余价值。

（二）地租理论

资本主义地租是农业资本家为了取得土地使用权而交给大土地所有者的由农业工人创造的超过平均利润以上的那部分剩余价值。

1.土地所有权与土地经营权分离是地租产生的前提

在资本主义农业中，土地作为生产要素同所有者分离成为吸收资本的条件。"土地对土地所有者来说只代表一定的货币税，这是他凭他的垄断权，从产业资本家即租地农场主那里征收来的"①。农业资本家要在农业部门获取利润，不仅要雇佣劳动者，而且要租借土地所有者的土地，并按租约规定支付给土地所有者一部分剩余价值。马克思指出：

---

① 《马克思恩格斯文集》第 7 卷，人民出版社 2009 年版，第 697 页。

"这个货币额……统称为地租。……在这里地租是土地所有权在经济上借以实现即增殖价值的形式。"①

2. 地租是农业超额利润的转化形式

地租是在租地农业资本家投资农业所获得利润总和中扣除其应得平均利润后的余额。在资本主义农业中,农产品的社会生产价格是由劣等地生产条件下的个别生产价格决定的。资本主义地租按其产生条件和原因的不同,分为级差地租和绝对地租两种基本形态。级差地租按其形成的条件不同,又分为级差地租Ⅰ和级差地租Ⅱ。由于土地肥沃程度不同和位置优劣不同所产生的超额利润转化为级差地租Ⅰ。对同一地块追加投资具有较高劳动生产率所带来的超额利润转化为级差地租Ⅱ。在资本主义相当长的历史时期,农业资本有机构成低于社会平均资本有机构成。土地私有权的垄断使这部分超额利润不参与社会平均利润的形成,而留在农业部门,转化为绝对地租。绝对地租具有垄断地租的性质。级差地租理论是今天我国农地流转和农地征收的理论基础。

3. 农业资本家与土地所有者围绕土地租期长短的竞争

土地租期长短直接影响农业资本家与土地所有者各自的收益。农业资本家追加投资所带来的超额利润,在租约期内归农业资本家所有。租约期满后,它才会变成级差地租Ⅱ。因此,农业资本家希望租期越长越好,土地所有者则希望租期越短越好。土地所有者力图缩短租期的行为,实际上成了发展农业的最大障碍之一。这是因为,农业资本家避免进行一切不能期望在自己的租期内完全收回的改良和支出。②

(三) 小土地所有制理论

马克思和恩格斯主张废除生产资料私有制,否定以剥削他人劳动为基础的资本主义私有制,实行生产资料公有制。小土地所有制及以之

---

① 《马克思恩格斯文集》第 7 卷, 人民出版社 2009 年版, 第 698 页。
② 杨德才:《马克思的地租理论及对我国若干农业问题认识的启示》,《当代经济研究》2001 年第 8 期。

为基础的小农经济在特定条件下具有合理性，但这并不能掩盖其历史局限性。它必然被公有制所取代。

1. 一定历史条件下小土地所有制存在的合理性

在小块土地所有制中，"土地的占有是劳动者对本人的劳动产品拥有所有权的一个条件"；耕者同家人一起生产自家的生存资料。土地的所有权是这种生产方式发展的必要条件，是个人独立性发展的基础，也是农业发展的必要过渡点。① 与工业生产的集中化和标准化不同，农业生产具有适合小生产的特点。"合理的农业所需要的，要么是自食其力的小农的手，要么是联合起来的生产者的控制。"② 这说明我国政府把土地使用权归还农民的做法是完全正确的。

2. 小土地所有制的发展限度

小土地所有制具有明显的历史局限性。首先，它排斥社会化大生产和科学技术手段。③ 其次，其生产是小规模简单再生产。自然风险的威逼和高利贷的盘剥使之时刻面临窘境，其收入极少且不稳定。④ 最后，它是孤立封闭的自然经济。自给自足的状态阻碍了商品经济的发展。小农经济必将随着土地所有权与经营权的分离而终结。资本主义大生产阻断小农经济在原始形态上的结合，将把"小生产压碎"⑤。"这种土地所有权衰亡的原因表明了它的限度"⑥。今天，家庭承包制的发展瓶颈就在于其小农性质，需要加以突破、创新和完善。

3. 通过革命解决农民土地问题及采取合理政策改造小农经济

马克思和恩格斯从民主革命的角度出发，支持农民夺取土地的斗争。马克思和恩格斯认为，在英国和法国等西方国家，资产阶级革命结

---

① 参见《马克思恩格斯文集》第 7 卷，人民出版社 2009 年版，第 911 页。
② 《马克思恩格斯文集》第 7 卷，人民出版社 2009 年版，第 137 页。
③ 参见《马克思恩格斯文集》第 3 卷，人民出版社 2009 年版，第 231 页。
④ 参见《马克思恩格斯选集》第 2 卷，人民出版社 1995 年版，第 629 页。
⑤ 《马克思恩格斯文集》第 4 卷，人民出版社 2009 年版，第 527 页。
⑥ 《马克思恩格斯文集》第 7 卷，人民出版社 2009 年版，第 912 页。

束了封建地主土地所有制。但农民力图保护既得的小块土地，维持自给自足的现状，"使历史的车轮倒转"①。而俄国和中国等东方国家的农民，不仅占比超过 80%，而且大多数没有赖以生存的土地。因此，支持农民通过民主革命实现独立，解决土地问题。从社会主义的角度出发，采取合理的政策改造小农经济。马克思认为，在小土地所有制的条件下，财富和再生产的发展以及合理耕作都是不可能的。② 小农经济必将为社会化大生产所取代。小农要挽救和保全房产和田产，只有把它们变成合作社的占有和生产才能得救。无产阶级掌握政权以后"一开始就应当促进土地的私有制向集体所有制过渡"③。

（四）农业合作化理论

马克思和恩格斯探讨无产阶级夺取政权以后的农业社会主义改造的问题，形成了马克思主义农业合作化理论，为社会主义农业合作化理论和实践奠定了基础。

恩格斯提出了农业经营的两种组织形式：在大土地私有制占优势的国家和地方，在土地国有化前提下建立农业工人合作社；而在小土地私有制占优势的条件下则在土地集体所有制前提下建立农民合作社。小私有者大批存在的地方必须通过合作社按照共同的计划调节全国生产。恩格斯指出，无产阶级一掌握政权就"把大地产转交给（先是租给）在国家领导下独立经营的合作社"④。通过剥夺或赎买实现土地国有化，再将国有土地交给农业工人合作社经营。在资本主义条件下也不例外。所有农地均须交由合作社实际占有、支配和使用。

农业合作化原则是，坚持自愿原则，不能剥夺农民，坚持典型示范和国家帮助。马克思和恩格斯尊重农民的小私有者特性和私有观念，

① 《马克思恩格斯文集》第 2 卷，人民出版社 2009 年版，第 42 页。

② 参见《马克思恩格斯文集》第 7 卷，人民出版社 2009 年版，第 918 页。

③ 《马克思恩格斯文集》第 3 卷，人民出版社 2009 年版，第 404 页。

④ 《马克思恩格斯文集》第 10 卷，人民出版社 2009 年版，第 547 页。

指出"不能采取得罪农民的措施，例如宣布废除继承权或废除农民所有权"①，不能"违反小农的意志"②强迫其入社，而应通过示范，"说服最后一些可能仍在反抗着的小块土地农民乃至某些大农相信大规模合作企业的优越性"③，使之明白合作化是小农经济的唯一出路，从而自愿入社。另外，国家还应该在财政和物资方面给予帮助。

（五）土地国有化理论

关于土地私有制以后的土地归属问题，马克思和恩格斯认为，"土地国有化是运动的最终目的"④。土地国有是人类社会发展的必然趋势。要实现共产主义，就必须消灭资产阶级统治。要消灭资产阶级统治，就必须消灭生产资料资本主义私有制。要消灭生产资料资本主义私有制，关键是变土地私有制为土地国有制，"剥夺地产，把地租用于国家支出"⑤，因为"土地只能是国家的财产"⑥。

马克思肯定了土地国有制的价值。"生产资料的全国性的集中将成为由自由平等的生产者的各联合体所构成的社会的全国性的基础，这些生产者将按照共同的合理的计划进行社会劳动。"⑦土地国有制可以根除剥削；可以促使土地合理利用并实现财富最大化；可以实现"自由人的联合体"的理想。实际上，马克思和恩格斯坚持土地国有制的主张时间并不长，在掌握了仍然存在大量小农的西欧各国的情况后，他们的观点也发生了变化。⑧

---

① 《马克思恩格斯文集》第 3 卷，人民出版社 2009 年版，第 404 页。
② 《马克思恩格斯文集》第 4 卷，人民出版社 2009 年版，第 523 页。
③ 《马克思恩格斯文集》第 4 卷，人民出版社 2009 年版，第 530 页。
④ 《马克思恩格斯全集》第 44 卷，人民出版社 1982 年版，第 561 页。
⑤ 《马克思恩格斯文集》第 2 卷，人民出版社 2009 年版，第 52 页。
⑥ 《马克思恩格斯文集》第 2 卷，人民出版社 2009 年版，第 211 页。
⑦ 《马克思恩格斯文集》第 3 卷，人民出版社 2009 年版，第 233 页。
⑧ 《马克思恩格斯文集》第 2 卷，人民出版社 2009 年版，第 215—216 页。

二、列宁、斯大林农地制度理论

马克思和恩格斯关于农地制度的认识主要是基于对英国、法国和德国等发达国家的考察。但第一次世界大战前的俄国仍是一个农业占优势的小农国家。因此，列宁结合俄国革命和建设的实际，实践并丰富和发展了马克思主义农地制度理论。

（一）列宁土地所有制理论

在领导俄国革命和建设过程中，列宁制订了土地国有化纲领，深化了对马克思主义土地国有思想的认识；颁布土地法，彻底废除地主土地所有制，将所有土地变成全民财产，并交农民使用，解决了困扰其生存和发展的土地问题，巩固了工农联盟。

1. 支持农民夺取地主土地

列宁肯定了土地问题对解决农民问题的重要性，支持农民夺取地主土地的斗争。列宁认为，土地问题是俄国资产阶级革命的根本问题。他分析了俄国的土地关系，阐明了土地问题的实质，就是农民为消灭地主土地占有制和俄国农业制度，以至俄国整个社会政治制度中一切农奴制残余而斗争。[①]

2. 提出了土地国有化纲领

"土地国有化不仅是资产阶级革命的'最高成就'，而且是走向社会主义的一个步骤。"[②] 十月革命前夕，列宁提出"全部土地国有化"[③]。他指出，绝对地租是私有制的产物。土地国有化就是把级差地租交给国家，从根本上消灭绝对地租。[④] 土地国有化不仅能根除俄国中世纪残余，革新农村，推动农业的进步，而且能帮助打击"一种私有制形式"，为

---

① 参见《列宁全集》第 16 卷，人民出版社 1988 年版，第 387—388 页。

② 《列宁全集》第 16 卷，人民出版社 1988 年版，第 396 页。

③ 《列宁选集》第 3 卷，人民出版社 1995 年版，第 51 页。

④ 谢双明：《马克思主义经典作家关于东方农民土地问题的论述》，《社科纵横》2012 年第 2 期。

资本主义的发展创造条件。① 列宁不仅在俄国推行土地国有化，而且将政策输送到共产国际各国。

3. 把土地分配给农民平均使用

《土地法令》规定土地"一律无偿转让，成为全民财产并交给一切耕种土地的劳动者使用"②，但决不赞成把土地夺过来变成私有财产。③废除土地私有制，将土地变为全民财产并平均分配给农民使用，解决了农民的土地问题，在法律上确立了土地国家所有制。从"土地国有化"到"把土地分配给农民平均使用"，是列宁对马克思主义农地理论的创造性运用。

(二) 列宁农业合作化理论

列宁根据马克思主义农业合作化思想，引导小农走社会主义道路。列宁合作社理论与实践经历了一个战略性的转变——由通过集体农庄的社会主义改造转向通过商业合作社引导小农经济向社会主义过渡。这个过程经历了前后两个阶段。在十月革命前和军事共产主义时期，列宁力图通过农业生产合作社，使小农直接过渡到社会主义。但共耕制和余粮征集制因遭到农民的抵制而失败。于是，他适时调整思路。随着新经济政策的实施和合作化运动的开展，列宁合作化理论日臻完善。

农业合作社是导向社会主义的过渡环节。列宁认为，合作制是引导农民过渡到新制度的简便易行和容易接受的形式。合作社可以帮助农民摆脱小农经济的坏处。合作社的发展就等于社会主义的发展。合作社工作者制度就是社会主义制度。"要是完全实现了合作化，我们也就在社会主义基地上站稳了脚跟。"④

关于农业合作社的基本原则。列宁坚持马克思主义的农民自愿、

---

① 《列宁全集》第16卷，人民出版社1988年版，第289页。
② 《列宁选集》第3卷，人民出版社1995年版，第349页。
③ 参见《列宁全集》第30卷，人民出版社1985年版，第139页。
④ 《列宁专题文集　论社会主义》，人民出版社2009年版，第349—355页。

典型示范和国家帮助原则，还提出两个原则。一是利益结合原则。列宁尊重社员的物质利益，主张从流通领域促进个体农民的合作。国家成为批发商，在经济上把小农联合起来并引导到更高的阶段。[①] 但在特殊条件下，私人利益要让位于国家与集体的共同利益。合作社之所以能够把私人利益与国家利益、集体利益有机地结合起来，就是因为合作所有制是集体所有权与个人所有权相结合的具有社会主义性质的复合所有制，它排除了剥削关系，实行股本分红和集体盈余积累不分割的互补原则。二是长期过渡原则。通过新经济政策实现小生产然后再过渡到社会主义，列宁预计至少要一二十年。"现在还不能设想向社会主义和集体化过渡"[②]。这是由国情，特别是由农民的觉悟程度和文化水平决定的。因此，要普及文化教育，提高农民素质。

列宁发展了马克思合作社思想，不仅开始了小农国家的社会主义实践，而且启动了社会主义农业商业化。列宁合作社理论比较符合俄国国情，但也存在不足之处。第一，"大公有制—大规模经营—社会化生产"模式本身并未改变，只是把实践后推，以迂回渐进的策略替代了直接过渡。第二，对商品生产的定位有失偏颇。诚然，列宁肯定了多种经济成分并存的过渡时期有必要保留商品生产和商品交换，在实践中提出了从流通领域入手发展合作社的计划。但这只是权宜之计。他始终认为，商品经济是前社会主义的经济体制。他不可能把消费合作社肯定为社会主义公有制的一种新形式，而只是发展生产合作社的手段。而合作社发展的结果，又必然是以新技术为基础的大规模的公共经济。

（三）斯大林农业集体化理论

列宁逝世以后，斯大林继续探索农业合作化道路，提出了改造小

---

① 参见《列宁专题文集　论社会主义》，人民出版社 2009 年版，第 247—248 页。
② 《列宁全集》第 40 卷，人民出版社 1986 年版，第 177 页。

农经济，建设社会主义大农业的理论。这一理论主要包括三个方面。第一，农业集体化的必要性。农业集体化是超越资本主义国家、巩固新生政权和实现国家现代化的需要。他提出："至多在十年内就应当跑完我们落后于先进资本主义国家的距离。"① 全面推进工业化成为现实选择。要实现工业化就必须发展现代化大农业，捷径就是农业集体化：引导农民联合成为大规模集体经营，为新生政权供应粮食，并为工业化提供物质支持。斯大林遵循优先发展重工业化的总路线，在短时期内使苏联变成强大的工业——集体农业强国。② 第二，农业集体化的作用。农业集体化是改造小农经济的最佳方法。集体农庄"能够采用新技术、利用农艺上的一切成就和向国家提供更多的商品产品"③，是实现农村社会主义化的唯一途径。第三，集体农庄的性质。合作社是劳动者的群众组织。集体农庄是合作社的高级形式，是社会主义经济形式，实现了公有制，消灭了剥削。

斯大林背离了列宁在新经济政策时期的正确理论，放弃了迂回过渡策略而又回到直接过渡的老路，甚至走得更远更急。集体农庄使苏联工业快速发展。但短期效应并不能掩盖其内在缺陷。第一，倚重所有制的改造，忽视生产力的发展。他认为，实现国家工业化和农业集体化的目的是为了扩大和巩固社会主义集体经济，消灭资本主义经济。他将新经济政策视为权宜之策而终止。集体农庄超越了生产力水平，把小农经济恢复为共耕制，挫伤了农民的积极性。第二，推行农业改造的单一模式，忽视合作化的多样性。他不顾各地实际建立统一的集体农庄。其农业所有制改造的模式是"小农土地占有→合作社占有→集体农庄占有→全社会统一占有"。核心是直接过渡，建设"大经济"。第三，以阶级斗争代替自愿原则。他通过阶级斗争和行政命令，强制农民加入集体农

---

① 《斯大林全集》第 13 卷，人民出版社 1958 年版，第 37—38 页。
② 《赫鲁晓夫言论》第 9 集，世界知识出版社 1965 年版，第 19 页。
③ 《斯大林文集》，人民出版社 1985 年版，第 481 页。

庄。消灭富农，打击个体生产、个体经营和小商小贩。农村发生了多起暴力事件，部分农区劳动力锐减，农业大幅度减产。第四，片面追求高速度，忽视农业改造的长期性。1930 年 1 月参加集体农庄的农户占21.6%，3 月上升到 55.6%。他为这大好形势喝彩并于 1936 年宣布"向共产主义过渡"。第五，对农业竭泽而渔，导致工农产业失衡。在集体农庄中，农业单纯为工业发展提供积累和输出资源。他通过剪刀差这种"类似贡款的东西"① 使资金从农业流入工业。然而，农业集体化并没有达到增产预期反而由于冒进和剥夺农民，使农业生产遭受重创并出现绝对下降趋势。集体化确实保障了国家的粮食供应，因为集体农庄是强制实行低价超额收购政策的工具。斯大林在征购粮食和农业集体化过程中所采取的冒进和粗暴政策，反映了加速积累和重工业化同农民之间矛盾的激化。苏联加速集体化的动因，与其说是为了农业社会主义改造，不如说是为农工矛盾和保障国家工业化出路。② 实践证明，全盘集体化虽避免了资本主义的复辟，推动了国家工业化的实现，但因为国家力量对农业合作化的过度干预，剥夺了农民的农地所有权以至使用权，背离了马列主义农业合作理论。

经典作家合作化理论虽各有侧重，但核心思想是一致的，即消灭私有制建立公有制。他们认为，小农生产是落后的，必须被改造为先进的社会化大生产。要实现社会化大生产就必须实行大规模经营，而大规模经营可以是资本主义式的，也可以是社会主义式的。因为资本主义生产关系已经成为生产力发展的桎梏，社会主义才是明智的选择。而社会主义与资本主义的根本区别就是生产资料公有制。实现社会化大生产，首要任务无疑就是消灭私有制建立公有制。经典作家合作化理论对我国合作化运动也产生了巨大的影响。变革所有制也成为我国合作化运动的

---

① 《斯大林选集》下卷，人民出版社 1979 年版，第 149 页。

② 参见肖冬连：《加速农业集体化的一个重要原因：论优先发展重工业与农业的矛盾》，《中共党史研究》1988 年第 4 期。

主要目的。[①]

三、改革开放前中国共产党人农地制度理论

农地问题是中国革命和建设的根本问题。以毛泽东、刘少奇和邓子恢等为代表的中国共产党人运用马列主义理论，汲取借鉴前苏联的建设经验，根据我国特有的社会历史条件，提出并实施了一系列农地政策，较好地解决了农地问题，形成了中国特色社会主义农地制度理论。

（一）农地所有制理论

中国共产党人继承马列主义农地国有思想，视国有化为农地所有制改造的终极目标。毛泽东采用分阶段改革的策略，刘少奇也主张要条件具备才能实现国有化。

毛泽东的土地所有制思想经历了从土地公有到土地农有再到土地集体所有和统一经营的转变。在土地革命战争时期，毛泽东接受了"土地公有"的思想。土地问题的彻底解决是"土地国有"。但个体农民渴求土地所有权。因此，他确定了农民土地所有制，并将其贯穿于整个新民主主义革命时期。抗日战争时期为了发展统一战线，暂时"停止使用暴力没收地主土地的政策"[②]，实行减租减息。在方法上，通过革命手段消灭封建地主土地所有制，建立农民土地所有制。但这种地权农有制度下农民的地权并不完整，没有排他性和独占性。土地法规虽明确"地权农民私有"，但又规定：农民群众要求重分时，土地即可重新分配。《土地法大纲》则规定，农民不要求重分时，才可以不重分。土地的出租与买卖有特殊情况方可进行。可见，土地农有实际上只是农民在民主革命期间的土地占有权。诚然，农民土地所有制也并非毛泽东的最终目标，因为，小农经济是农业现代化的障碍。毛泽东通过合作化引导个体农民

---

① 参见漆志平：《中国共产党农业合作经济思想变迁研究》，硕士学位论文，天津师范大学，2002年，第13页。

② 《毛泽东选集》第一卷，人民出版社1991年版，第260页。

走社会主义道路，但国有化目标从未改变。毛泽东的所有制变更路径非常清晰：封建地主土地所有制→国家公有制→农民土地所有制→合作制经济→全面国有化。

刘少奇把国有化作为农地所有制改造的终极目标。但当时尚不具备相应的物质条件和思想基础，不能直接过渡，应先实行土地集体所有制。他认为，互助组或供销社都不能直接提高到集体农庄，集体农庄需要另外的组织。因此，"在新民主主义阶段，不要轻易地动摇、削弱和否定农民的个体所有制，不要怕农民'冒富'，只有80%的农户发展到'三马一犁一车'的富裕程度"[①]，才能向更高级的合作社过渡。至于实现国有化的时机和方式，他主张采取剥夺的革命手段，"用一二年时间来一个革命运动就解决问题"[②]。这种在短期内以运动方式实现国有化的设想极不理性，一旦实行起来必将具有很大的破坏力。

（二）农业合作理论

中国共产党人在领导农民向社会主义过渡的实践中，依据马列主义理论，结合我国实际，经过不断探索，找到了社会主义改造的有效途径。毛泽东、刘少奇和邓子恢对土改后通过农业合作化引导个体农民走向集体化的基本理论形成了共识。但是，因为对改造小农经济的认识不同，三位领导人在实现目标的具体思路上存在较大的分歧。

1. 农业合作化基本理论的共识

（1）农业合作化的条件。毛泽东等认为农业合作化既需要又可能。合作社是提高农村生产力、引导农民脱贫致富、实现社会主义工业化、推动社会主义改造、建立社会主义制度的必由之路。[③] 农民有互助合作、走社会主义道路的积极性；[④] 党在领导生产互助中已经积累了丰富的经

---

① 吕星斗主编：《刘少奇和他的事业》，中共党史出版社1991年版，第319页。
② 高化民：《农业合作化运动始末》，中国青年出版社1999年版，第55页。
③ 参见《毛泽东选集》第三卷，人民出版社1991年版，第931—932页。
④ 参见《毛泽东文集》第六卷，人民出版社1999年版，第429页。

验，"有能力领导全国人民进到社会主义社会"①。

（2）农业合作化的步骤。毛泽东规划了逐步过渡的"四步走"模式：社会主义萌芽的互助组→半社会主义性质的初级社→社会主义性质的高级社→"工农商学兵、农林牧副渔"的集体所有制的人民公社新模式，逐步消解资本主义的残余，建立一个平均主义的社会，为了过渡到共产主义做好准备。邓子恢也主张合作化由低级向高级过渡，稳步前进：临时互助→季节互助→常年互助→合作社。②他还设计了从部分集体所有制到完全集体所有制的合作发展路径。③

（3）农业合作化的方针。《关于农业互助合作的决议（草案）》（1951）提出了"积极发展，稳步前进"的方针。毛泽东强调，既要"积极发展"，合作化能否健康发展取决于领导重心能否"迅速地和正确地转移"过来；④又要"稳步前进"，党的领导不应超过群众的觉悟程度和不顾可能的条件。这与1955年毛泽东提到的"全面规划，加强领导"⑤方针是一致的。

（4）农业合作化的原则。第一，自愿互利。对农民"要耐心地等待他们的觉悟"⑥，要用教育和领导的方法使其自愿入社。自愿基于互利。"互利就能换得自愿"⑦。农民是实利主义者，对社会主义有顾虑。⑧要"尊重农民的土地财产所有权"，"侵犯了他的私有权，他就不积极"⑨。第二，典型示范和教育。通过典型示范，以合作社的优越性吸引农民

① 《毛泽东文集》第六卷，人民出版社1999年版，第422页。
② 参见《邓子恢文集》，人民出版社1996年版，第364—365页。
③ 参见《邓子恢文集》，人民出版社1996年版，第392页。
④ 参见《建国以来重要文献选编》第7册，中央文献出版社1993年版，第248页。
⑤ 《毛泽东文集》第六卷，人民出版社1999年版，第478页。
⑥ 《毛泽东文集》第六卷，人民出版社1999年版，第428页。
⑦ 《建国以来重要文献选编》第6册，中央文献出版社1993年版，第224页。
⑧ 参见《邓子恢文集》，人民出版社1996年版，第361—362页。
⑨ 《邓子恢在华北互助合作会议上的讲话》，载蒋伯英：《邓子恢与中国农村变革》，福建人民出版社2004年版，第368页。

入社；通过说服教育，使农民"真正弄清楚，消除顾虑，自觉自愿参加"①。要根据条件建立和研究典型。试办集体农庄既可取得经验，又可树立模范。第三，国家帮助。国家要通过信贷或提供低价农业生产资料等形式扶持合作社。毛泽东指出："在物质力量例如贷款方面"②，国家应给予农民必要的资金援助。

（5）农业合作化的阶级路线。1954年中央确定了过渡时期党在农村的阶级政策：依靠贫农，巩固地团结中农，发展互助合作，由逐步限制到最后消灭富农剥削。③毛泽东确定以新老下中农为依靠力量，新老上中农为团结对象。具体政策是，依靠贫下中农，团结中农，从限制到逐步消灭富农。有分别地接受富农入社。好的接受并给予社员的称号；一般的允许一块劳动，给予报酬，但不是社员；差的暂不接受入社。后来进一步规定，好的允许其入社；不好不坏的，允许其在社生产，但不给社员称号；坏的由社管制劳动。限制富农，直至吸收富农入社以消灭富农经济。④

（6）合作社的性质。合作社是实现农村所有制以至整个农村社会的社会主义变革的载体。毛泽东等都承认合作社的半社会主义性质。刘少奇认为，"合作社既区别于私人资本主义经济，又不同于社会主义经济，所以是'半社会主义'的"，其根本性质是劳动群众的集体经济组织。⑤毛泽东认为，合作社仍存在的社会主义因素和私有制的矛盾，将来"进到集体所有"⑥，就能得到解决。

（7）合作社的功能。合作社对农民的趋向和国家的前途起着政治

①　《邓子恢文集》，人民出版社1996年版，第362页。
②　《建国以来重要文献选编》第7册，中央文献出版社1993年版，第235页。
③　参见《建国以来重要文献选编》第5册，中央文献出版社1993年版，第730页。
④　参见邱春梅：《毛泽东农业合作化思想研究》，硕士学位论文，河南大学，2012年，第16—18页。
⑤　参见《刘少奇论合作社经济》，中央财政经济出版社1987年版，第65、79页。
⑥　《毛泽东文集》第六卷，人民出版社1999年版，第302页。

导向作用。首先，合作社是国家与私人资本主义和平竞争的工具。小商品经济和半自然经济占比达90%，且兼具社会主义和资本主义两种倾向。合作社如能把90%的小生产者组织起来，加上5%国营经济，力量就很大。① 其次，合作社是巩固工农联盟的工具。农民增产增收必须以合作化为条件。不通过合作化引导农民脱贫就不能巩固工农联盟。② 但这种政治导向只是方向问题，"经济的道路"仍是其方法论原则。但1955年夏季以后，毛泽东把合作化扩展到思想政治领域，使纯粹的政治目的和强制方式改变了合作化的特征和进程。③ 人民公社"政社合一"的功能也决定了它并非单纯的经济组织。

2. 农业合作化具体思路的分歧

作为新中国成立初期农业合作化运动的领导者，毛泽东是总决策者和总设计师，刘少奇和邓子恢是得力的执行者和主要负责人。他们共同领导了农业社会主义改造。然而，在合作化的具体进程中，他们在合作化的形式、途径、速度、规模、个体经济政策、富农政策、多种经营和生产责任制等问题上出现了争议。三位伟人意见的分化对农业合作化运动产生了重大的影响。

（1）关于农业合作化的途径。刘少奇主张，农业现代化应先机械化后合作化。农业社会化要依靠工业，集体化要以农业机器为后备条件。在薄一波看来，这种观点忽视了我国的条件。即使没有农业机械，只要按照自愿互利原则发展合作经济组织，也能提高生产力。④ 毛泽东既不赞同刘少奇的观点，也不仿效苏联"先机械化后集体化"的模式，而提出"先合作化后机械化"和"两化并进"。实践证明，"先合作化后

① 参见《刘少奇论合作社经济》，中央财政经济出版社1987年版，第78—80页。
② 参见《邓子恢文集》，人民出版社1996年版，第452页。
③ 参见张志忠：《马克思主义的农业合作制理论》，《内蒙古大学学报》（哲学社会科学版）1991年第2期。
④ 参见柳建辉、佘湘：《刘少奇对中国农业现代化几个问题的思考与探索》，《毛泽东思想研究》2009年第4期。

机械化"的道路是适合当时中国国情的。

（2）关于农业合作化的形式。刘少奇反对毛泽东"以生产合作社为过渡形式"的观点，而主张先发展供销合作社，在流通领域把农民组织起来。他指出，供销合作社是在经济上指挥小农的司令部，是组织农村生产与消费的中心环节，是土改后在经济上组织小农最主要的组织形式。① 供销合作社在今天仍有旺盛的生命力。2005 年通过的《关于推进社会主义新农村建设的若干意见》指出，加强农村现代流通体系建设。② 这是对流通合作社思想的运用和发展。

（3）关于农业合作化的规模。刘、邓二人都反对毛泽东"不断扩大合作社的规模"的观点，提出建社规模要适度，要与管理水平和技术水平相适应，要便于生产和领导。③ 反对办大社，主张"分小点，适当分权"④。邓子恢还主张高级社建成以后，应固定若干年，不要年年并社。⑤ 这些观点被中央所采纳。1954 年中央规定，"为了防止盲目贪大的倾向，办大社须经地委批准"⑥。1956 年还对高级社的规模作了规定。翌年中央强调，组织规模大小，应该照顾现实和历史条件，"容许有各种差别，而不应该千篇一律"⑦。

（4）关于农业合作化的速度。刘、邓主张合作化应按规律办事，按步骤稳进，慎重过渡。所有制要保持相对稳定，转变"绝不能操之过急"⑧。但 1955 年 7 月 31 日，毛泽东开始批"小脚女人"，急于过渡代

---

① 参见《刘少奇论新中国经济建设》，中央文献出版社 1993 年版，第 34 页。

② 参见《十六大以来重要文献选编》（下），中央文献出版社 2008 年版，第 143 页。

③ 参见国家农委办公厅：《农业集体化重要文件汇编》（上），中共中央党校出版社 1981 年版，第 662 页。

④ 《刘少奇论新中国经济建设》，中央文献出版社 1993 年版，第 329 页。

⑤ 参见《邓子恢在第一届全国人民代表大会第三次会议上的发言》，《人民日报》1956 年 6 月 20 日。

⑥ 《建国以来重要文献选编》第 5 册，中央文献出版社 1993 年版，第 726 页。

⑦ 《建国以来重要文献选编》第 10 册，中央文献出版社 1994 年版，第 552 页。

⑧ 《邓子恢文集》，人民出版社 1996 年版，第 345 页。

替了稳步前进。刘、邓深感忧虑，指出"生产关系跑到生产力前头，没有基础了，就会破坏生产力"①"共同生产、共同消费是共产主义，今天办不到。硬要搞，一定搞坏"②。国民经济因此遭到客观规律的严惩。刘少奇反省：过早过急实行全民所有制，"不顾生产力发展水平，违反了客观可能的条件和农民的自愿"③。就是在革命成功以后也"应该经过一个阶段的经济建设，创造和准备了充分的物质条件后，再转向社会主义"④。这一观点对克服急于过渡的情绪起了积极作用。

（5）关于个体私有经济。有人担心扩大小私有必然影响社会主义性质，力阻生产资料私有，赞成完全收归公有。刘、邓否定了这种顾虑，而主张确保私有，长期保存富农经济，指出农民小生产者的自发力量一方面使生产发展，但另一面使农村重新发生阶级分化。⑤这可以通过税收、金融等手段加以引导和限制。而采取行政命令消灭农民个体所有制，结果只能共同贫穷。邓子恢也肯定了个体经济的积极作用。"在全民所有制领导下，搞些小集体、小私有，对社会主义经济，只会起巩固作用，不会起破坏作用。"⑥他主张长期确保私有。首先，生产资料"主要公有，次要私有"⑦，尊重农民私有权，防止公有化程度的再次扩大。其次，保留自留地，经营所得归农民个人自由支配。第三，发展多种经济，打"混一色"，反对"清一色"。第四，"四个自由"（贸易、雇佣、借贷和租佃自由）有一定的限度，不会向资本主义发展。然而，农村的两极分化趋向引起毛泽东的警觉。上述观点和做法遭到其严厉批评。

---

① 《刘少奇论新中国经济建设》，中央文献出版社1993年版，第567页。
② 《邓子恢文集》，人民出版社1996年版，第349页。
③ 《刘少奇选集》下卷，人民出版社1985年版，第362页。
④ 薄一波：《若干重大决策与事件的回顾》上册，中共中央党校出版社1991年版，第46页。
⑤ 参见《建国以来刘少奇文稿》第3册，中央文献出版社2005年版，第545页。
⑥ 《邓子恢文集》，人民出版社1996年版，第562页。
⑦ 《邓子恢文集》，人民出版社1996年版，第461页。

（6）关于生产责任制。农业生产责任制是毛泽东与刘少奇、邓子恢的又一个分歧点。邓子恢倡导责任制。刘少奇是最早支持责任制的中央领导人之一。毛泽东却始终反对这一生产经营管理制度。责任制是以生产队为主体向作业组实行包工，按照作物的特点来规定包的办法，由有经验、负责任的队伍来负责，通过"三包一奖""两个指标""产包到队，工包到组，田间管理包到户""组包片，户包块，大活集体干，小活分开干"① 等形式，实现"统一经营、分级管理、明确分工、个人负责"②。责任制是农民对平均主义的否定，是对分配制度的调整，是迫切要求生产自主权的创造性尝试。这实际上是对农地经营体制的初探，也是新时期农村改革的先声。家庭承包制的普及正是这一探索的延续。刘少奇支持责任制。"农业也可以实行个人负责制"，因为"有很多小活适于个人劳动，不能完全否定个体劳动"③。应照顾合作社集体经营和社员家庭经营必要的分工，发挥各方的积极性。他多次肯定责任制，"一户包一块，或者一个组包一片，那是完全可以的。问题是如何使责任制跟产量联系起来"④"农业社实行包产到队，固定三年不变，超产奖励，这个办法好"⑤。当然他认为"三年不变"缺乏安定性，不利于农田基本建设。责任制对于恢复农业生产，扭转国民经济的困局发挥了明显作用。但由于历史条件的限制，这一正确主张并没有引起全党的重视，甚至在"左"倾思想盛极一时和阶级斗争甚嚣尘上的年代里还受到毛泽东的错误批判。毛泽东认为"强烈反对在农村搞'分田到户'，有防止把中国农民变成固定于'一亩三分地'的'小农'的意义"⑥，但在科学高效

---

① 《邓子恢文集》，人民出版社 1996 年版，第 478 页。

② 《邓子恢文集》，人民出版社 1996 年版，第 491 页。

③ 《刘少奇论新中国经济建设》，中央文献出版社 1993 年版，第 328—329 页。

④ 《刘少奇选集》（下），人民出版社 1985 年版，第 463 页。

⑤ 《刘少奇论新中国经济建设》，中央文献出版社 1993 年版，第 328 页。

⑥ 徐俊忠：《毛泽东社会主义建设道路几个问题再探讨》，《马克思主义与现实》2010 年第 6 期。

的大农方案出台之前，生产责任制仍不失为适合当时生产力状况的最优选择。

农业合作化使中国在短期内完成了赶超型的现代化进程，也使农村摆脱了"循环的陷阱"。[①]20世纪50年代中期以后，毛泽东却否定自己1949年"严重的问题是教育农民"[②]的论断，转而认为"群众中蕴藏了一种极大的社会主义的积极性"[③]，批判了循序渐进的观点，加剧了合作化的急躁冒进。在大跃进运动中，他不再把贫穷落后当成历史包袱，反而认为，一穷二白"好写最新最美的文字，好画最新最美的画图"[④]。农村社会主义改造的成功使之产生臆想。"左"的思想使之违背了生产力的要求和农民的意愿。

从三位领导人农业合作化思想的共识和分野来看，20世纪50年代中期以后，日益轻视技术投入而依赖变革经济组织制度来发展农业生产，日益忽视行为主体的意愿而片面强调国家目标的实现，在合作化的速度、规模和公有程度上日益求快求大求高，力图通过强化主导意识形态的规范来降低制度变迁中的交易成本。显然，毛泽东后期的合作化思想受到斯大林的影响最为突出。这些思想形成农业合作化的具体政策，给农业和农村经济的发展带来了深远的影响。

四、马克思主义农地制度理论的启示

在土地问题上，马克思主义的基本原则是废除私有制，实行国有化。中国共产党人坚持不懈地将马克思主义农地制度思想应用于中国的实践。马克思主义否定土地私有的思想，构成了任何一个马克思主义政

---

① 参见林毅夫、蔡昉、李周：《中国的奇迹：发展战略和经济改革》，上海三联书店1999年版；罗平汉：《农业合作化运动》，福建人民出版社2004年版；张乐天：《人民公社制度研究》，上海人民出版社2005年版。

② 《毛泽东选集》第四卷，人民出版社1991年版，第1477页。

③ 《建国以来重要文献选编》第7册，中央文献出版社1993年版，第224页。

④ 《建国以来重要文献选编》第11册，中央文献出版社1993年版，第275页。

党在执政后进行土地改革的理论依据，也决定了我国农地所有权制度必然沿着"个体所有制→集体所有制→国家所有制"的方向演进。

（一）马克思主义土地国有化思想为我国农地制度建设确立了指导原则

新中国成立后，中国共产党人在农村经营制度上始终坚持公有制。在民主革命时期，毛泽东把农民土地所有制当作民权革命时代的必经阶段，在条件成熟之时再完成这项任务。毛泽东领导了农业社会主义改造，确立了土地集体所有制。但自此以后，长期存在的管理方式统一集中和经营方式过分单一的弊端抑制了农民的积极性，导致农业生产力水平和农民生活水平低下。改革正是在这一环节上实现了突破，确立并推广家庭承包制，在农地集体所有制的前提下，把所有权和使用权分开，突破了公有制模式的单一化，实现了公有制形式的多样化，是对马克思主义农地制度理论的丰富和发展。

（二）农地制度改革不能搞私有化

有学者认为，农地集体所有制无法解决产权清晰的问题。只有农地私有化才能明晰产权，使农地资源通过市场实现优化配置以适应社会化大生产。从历史上看土地私有制确实可以随着生产力的发展而改变私有制形式，如奴隶主土地所有制、封建地主土地所有制和资本主义土地所有制。但这些土地所有制都是使绝大多数农民失地沦为奴隶、农奴或农业雇佣劳动者，对农业劳动者意味着奴役和贫困。农地私有化也会使我国陷于困境。我国一旦实行农地私有化，必将形成以家庭为单位的小土地所有制。马克思主义视域中的小土地所有者生产资金缺、技术水平低，抗灾能力弱，产品成本高，在市场竞争中必然两极分化，城市资本也会伺机涌入收购土地，使大量农地集中于少数人手中，大多数农民失地而沦为雇佣劳动者，这将对经济发展带来冲击，甚至酿成社会危机。因此，以马克思主义土地公有制思想为指导，我国在农地集体所有制的基础上进行产权结构改革，调整经营方式，发展多种专业化经营和联合经营。农业双层经营体制的与时俱进推动了马克思主义农地制度理论的中国化。

（三）马克思主义土地产权理论指引了我国农地产权制度改革的方向

马克思土地产权理论指出，土地产权权能既可以结合，也可以分离或独立使用。以马克思土地产权理论为指导，在现行宪法和农地集体所有制不变的前提下，创新农地产权制度：坚持"弱化集体所有权，强化土地使用权"的原则，将"农民集体"法人化，对现有农地按照现行行政管理基本单位村或组进行全面登记，明确集体土地的所有权主体和客体，发放农户个人拥有的集体所有权份额的土地所有权证书，农户的集体所有权份额可以买卖、转让、抵押、赠予和继承，以此强化农地使用权，促进土地承包经营权流转机制的形成。在现行集体所有制产权制度安排不变的条件下，完善土地承包经营权的流转机制，推进我国由传统农业向现代农业、由农村土地的粗放式经营向农村土地集约型经营、由资源掠夺性开发向可持续发展方向转变，确保我国农地制度的功能得以充分发挥，实现我国农地制度改革的目标。

第二节　农地制度改革的历史背景

探讨中国农地制度改革，离不开对农地制度变迁背景的历史追溯。改革开放之前，新中国农地制度经历了二次变迁：封建地主土地所有制→农民土地所有制→集体土地所有制。农地改革在每个阶段都有着不同的经济、政治、社会背景，表现出各不相同的制度特征和制度效果。但它们都有着共同的"解放农业生产力"主观目的，遵循着"以土地利用为中心"的基本规律。

一、土地改革时期：农民土地所有制（1949—1952）

土地是新生共和国的物质基础。中央政府实行土地改革，以农民土地所有制取代了封建地主土地所有制，结束了封建剥削关系。实行"公益性土地归国家所有、经营性土地归农民所有"的二元复合型产权结构。农民获得了明晰完整的土地产权，"有权自由经营、买卖和出租"土地，实现了"耕者有其田"的夙愿。

土地改革是在《土地法大纲》（1947）的基础上进行的。《土地法大纲》不仅规定，彻底消灭封建土地制度，废除一切地主的土地所有权，废除一切祠堂、庙宇、寺院、学校、机关及团体的土地所有权；而且规定了分配土地的原则和方法，即男女老少平等对待，土地质量差别分类，平均分配土地数量。

以《共同纲领》（1949）为起点，国家通过强制性的制度变迁，使土地所有权从地主手中转移到农民手中。1950年1月，中央确立了土地改革的总路线："依靠贫农、雇农，团结中农，中立富农，有步骤地有分别地消灭封建剥削制度，发展农业生产。"[①] 同年6月，国家颁布施行《土地改革法》，内容包括土地的没收和征收、土地分配、特殊土地问题的处理、土地改革的执行机关和执行方法四个方面。土地制度的核心内容主要有二：一是实行区别对待政策，对地主实行没收政策，对富农实行保护政策，对军烈属等特殊群体实行特殊政策；二是按人口统一分配土地及其他生产资料。从结构和内容上看，《土地改革法》实质上是一部土地权利配置法，即通过土地权利主体的变动，以土地公平分配为原则，实现土地与劳动的充分结合，为解放和发展社会生产力奠定了制度基础。

作为土地改革的制度成果，农民土地所有制是一种新型的农地制度。首先，农民土地所有制并非土地私有制。《土地改革法》规定"废除地主阶级封建剥削的土地所有制，实行农民的土地所有制"[②]，从而废

---

① 《刘少奇选集》下卷，人民出版社1985年版，第43页。
② 王先进：《土地法全书》，吉林教育出版社1990年版。

除了地主阶级所有的土地私有制。无产阶级政权也不可能用一种私有制替代另一种私有制。事实上，土改后农民也的确没有真正拥有土地的所有权利。其次，党的"耕者有其田"土地纲领也不同于孙中山最早提出的"耕者有其田"。中国共产党以马克思主义为指导的无产阶级政党，其奋斗目标是消灭阶级消灭剥削，最终实现共产主义。社会主义是共产主义的低级阶段，实行生产资料的公有制。因此，中国共产党不可能把私有制作为新政权的经济制度，也不可能把土地私有作为社会主义国家的土地制度。

土地改革使全国 3 亿多无地或少地的农民无偿获得 7 亿亩土地，免去以往每年 700 亿斤粮食的地租。[①]90% 以上的耕地归农民所有。农民土地所有制实现了农地所有权和经营权的统一，促进了农村经济的恢复和发展。1952 年全国农业总产值比 1949 年增加了 48.5%。粮食产量增加了 42.8%。[②] 到 1952 年底，完成土改的农民超过 90%。除新疆、西藏和其他一些少数民族地区和台湾省以外，全国土改基本完成。

二、农村合作化和人民公社化时期：农地集体所有制（1953—1978）

从 1952 年起，全国掀起农业合作化运动。劳动群众集体所有制逐渐替代了农民土地私有制。这一过程先后经历了互助组、初级社和高级社三个阶段。1958 年开始的人民公社化运动，宣布了土地私有制的终结和劳动群众集体农地所有制的确立。互助组和初级社时期，实行"私有公营"的农地制度。高级社和人民公社时期，实行"集体所有集体经营"的农地制度。

---

① 参见国家统计局：《中华人民共和国经济和文化建设成就的统计》，人民出版社 1959 年版，第 29 页。
② 参见国家统计局：《中国统计年鉴 1982 年》，中国统计出版社 1983 年版，第 162 页。

(一) 农村合作化和人民公社化的基本原因

土地改革以后，由于小生产的不稳定性和脆弱性，两极分化卷土重来。为了防止历史上反复出现的地权从平均化到兼并形成大地产的轮回，1952 年，中央政府开始将农民"组织起来"，引导农民通过合作化走社会主义之路。

1. 小农经济自由发展必然导致两极分化

土改只是构建了解决农民生存问题的土地制度，没有设置防止两极分化的制度屏障。由于农业生产基础孱弱，农户抗灾能力有限，时常面临破产的威胁，存在两极分化的隐患。土改结束后，农村又出现雇工现象，贫富差距悄然拉开。据对江苏 10 个县的调查，卖地的有 2728 户，其中雇农 204 户，贫农 2117 户，中农 243 户，其他 64 户。[1] 卷入租赁关系的农户也日益增多。1953 年鄂湘赣三省农村调查显示，出租土地的农户占 12.52%，租入土地的农户占 18.69%。[2] 农户间的平等问题发展到了非解决不可的地步。

2. 小农经济与生产社会化相矛盾

土改为我国由农业国转变为工业国清除了制度障碍，但并没有改变小农生产的性质。个体农户经营规模细小分散，生产工具简陋单薄，社会联系狭窄简单。据对 23 个省 15432 户农户调查，土改结束时，贫雇农户均只有 12.46 亩耕地，0.47 头耕畜，0.41 张犁；中农户均 19.01 亩耕地，0.91 头耕畜，0.74 张犁。占农户 90% 的个体农民只有不足 1 头耕畜、1 张犁，如此落后的条件，势必造成农业生产力水平低下且发展缓慢（见表 1-1）。[3] 小农经济排斥先进生产技术，无力抵御自然灾害，更难以实现扩大再生产。其生产率无法适应大规模经济建设的要求。据 1955 年国家统计局对 25 个省 1.6 万多农户的调查，1954 年各类农户的

① 参见黄希源：《中国近代农业经济史》，河南人民出版社 1986 年版，第 410 页。
② 参见苏星：《我国农业的社会主义改造》，人民出版社 1980 年版，第 50 页。
③ 参见苏星：《我国农业的社会主义改造》，人民出版社 1980 年版，第 12 页。

粮食商品率平均为 25.7%，其中，贫农为 22.1%，中农为 25.2%。农民小土地私有制的弊端已显露，也昭示着又一次土地制度变革的来临。

表 1-1　中农和贫雇农户均主要生产资料情况表

项目	耕地（亩）	耕畜（头）	犁（张）
中　农	19.01	0.91	0.74
贫雇农	12.46	0.47	0.41

资料来源：苏星：《我国农业的社会主义改造》，人民出版社 1980 年版，第 12 页。

3. 国家工业化需要农地集体化

以农民利益为代价，以农业积累增长为国家工业化的启动资本，几乎是世界各国工业化的共同路径，而在发展中国家工业化的起步阶段尤为突出。中国工业化的起步，由于自然经济的遗产尤为厚重，商品经济因素却很薄弱，因而更难摆脱传统工业化的阴影。

中国的工业化战略与苏联相似。第一，投资率从战前大约 5% 提高到 20% 以上，接近苏联 1928 年工业化高峰时的水平，尽管当时人均国民收入仅为苏联 1928 年的 1/4。第二，投资重点放在工业，特别是重工业上。国家对农业的投资不足 8%，尽管农业创造一半以上的国民收入，拥有 4/5 以上的劳动力。第三，优先发展大型资本密集型制造业。

一般来说，直接获取农业积累的方法有两种：一是重税明取；二是通过剪刀差暗取。重税的方式农民难以接受。通过低价收购农产品和高价销售工业品的价格与价值双重背离的隐蔽方式，既可以保证工业原料和劳动力的低成本，又可以保证工业品的高价格，以获取工业的超额利润，进而强化新一轮的工业投资。我国工业化的资金主要来源于农业部门创造的经济剩余，国家获取农业剩余的主要办法是实行对主要农产品的统购统销制度，而农地集体化为农产品统购统销提供了制度基础。①

① 参见雷源：《家庭土地承包制研究》，兰州大学出版社 1999 年版，第 37—39 页。

（二）农村合作化和人民公社化的历史进程

我国农业合作化的实质是农地集体化。农地集体化的过程，就是由农民个体土地所有制变成农民集体土地所有制的过程。高级社是以农民集体土地所有制为基础的生产合作社。高级社的普遍建立标志着农民个体土地所有制变成农民集体土地所有制。

1. 互助组、初级社阶段：农地农民私人所有，农民合作经营（1953—1956）

（1）互助组阶段（1951—1954）。1951年中央颁布《关于农业生产互助合作的决议（草案）》，组织农民成立互助组。1953年通过了《关于农业生产互助合作的决议》《关于发展农业生产合作社的决议》。1954年入组农户数达到顶峰，占比达58.30%。[①] 这一阶段，土地等生产资料仍归农民私有，是带有社会主义性质的集体和集体产权的萌芽阶段。互助组突破了家庭界限，通过各个生产环节中的互助协作，实现农户间生产要素的互补协调，降低了单个农户经营的交易成本。农产品仍归各户所有，根据地亩分摊共同费用，结算互助费用。

（2）初级社阶段（1954—1956）。1953年春起各地开始以互助组为基础成立初级社。《农业生产合作社示范章程草案》（1955）和《农业生产合作社示范章程》（1956）推进初级社的建设。初级社在保留农户土地所有权的基础上实行土地等生产资料入股、集体劳动、统一经营，劳动产品统一分配，按劳分配与按股分红相结合。社员依据入股土地获得分红。农户收益取决于全社的经营状况。土地所有权归农民所有，但土地的使用权属于集体，土地的使用权与所有权分离，形成了半社会主义性质的集体产权。

从农户家庭单干，到互助组，再到初级社，改变的只是农业生产

---

① 参见安贞元：《1949—1978年中国农业集体化运动回顾》，《青海师范大学学报》（社会科学版）1991年第3期。

的组织方式和劳动成果的分配方式。农地私有产权的保留保护了农民的积极性。

2. 高级社、人民公社：农地农民集体所有，农民集体经营（1956—1978）

工业强国的发展战略和社会主义的政治目标，使农地集体所有制代替农地个人私有制。高级社取代了初级社，强制实行生产资料集体所有制。跟随其后的人民公社是政社合一的制度安排，"农林牧副渔，工农商学兵"无所不包。人民公社时期农地体制对农民理性的抑制，造成了严重的后果。

（1）高级社阶段（1956—1958）。随着国民经济的恢复和大规模经济建设的进行，社会主义工业化和农业生产之间的矛盾日趋尖锐。工业发展需要农业为之提供粮食、工业原料和产品市场，而个体农业薄弱且分散、农民购买力低下，农户几乎完全拥有农地收益权，其他社会势力无法染指。[1]1955 年夏季以后，政府开始强行扩大合作社的规模和范围，建立高级社。《高级农业生产合作社示范章程》（1956.6）将土地所有权和管理权分别收归国家和集体所有。1956 年底 87.8% 的农民入社。高级社是以生产资料集体所有制为基础的社会主义经济组织，实行土地统一经营、共同劳动、按劳分配。[2]至此，农地集体所有制取代了农民私有制。高级社取代农户成为农地经营主体。[3]集体拥有对集体财产进行统一管理的权利，并享有部分利益分配权。否定土地农民私有制，取消"土地分红"，既脱离了生产力发展需要，也违背了农民留恋土地的意愿，导

---

[1]　参见罗夫永、柯娟丽：《农村土地产权制度的缺陷及其创新》，《财经科学》2006 年第 8 期。

[2]　参见陈淑琼、刘霞：《中国农地制度的历史嬗变》，《经济与社会发展》2011 年第 5 期。

[3]　参见李岳云、冯继康：《新中国农地政策的历史嬗变及逻辑启示》，《南京农业大学学报》（社会科学版）2004 年第 1 期。

致了 1956 年秋后至 1957 年春夏的退社风潮。[①] 高级社取代初级社，超越了农民觉悟水平和经济文化状况，脱离了生产力发展水平。[②] 因此，1957 年中央发出《关于做好农业合作社生产管理工作的指示》，除少数确实办好了的大社以外，其余均应"根据社员要求，适当分小"[③]。但指示并未得到贯彻。相反，农业合作化却被推向更高的阶段。

（2）人民公社（1958—1978）。人民公社时期，农地制度的调整乃至重大变革从未间断。这一时期农地所有制的演变经历了公社基本所有、生产大队所有和生产小队基本所有三个阶段。

第一阶段：全公社统一所有和统一经营阶段（1958.4—1959）。《关于人民公社若干问题的决议》（1958.12）提出建立公社、生产大队、生产队三级管理机构。初期的人民公社类似于欧文的"合作公社"。从生产关系上看，农地实行"一大二公"的单一公社所有制。生产资料和劳动力由公社统一计划、统一经营、统一核算、统一分配，"共产风"和"一平二调"盛行；从劳动方式上看，公社实行劳动军事化。按军队建制把全社劳动者组成班、排、连、营、团，把民兵组织与劳动组织合为一体，搞"大兵团作战"；从分配制度看，公社实行供给制与工资制相结合（比例为 8∶2 或 7∶3）的分配制度，社员之间大体平均；从生活方式看，公社推行生活集体化，办公共食堂并按同一标准供给社员伙食，还办敬老院、托儿所，有的公社还实行集体食宿。[④]

第二阶段：以生产大队为基础的三级所有和三级经营阶段（1959—1962.2）。《关于人民公社管理体制的若干规定（草案）》（1959.2）确定，

---

① 参见彭俊平、王文滋：《新中国党的农村土地政策述论》，《理论导刊》2002 年第 11 期。

② 参见赵业猛：《中国农村土地物权制度研究》，硕士学位论文，南京航空航天大学，2007 年，第 5—6 页。

③ 《建国以来重要文献选编》第 10 册，中央文献出版社 1994 年版，第 559 页。

④ 参见邵彦敏：《中国农村土地制度研究》，博士学位论文，吉林大学，2006 年，第 73—74 页。

作为基本核算单位的生产大队统一安排本单位的生产、分配和管理。《关于人民公社的十八个问题》(1959.4)规定,作为包产单位的生产队对"土地、耕畜、农具和劳动力有固定的使用权,公社、生产大队和生产队都不能轻易调动"①。《关于农村人民公社当前政策问题的紧急指示信》(即"十二条")(1960.11)首次指出:这种三级所有制至少7年不变,"就是在将来有计划地、有步骤地、分批分期地变基本队有制为基本社有制的时候,也是'队共社的产',并不是'社共队的产',更不是'共社员的产'"②。1960年12月中央根据《十二条》规定,将社员自留地比例由5%改为7%。③《农村人民公社工作条例(草案)》(1961.3)规定,生产队是直接组织生产和集体福利事业的单位,对部分资金和资产有一定的所有权,在管理本队的生产上有一定的自主权。④

　　第三阶段:以生产队为基础的三级所有和三级经营阶段(1962—1978)。在三年荒灾面前,国家开始调整政策,停止了"大跃进"和向人民公社一级所有制过渡。《关于改变农村人民公社基本核算单位的指示》(1962.2)把基本核算单位从生产大队下调为生产队。《农村人民公社工作条例修正草案》(简称《农业六十条》,1962)限制公社和生产大队的权力,扩大生产队的权利,将土地所有权由公社下调为生产队。生产队成为土地等资产的主要所有者,是独立核算、自负盈亏的基本经济单位。至此,土地村社集体所有制确定下来,农村形成了以土地所有权和经营权集中统一、集体土地无偿使用为主要特征的农地产权制度。

　　公社时期农地制度变迁的方向是把超越当时农村生产力水平和农

---

① 《建国以来重要文献选编》第12册,中央文献出版社1997年版,第165页。

② 《建国以来重要文献选编》第13册,中央文献出版社1996年版,第661页。

③ 参见《建国以来重要文献选编》第14册,中央文献出版社1996年版,第98页。

④ 参见刘永湘:《中国农村土地产权制度创新论》,博士学位论文,四川大学,2003年,第60—63页。

民觉悟程度的公社一级所有制的公有水平逐级下调，集体经营的规模随之逐级缩小，最后确定在由二三十户组成的生产队为基本核算单位和生产经营单位的水平上，从而把生产关系调整到更适合生产力发展的层面上。这个过程虽然艰难，但方向无疑是正确的。

三、人民公社时期农地制度分析

以《农业六十条》（1962）为界，人民公社可以划分为两个阶段，张乐天将前一阶段称为大公社时期，后一阶段称为公社时期。大公社时期以"一大二公"为主要特征，公社时期则实行"三级所有，队为基础"的农地体制。"人民公社为后来中国农村的发展设定了独特的起点，设置了特殊的路径。"① 对人民公社时期农地制度的分析可以为农地制度的变革提供前车之鉴。

（一）人民公社时期农地制度的成因

人民公社建立的目的在于改变我国农业分散经营的状况，建立适应大工业与国民经济发展要求的统一经营的社会主义大农业，早日实现共产主义。人民公社阶段农地制度的变迁并非完全遵循效率原则，更多受制于非经济因素。

1. 非均衡发展赶超战略的要求

国内外环境和意识形态的制约使中国采取了非均衡发展的赶超战略，优先发展重工业。工业强国的经济政策和社会主义的政治理想融为一体，决定了农民被裹挟进工业化"纳贡"体系，以确保农业剩余屈从国家意志流向城市和重工业，这是建立农户联合劳动制度的经济动因和逻辑展开。壁垒森严的户籍制度、严重扭曲的价格机制、高度集中的计划体制以及没有自主权的微观机制，成为城乡二元体制的必然选择。以农哺工，农民的长期贫困也就不足为奇了。

---

① 张乐天：《告别理想：人民公社制度研究》，上海人民出版社 2005 年版，第 12 页。

2.国家主流意识形态的影响

所谓意识形态是指建立在经济基础之上的占统治地位的政治、思想、法律、文化观念。意识形态作为一种理论信念体系，以价值符号论证理想目标的合理性，构筑民众政治共识。新中国头30年，党和政府借助政治运动和宣传，向农民灌输社会主义思想，以社会主义政治文化取代乡土文化。通过新中国成立初期国家制度供给的绩效对农民的吸引，通过阶级斗争和思想教育对异己政治文化的清理，社会主义意识形态在农村占据了统治地位。防止资本主义自发势力和两极分化，以机器大工业为基础的大农业，公有制基础上的联合劳动，公有制和联合劳动对生产力的解放，公有化程度越高越好、形式越单一越好，加强工农联盟，甚至共产主义大同世界的理想等，都成了主流意识形态的重要组成部分，对制度变迁起着基础性的作用。农民为了公平与幸福的远期利益而放弃当下的"一亩三分地"。其社会主义热情被激发，并认同、顺应、趋向合作化集体化的选择。可见，农业合作化运动不仅是一场农地制度变革，"更是一个具有强烈意识形态先导的社会改造工程"[1]。

3.生产关系上的急于求成

毛泽东提出，"改变了生产关系，因此就有了改造自然的先决条件，生产力也就日渐发展了"[2]。人民公社表现为生产关系（主要是所有制关系）的超前，脱离了生产力发展的要求，片面强调生产关系对生产力的反作用，试图通过改变生产关系为生产力加速，将人民公社这种较为高级的所有制形式套到当时并不发达的生产力基础之上。

4.苏联模式的影响

新中国向外国学习，当然首推苏联了。中国追随苏联模式：一是照搬单一的公有制，在农村全面推行农业集体化，类似苏联的集体农庄。

---

[1]　吴帆、吴毅、杨蓓：《意识形态与发展进路——农业合作化运动再反思》，《天津社会科学》2012年第1期。

[2]　《毛泽东文集》第六卷，人民出版社1993年版，第269页。

苏联在集体农场制下解决了粮食问题，给期待提高粮食产量、发展工业化的中国共产党以极大鼓舞；[①] 二是照搬高度集权的计划经济体制；三是建立包含各行各业在内的管理体系，建立了"工农商学兵相互结合，农林牧副渔全面发展"的人民公社。

（二）人民公社时期农地制度的特征

人民公社作为政社合一的制度安排，"工农商学兵、农林牧副渔"无所不包。人民公社时期的农地制度是在计划经济的制度环境下形成的，在产权制度、组织成本、利益激励等方面都表现出特殊的制度特征。

1. 农地共有产权制度的有限性

人民公社的制度形式与其说是集体产权，不如说是共有产权。因为二者有本质区别。共有产权的参与者行使资源权利，无需与人协商，但也不排除他人对该资源行使同样的权利，或者说，这种共享产权在个人之间完全不可分，没有对象化到成员身上；集体产权的参与者在行使资源权利时必须事先由该集体按照一定的程序或规则作出决定，但这种资源权利可以通过某种形式分解或对象化到成员身上。参与者对集体不满，可以有偿转让权利并退出集体。[②] 这种农地共有产权有四个特征。

（1）无差异性。土地等生产资料分别归人民公社、大队、队三级集体所有和经营，各自独立核算，自负盈亏。尽管土地等生产资料的公有化程度不断下调，但无论哪一级为基本核算单位，集体成员对财产占有具有名义上的平均性，所有社员都拥有对集体财产完全平等、无差异的权利。

（2）非排他性。农地产权的排他性有两个层面："农地的排他性使

---

① 参见刘娅：《目标·手段·自主需要——人民公社制度兴衰的思考》，《当代中国史研究》2003 年第 1 期。

② 参见罗必良：《人民公社失败的制度经济学解理——一个分析框架及其应用》，《华南农业大学学报》（社会科学版）2002 年第 1 期。

用产权"和"拥有产权的合法转让性"。前者指农地所有者在被允许的范围内，对该资源具有不受限制的选择权利，以保证农地产权主体获得稳定的经济预期，并促进农地资源的有效利用。后者则指农地所有者所拥有的利用农地资源的资格和权益是可以自由转让的，确保实现资源优化配置的期望值。而"三级所有"，集体成员以群体的方式行使权利，任何人都不能排斥他人而独享其权。任何资源产权都失去了具体明确的责任主体、权力主体和利益主体，几乎没有排他性。

（3）不完整性。公社农地产权的权能多数缺位，共有产权参与者名义上有权共享资源和获取收益，但谁都无法具体界定哪一部分资源属于自己，这种特定的产权安排以强制方式界定每个当事人的损益边界，不允许当事人之间的自愿平等谈判和交易，产权制度交易成本降低、将外在性内部化的功能被泯灭。

生产队的产权也严重残缺。队没有完整的土地处置权、资源使用权、收益分配权和人力资源调配权，还得听命于行政权力的强制和意识形态的导向。《农业六十条》（1962）对农地产权作了限制：第一，队有土地不准出租和买卖——资产的可转让权被剥夺；第二，生产以粮食生产为主，棉花、油料和其他经济作物为辅——资源的使用权被弱化；第三，收益分配前须完成征、派购任务（实际包括农业税和政府的低价收购两部分），超过口粮的剩余部分在国家超购和集体储备之后的剩余才分配给个人（比例由政府确定）——收益分配权被削弱；第四，社员必须参加劳动（有劳动能力者），没有自由迁移权和择业权——人力资源所有权被限制；第四，否定资产具有剩余分配的权利。此外，对作物种类品种，国家通过公社和大队进行督导，队决定余地很小，农地使用权被限制。

（4）不明晰性。"三级所有"及其基本核算单位的下调是对产权的模糊化。"集体成员权"使产权主体变得模糊不清。土地所有权名义上归生产大队或生产队集体所有，但土地使用权却听命于上级；当时宪法禁止农地自由买卖、租赁；政府通过统购统销压低农产品价格将地租收入隐蔽地汇集于国家。因此，"一大二公""一平二调"从根本上否定了农地集体产权，而一切农业生产资料归公、农村劳动力由公社或生产队统配，也否定了作为个体对私产乃至自身劳动力的产权。①

2. 对农民农地产权主体性的削弱

（1）人身自由被束缚。公社的政治职能是维持农村稳定。国家为了管理便利，出台户籍制度将农民近乎强制性地约束在公社这一相对封闭的政社合一的组织内。农民依附于集体和国家，失去了人身自由。在国家对公社实行直接行政管理的条件下，社员与当地党政部门具有一种组织关系。这种关系规定了其合法地位并不同程度地决定了其生活权利。这样，社员对公社的组织依附关系最终演变为对国家的依附关系。国家权力渗入农户，通过自上而下的集权体系支配着农民的日常生活，强制农民参加公共生活和集体劳动。行政关系取代了血缘关系成为主要的社会关系。农民作为集体经济和社队组织的基本成员，被划分在不同的公社、大队和队内生活、生产、分配和消费，形成了公社对农民的人身控制。农民未获批准很难离开公社，即便离开也很难生存。"农民的迁徙自由，流动自由受到限制，家庭、宗族、村落的生活被纳入人民公社的轨道。"② 公社时期，农业就业人数占比由 58.2% 增至 70.5%。③ 这说明农村的就业结构和产业结构基本停滞，其间增加的数亿人口都被限制在土地上。可见，公社制度强化了城乡二元结构。

（2）经营自主权被压制。农民务工经商会遭批判，自留地、家庭副业、集市贸易都被作为"资本主义的尾巴"割掉。有的地方农作物的行距株距都有规定。比如农家"八大不准"的禁令：不准养鸡养鸭；不

---

① 参见罗必良：《人民公社失败的制度经济学解理——一个分析框架及其应用》，《华南农业大学学报》（社会科学版）2002 年第 1 期。

② 张乐天：《人民公社制度研究：告别理想》，东方出版中心 1998 年版，第 8 页。

③ 参见牛若峰：《中国农业的变革与发展》，中国统计出版社 1997 年版，第 87 页。

准养猪养羊；不准养牛养马；不准经营家庭副业；不准种自留地；不准私卖自己的产品；不准扩大按劳分配的比例；不准包产到户。为了完成国家征购任务，所有经营都听命于公社指示。农民没有经营决策权。

（3）财产处置权被剥夺。农地买卖与流转被禁止，农地处分权和转让权受限制，造成劳动生产率低下。农民土地私有制迅速转变为土地集体所有制。劳动投入不再与收入挂钩。社员出工不出力。"搭便车"理论对农民普遍"反道而行"的消极怠工行为作出了合理的解释。社员随意浪费集体资财，农产品被耗空，公共食堂相继垮掉，社员生活难以为继。加之遭遇自然灾害，农业大幅减产，造成三年大饥荒。

（4）劳动力产权被弱化。在物的产权中，各种权能为了提高效益可以分开并独立存在。但劳动力产权不同。因为，第一是劳动力产权的各项权能不可分割；第二是劳动者必须拥有民主自由权利，这是劳动力个人所有权的集中体现和保护手段。德姆塞茨认为，劳动力产权的部分权利受到限制或被删除，会引发劳动力产权残缺危机。周其仁也认为，劳动力产权的"权利一旦受损，其资产可以立即贬值或荡然无存"[1]。

在人民公社体制下，劳动力产权残缺的两种形式都存在。第一，劳动力的所有权与个人的硬性分割。不管是公社初期的归公社所有，还是后来调整为队所有，劳动力皆非个人所有。这种产权结构也没有法律上的界定和保护。《农业六十条》（1962）将部分生产决策权、核算权和分配权下放给队。但公社和大队仍可以行政权力调用劳动力。第二，自由的丧失。劳动力所有权属于队，其使用权和收益权非队莫属。劳动者不能自由支配自己的劳动力，只能遵命劳作。这种制度对农民的激励不足，导致劳动生产率下降，社会总产品匮乏。[2]

---

① 周其仁：《人力资本的产权特征》，http://zhouqiren.org/archives/162.html。
② 参见姜军松、谢宗藩、桂兹军：《人民公社时期劳动力产权的制度经济学分析》，《湘潭大学学报》（哲学社会科学版）2009 年第 7 期。

3.高昂的组织成本

在经济实践中，交易费用很难达到科斯定理所假设的"交易费用等于零"的状态。因此，各农地权益主体便选择交易费用最低、资源配置效率最高的产权结构。人民公社的农地产权制度采取了公社、大队、队的组织形式，试图降低交易成本。表面上，交易成本的确消失了，但农民被逼劳作的强制成本、繁杂的劳动组织成本、细琐的监督或计量成本等却剧增以至不经济，结果就是以高昂的组织成本换取交易成本的节约。[①] 劳动力产权残缺导致劳动监督空前困难，生产和消费中机会主义风行，组织成本高企而效率低下。

4.有限的利益激励

平均分配和供给制之下，农民的所得取决于集体的净收益，个人努力与收益的关联度不大。由于不能从自己的努力中获得报酬，农民便普遍选择了"搭便车"行为甚至偷工减料等。在生产中，由于组织者无法察知个体的努力程度，只能按平均工资付酬。努力程度超过平均努力程度的参与者下一轮的劳动投入势必减少，总产量势必下降，组织者只得下调工资水平，参与者的劳动投入势必再次减少，其结果必然是所有人都不会提供高质量劳动，而选择"出工不出力"，结局便是"大呼隆""吃大锅饭"。[②] 小块自留地却风景这边独好，其生产率是集体大田的 7—15 倍。[③] 家庭副业的效率也高得多，因为它是"社员家庭拥有的所有权比较完整、自主权最大的一项制度安排"[④]。

"三级所有、队为基础"的模式，明确了生产队的集体农地所有

---

① 参见陈波、王克强：《我国农村经济制度变迁路径分析》，《经济研究参考》2001 年第 43 期。

② 参见罗必良：《人民公社失败的制度经济学解理——一个分析框架及其应用》，《华南农业大学学报》（社会科学版）2002 年第 1 期。

③ 参见周其仁：《产权与制度变迁——中国改革的经验研究》（增订本），北京大学出版社 2004 年版，第 48 页。

④ 辛逸：《农村人民公社分配制度研究》，中共党史出版社 2005 年版，第 183 页。

权，保持农地权属的稳定。但这种公有公营的农地制度具有自身难以克服的内在缺陷。"人民公社阶段农地产权严重残缺，缺少激励机制，组织管理费用高昂，这种制度安排实际上一开始就处于非均衡状态，依靠国家主流的意识形态和超经济强制来维持，致使人民公社阶段农地产权制度效率低下。"① 这种农地制度严重阻碍了农业生产的增长和农村经济的发展，它必然成为后来农地制度改革的对象。

(三) 人民公社时期农地制度的后果

人民公社时期农地制度严重影响农地经营效益的提高。土地集体所有者与土地使用者之间的责、权、利难以明确界定，土地使用者之间劳动分工也不尽合理。更严重的是收益分配中的平均主义，不仅束缚了农民的生产积极性，而且影响土地等农业资源的合理配置，使农村经济长期处于缓慢发展的状态，有些地方甚至连简单再生产都难以为继。

1. 农业生产发展迟缓

1958—1978 年是新中国农业发展最为缓慢的 20 年。到人民公社解体前，农业总产值年均增长率只有 2.6%，粮食产量年均增长率为 2.13%。② 由于人口增长过快，主要农产品人均产量大多只停留在 1957 年的水平，有的甚至更低。尽管农业生产条件有所改善，但大量剩余劳动力仍滞留于耕地之上，农业劳动生产率出现下降之势。劳均农业净产值从 1957 年的 806.8 元下降到 1978 年的 508.2 元，下降了 37%。生产大队的平均集体积累不足 1 万元，有的甚至不能维持简单再生产，集体经济已名存实亡。

2. 农民生活水平的提高几近停滞

全国农民人均年纯收入，从 1957 年的 72.95 元到 1978 年的 133.57

---

① 吴玲、王晓为、梁学庆:《人民公社阶段的农地产权制度变迁及其绩效》,《中国农学通报》2006 年第 11 期。

② 参见冯健等:《乡村转型:政策与保障》,南京师范大学出版社 2009 年版。

元①，年均只增长 2.88 元；社员从集体分配得到的收入，年均只增长 2 元。分配以实物为主，现金通常不足 1/4，年均增长 0.4 元。实物分配主要是口粮，20 多年间基本维持在人均 200 公斤，每人每天实际消费不足 0.5 公斤。农民人均生活消费支出，1957 年为 70.86 元，1978 年为 116.06 元，只增长 63.8%。农民恩格尔系数，1957 年为 65.75%，1972 年为 67.71%，不降反升。1980 年，全国 504 万个农村核算单位统计，人均收入 100 元以上的不到 25%，50 元以下占 27.3%，其余 50% 左右在 50—100 元之间。农产品供不应求，到 1978 年，农村贫困人口还多达 2.5 亿人，贫困人口发生率高达 30.7%。②

3.农村经济结构单一，分工分业受到限制

从产出结构看，农业总产值中种植业占绝对优势，始终占 80%，林牧副渔四业共占 20%。到 1978 年，种植业占农业总产值的比重仍高达 76.7%。在 21 年间，这一比重仅下降 3.9 个百分点，平均每年下降 0.19 个百分点。在农作物种植结构中，粮食生产一直占主导地位。从播种面积上看，1957 年粮食作物播种面积占总播种面积的 85.0%，1978 年下降到 80.3%，年均仅下降 0.22%。农业以外的商业、运输业，基本上是由国营商业和供销合作社垄断经营。社队办工业只发生在局部地区，1977 年它和农业总产值相比，只有 1/10 多一点。劳动力结构变化更小，从事农林牧副渔的劳动力占比始终在 90% 以上。③

人民公社是决策者按主观臆想进行的乌托邦式的社会改造运动。由于当时我国农业生产力基本上仍然处于以手工劳动为主的小生产技术水平，更主要的是没有充分考虑到农业生产的特点和条件，因此人民公

---

① 参见国家统计局农业统计司：《我国农民生活的巨大变化》，《中国统计》1985 年第 9 期。

② 参见吴象：《阳关道与独木桥——谈谈包产到户的由来、利弊、性质和前景》，《人民日报》1980 年 11 月 5 日。

③ 参见方向新：《走向 21 世纪论丛——农村变迁论》，湖南人民出版社 1998 年版，第 30—31 页。

社化运动事实上变成了不顾客观的经济技术条件，在小生产基础上通过人为的合并和简单的协作，完成农地的小规模分散经营向大规模统一经营的超前变革。人民公社时期的农地集体所有集体经营体制追求绝对平均却损害了公平，也牺牲了效率。这种生产关系已经失去了激励生产和创造财富的优势，它不但没有实现预期的超越目标，反而使生产力严重萎缩。农民呼唤并在民间悄然探索新的土地经营制度。土地集体经营体制的变革已经势在必行。

四、改革开放前新中国农地制度改革的经验教训

改革开放前新中国农地制度经历了土地改革、合作化运动、人民公社化运动的变迁历程。有成功的经验，也有失败的教训。认真总结这份历史遗产，从中汲取深刻而有益的启示，对于探索适合我国现阶段农村状况的新农地制度，推进社会主义新农村建设，实现农村经济社会的发展转型和全面建成小康社会，都具有重要的现实价值。

（一）农地制度安排必须适应具体历史时期的生产力发展水平，以解放和发展生产力为根本目的

纵观改革开放前新中国的不同历史阶段，农地制度作为生产关系的核心内容，总是伴随着农村生产力的发展而不断演进，通过不断的调整以适应农村生产力的变化。从宏观轨迹上看，从新中国成立初期的私有私营、20世纪50年代中期的私有公营到1956—1978年的公有公营，每一种农地制度安排从产生到成熟再到消亡的过程同时也是一个当时社会生产力与生产关系相适应到促进发展再到阻碍其发展的过程。超前或落后的生产关系对生产力都不可能有促进作用，最终只能被淘汰。土地改革是中央政府较好地适应了小农经济生产力水平的具体体现。但是后来却过早地追求"完美"的社会主义模式，无视当时生产力落后的客观条件，过快地推进了由"农民个体所有，家庭自主经营"向"劳动群众集体所有，集体统一经营"的人民公社化生产关系转变，超越生产力发

展水平随意变革生产关系，结果不仅土地的规模效益落空，"一大二公"的集体协作优势也荡然无存，反而导致"一平二调三收款"共产风的盛行，重创了基层干部和农民群众的积极性，对农业生产力的发展造成损害。正如薄一波在 20 世纪 90 年代所指出的，经济建设不能像革命战争年代那样搞政治运动。"农业生产的互助、合作，是经济发展到一定程度的必然产物，有其自身发展的规律。""把合作化当作政治运动来搞，难免带有一定的强制性，一旦大规模地搞起来，有些行动就难以控制了。"① 新中国第一个30年农地制度变迁史显示：农地制度改革必须按照不同历史时期生产力发展的客观要求来完善生产关系，改革不相适应的农地体制。任何脱离农村生产力发展实际的右的或"左"的政策都只会减缓甚至阻碍农业的发展。农地制度的发展演变，目的就是通过生产关系的调整不断解放和发展生产力，不断推动农地资源优化配置和合理利用，推动农业乃至整个社会经济的发展。

（二）农地制度演进的速度和力度必须与具体实践紧密结合，与具体历史时期经济社会的承受能力相匹配，要做到循序渐进、风险可控、不断完善

制度设计是以不同历史时期经济社会发展的实际为依据。不同发展阶段的政策目标必须与不同历史时期的实践紧密结合，与具体历史时期的经济社会承受能力相匹配。土地改革确立了土地农民所有制，符合当时的建设实践的现实需要和农民群众的普遍意愿。但农业合作化时期生产关系更替频繁。邓小平在回顾这段历史时说："一两年一个高潮，一种组织形式还没有来得及巩固，很快又变了。从初级合作化到普遍办高级社就是如此。如果稳步前进，巩固一段时间再发展，就可能搞得更好一些。"②20 世纪 50 年代中期开始的高级社和人民公社化运动，又过

---

① 薄一波：《若干重大决策与事件的回顾》上册，中共中央党校出版社 1991 年版，第 405 页。
② 《邓小平文选》第二卷，人民出版社 1994 年版，第 316 页。

急过快地实行了高度集中的农地集体所有制，与小农经济的生产力状况相脱节。也因违背农民的意愿而挫伤农民刚刚高涨的劳动热情。由此可见，在农地制度创新的实践中，我们要紧密结合具体实践，有重点、有区别、有步骤地试行和推进，做到风险可控、循序渐进，给社会一个适应过程，让农民真正受惠。

（三）农地制度安排必须充分尊重农民的首创精神，以维护好、实现好、发展好广大农民的利益为根本出发点和落脚点

农民群众是农村历史的创造者，是农村生产力最重要、最活跃的因素，是农村物质财富和精神财富的主要创造者。一部农村发展史就是一部不断激发农民潜能的历史。新中国成立初期的农地制度安排注重发挥农民的创造性，为农民群众谋利益，这就是农地制度充满生机与活力的源泉所在。"农民是小私有者，由于农业生产自然性的特点和生产力水平的低下，农民要求稳定的土地占有和基本生产资料私有。""耕者有其田"是千百年来中国农民最高的经济理想，也是最得人心的政治纲领。"解决农民的土地问题，实现'耕者有其田'，是中国民主革命的根本问题，也是中国共产党在民主革命时期的基本任务。在解放战争期间和新中国成立初期，中国共产党领导的土地改革，最终使这一任务得以完成。"[①]20世纪50年代，为克服人畜和农机具等生产资料不足和一家一户生产常常延误农时的困难，农民自发开展了互助合作运动，党不失时机地发掘和支持了这一创举，引导农民成立了大批初级社，促进了农村经济的快速复苏。当然，党在调整农地制度的过程中也走过一些弯路，20世纪50年代中期开始的高级社和人民公社化运动，采用行政手段推行政治运动，甚至是恐吓、体罚的措施逼迫农民参加，违反了自愿原则且操之过急，严重挫伤了农民的积极性，生产效率长期极度低下，使农业生产处于长期落后和徘徊的

---

① 农业部：《中国农业全书》（山东卷），中国农业出版社1994年版。

状态。①

（四）农地制度的安排必须注重稳定连续性，以确保土地经营者的利益，以确保各种要素资源对土地的长期稳定投入

纵观新中国头30年农地制度的演变历程不难发现：农地制度一旦稳定连续，农业就向前发展；反之，则停滞甚至倒退。中国有着几千年的农地私有传统，也正是这种传统孕育了灿烂的华夏文明。农地制度演变一开始就传承了农地私有这一历史传统。如果没有这种政策的稳定连续性，农地制度就可能出现激烈的质变，甚至因农民的不适应和抗拒而遭遇失败。土地改革实现了"耕地农有"，因为具备了私有传统的稳定连续性而深得人心。20世纪50年代中期开始的高级社和人民公社化运动，过早过快地实行了农地集体所有制，严重挫伤了农民脆弱的心理和刚刚高涨的积极性，最终被广大农民和历史所抛弃。同理，在当下的农地制度创新中，这种稳定连续性也至关重要。它是确保土地经营者的利益不受损害，以确保各种要素资源对土地的长期稳定投入的关键。②

（五）农地制度的安排必须注重原则性与灵活性有机结合，在基本农地制度确立之后，根据实践的发展变化灵活采用形式多样的农地制度实现形式和经营方式

新中国头30年农地制度的变迁，虽然走过弯路，但总而言之，党和政府的农地制度安排始终坚持了原则性与灵活性的有机结合，并根据社会主义农地制度建设不同时期的具体需要采取了灵活多样的政策实现形式。新中国成立初期，党和政府没有机械地解读马克思主义理论，过早实行农业合作化，而是根据巩固新政权的实际需要，实行了"耕者有其田"的土地改革，体现了原则性与灵活性的有机结合。但是20世纪50年代中期，在农业合作化运动中，毛泽东忽视了贫穷落后的国情，

---

① 参见王海文：《60年农业集体化发展实践与启示》，《现代农业》2009年第12期。
② 参见王海文：《90年来党的农村土地政策发展演变与启示》，《中州学刊》2011年第5期。

导致合作化的急躁冒进，压抑了农民的积极性。这从反面证明了原则性与灵活性相结合的重要性。

新中国农地制度经历了由最初的农地私有制向农地集体所有制的变化。新中国成立伊始，短期内建立起基本工业体系的艰巨任务要求国家建立起高度集权的计划体制。到"文化大革命"结束时，经历了20多年工业资本的最初积累，中国的工业体系初步建立。但是国家日益陷于经济结构畸形，它不能有效保障基本农产品的供给增长，大多数农民的生活水平得不到改善甚至遭遇生存危机。农民的忍耐已经达到极限，导致制度变迁的需求产生的一系列外在条件已经发生变化，从而使制度变迁的供给成为可能。根据新制度经济学理论，在现有的制度框架下，由外部性、规模经济、风险和交易费用所引起的潜在增收因风险厌恶、市场失灵与政治压力等原因，不能内部化时，便会产生可能使这种外在利润内在化的新制度。为了追求潜在利润，人们会寻找新的制度安排。当获得的潜在利润大于新制度的交易成本时，新的制度安排便会出现，制度变迁就是理性的经济人在利益驱动下作出的行动选择。通过对制度变迁可能的收益与其成本的比较可以用来选择制度，我国农地制度变迁就是有关利益主体对农地制度的预期收益与各种约束条件所产生的制度成本权衡的结果。

第二章 新时期农地制度改革的外部借鉴

当今世界是开放的世界，中国发展离不开世界。邓小平曾多次指出："我们的现代化建设，必须从中国的实际出发。无论是革命还是建设，都要注意学习和借鉴外国经验。"① 农地制度改革是一个国际性命题。许多国家尤其是发达国家都已经成功地解决了这个问题，并在此过程中提出诸多行之有效的理论和政策，积累了丰富的实践经验。这些理论、政策和经验虽然不能简单地复制照搬，但对我国具有重要的现实鉴益，是改革开放以来我国农地制度改革的理论素材。

学习国外农地制度改革的经验，究竟以谁为师？本研究在选择学习对象时把握两个原则。其一，促进农业生产力发展原则。参考的对象应该是农地制度能够促进农业生产力发展的国家和地区，许多发达国家和地区的经验我们都要注意借鉴；其二，相似性原则。借鉴的国家和地区应该与我国的情况有很大的相似性。我们深化农地制度改革，美国、日本、俄罗斯、韩国以及中国台湾等国家（地区）的经验都是值得借鉴的。

首先是美国。美国是当今世界最发达的国家，民主法治建设可谓世界一流，其地大物博的国情与我国相似，其土地制度为我们提供了借

---

① 《邓小平文选》第三卷，人民出版社 1993 年版，第 2 页。

鉴。当下的中国与19世纪下半叶城市化高涨时期的美国相似，两国都有大量的农业人口需要转移和吸收，城市发展也需要大量的农村土地。同时两国也都需要动用国家的征收权力来克服市场失灵的问题。

其次是日本。日本也是一个人多地少的国家，人均耕地面积极小，粮食安全压力极大。"中国和日本同属亚洲，两国的自然条件、资源禀赋和社会文化背景相似，农业结构和生产体系亦较接近。"① 日本在20世纪70年代也曾经面临与我国目前相似的"三农"问题：一是农业生产分散经营、规模狭小、人多地少；二是工农收入和城乡差距大，地域差异扩大；三是人口外流进入城市导致乡村生活与社会基础萧条凋敝；四是农村人口老龄化。

再次是俄罗斯。中国同俄罗斯的历史、资源、国情相似。在曾经的计划经济体制下，中国几乎所有的制度均是苏联的翻版。20世纪80年代和90年代中俄两国先后实施土地改革。与中国的"渐进式改革"不同，俄罗斯选择了激进路径，推行土地私有化，改组国营农场和集体农庄，建立起具有私有产权的家庭农场和其他经济组织，在经历了初始阶段的混乱所导致的农业生产衰退之后，农业出现改观，且发展势头强劲。

还有就是中国台湾。它与内地同文同种，文化差异很小，具有比较完整的国民经济体系，这与内地具有可比性。台湾农地改革背景与大陆的相似性主要在于土地的分散化：岛内地貌多丘陵，地势高低不平，耕地零散细碎，不利于机械化耕作。台湾第一次土地改革人为地将有限的土地分配给众多耕种者，加剧了土地划分细碎分散，限制了农业机械的运用和农业集约化经营。为适应现代农业发展的需要，台湾当局于20世纪70年代末调整政策，推行以农地流转、农地重划为主要内容的第二次土地改革。台湾的农业发展水平比较高，其农村建设模式是许

---

① 〔日〕冈部守、章政：《日本农业概论》，中国农业出版社2004年版，第1页。

多发展中国家学习借鉴的对象。此外，诸如英国、法国、德国等农业发达国家也有丰富经验可资借鉴。诚然，这些国家（地区）以土地私有制为主，其土地所有制本质与中国不同，而且自然环境与历史背景迥异于中国，但他们在农地制度改革方面积累的许多成功经验仍然值得我们参考。下面通过梳理以上各国（地区）农地制度实践的相关经验，为我国新一轮的农地制度改革提供借鉴和启示。

第一节　美国的农地制度模式

美国是一个建立在土地私有制基础上的市场经济国家。大部分土地为私人企业和个人占有。国土中私有土地占50%以上，联邦政府土地占30%以上，州政府土地约占10%。[①] 而联邦和州政府所有的土地中，绝大部分是森林、草地和沼泽等非耕地。随着农业的发展，土地国有比重相对下降，私有比重略有上升。私有土地一般是自有自营。国有土地一般租佃给农场主经营，土地的经营权、使用权、处置权大部分由农场主掌控。

一、美国农地制度变迁

（一）农业经营形式的选择及历史渊源

殖民地时期，小规模农户经营是美国农业经济的组织形式。到1776年独立时，美国农业仍然是处于传统农业阶段。1820年《土地法》通过，掀起了以小单位（面积）和低价（1.25美元/英亩）出售公有土地的高潮，家庭农场应运而生。1862年通过的《宅地法》促成家庭农场制度的广泛确立和巩固并日渐成熟，为农业经济组织及经营制度奠定

---

① 参见李竹转：《美国农地制度对我国农地制度改革的启示》，《生产力研究》2003年第2期。

了基础。20 世纪 50 年代以来，美国工业发展迅猛，成为世界第一大工业国。科学技术加速发展，信息产业方兴未艾，引领美国迎来"新经济时代"。经济和社会的发展推动了农地生产关系的大调整。美国工业资本、金融资本和信息技术的发展逐步催生了现行的家庭农场制度模式为主的多种农地制度。

美国的农地制度是美国社会生产力发展到一定阶段的产物，生产关系的改变和调整是美国现行农地制度存在的重要条件。从发展历程看，美国农业生产经历了由小规模分散粗放型家庭经营到家庭适度规模经营，再到现代化的专业化综合性的家庭大规模经营几个阶段，最终形成了美国农地制度的新格局，即农工联合企业或农工企业的诞生和普及，从而实现了产供销一体化和农业生产经营的企业化。①

（二）土地所有权的变迁

农场是美国农地经营制度运行的重要载体。美国农场主经营的土地有多种来源。土地私人所有权的原始获得主要源于购买或政府无偿赠送。农场主土地自有率呈下降趋势。自己拥有农场但主要依靠租用他人的土地进行经营的农场主日益增多。19 世纪以前，95% 的农场主只耕种自己的农场，到 20 世纪 90 年代末，这一数字下降到 25.6%。② 一方面，工商业的发展吸引了大量的农民进入城市从事二、三产业，从而腾出大量的农用地。另一方面，生产力的发展激发了农场主扩大耕种面积的需求。同时，土地产权私有制和土地资本市场的发育和完善降低了土地租赁的交易成本。佃农也日趋减少，19 世纪中期约有 40%，1999 年只剩 11.2%。这说明美国的土地所有权结构变化不大，而土地流转重组却不间断，同时农场主越发重视拥有自己的土地进行经营。

---

① 参见李竹转：《美国农地制度对我国农地制度改革的启示》，《生产力研究》2003 年第 2 期。

② 参见付学坤：《农业现代化进程中的农地制度创新：从美日农场制度变迁中得到的启示》，《理论探讨》2004 年第 5 期。

（三）家庭农场数量和经营规模的变迁

家庭农场是美国农地制度运行的主要载体。从经营规模看，其发展趋势表现为农场数目的减少和经营规模的扩大。家庭农场在美国的发展在第一次世界大战时达到鼎盛时期。美国农业部经济研究所的数据显示，家庭农场数目从1860年的204.4万个增加到1914年的644.7万个，增加了两倍多。1935年美国家庭农场数量最多，达到681.4万个。近半个世纪以来，家庭农场的总数迅速减少，到2000年时仅为217万个，比1950年减少347万个，减幅达161.5%。2004年为211万个，2007年为207万个。家庭农场总面积也从1954年的12.06亿英亩（1英亩合6.072亩）降到1997年的9.56亿英亩，2002年的9.38亿英亩，2007年的9.30亿英亩。随着家庭农场数量的减少，场均面积不断扩大，由1953年的242英亩上升到2000年的434英亩，上升了近一倍。2002年为441英亩，2007年为449英亩。[①]面积在180—2000英亩的农场占35%。[②]2011年占农场总数7.7%的大型和特大型家庭农场，场均面积1232英亩。2002年，占农场总数25%的大型家庭农场生产了全国农产品总量的85%。占农场总数2%的特大型家庭农场占了37%的销售量。而数量众多的占59.3%的小农场的销售额不到1万美元，销售额超过50万美元的仅占总量的3.3%。2011年，占农场总数5.7%的大型家庭农场占全国农业总产值的24.8%。占农场总数2%的特大型家庭农场占全国农业总产值的35%。而数量众多的占89.7%的小农场仅占全国农业总产值的25.5%。[③]

二、美国的农场经营

美国的农场都属私人占有性质。以产权制度或经营方式划分，可

---

① Cf. USDA.National Agricultural Statistic Service，2008.

② 参见高长武：《当前世界粮食危机发生的深层原因》，《当代世界》2008年第8期。

③ 参见美国农业部：《美国家庭农场：规模越大盈利越多》2015年7月20日。

以分为三种类型：家庭农场、合作农场和公司农场。

（一）家庭农场

家庭农场在产权制度上也可看作是个体农场，农场主拥有全部或者部分土地和其他生产资料，对农场具有自主决策权和经营权。其劳动和管理主要依靠家庭劳动力，很少雇工，多数只在农忙时雇佣少量的临时工。劳动积极，效率显著，特别适合于农业生产。[1] 美国的家庭农场既与我国土地改革初期的农民个体（以家庭为单位）的土地占有方式相似，只是土地规模远远大于我国。资本主义市场经济体系下的家庭农场不仅是生产性组织，更是经营性组织，他们的生产目的更多是为了生产剩余价值。家庭农场是一种兼备灵活性和适应性的农村产权制度模式。这种管理成本低、生产动员快的自我经营模式更契合农业生产特点。它可以迅速调整种植结构或者通过租用其他农场土地等形式扩大生产规模以应对市场需求的变化。可以说，富有弹性的特质是家庭农场在复杂多变、竞争激烈的资本主义市场经济中游刃有余的法宝。家庭农场凭借独特的优势始终占据美国农业组织的主导地位。2011 年，家庭农场占美国农场总数的 97.4%，占农场总面积的 90.0%。[2] 当然，美国政府的保护性措施也使家庭农场继续保持其在美国农业生产的支柱地位。

（二）合作农场

为了满足市场规模和规避市场风险，保持市场竞争力，家庭农场相互组织起来，走资本主义的合作化道路。合作农场就是由几家农户或农场自愿联合组成的在农业生产或服务方面实现合作的合伙经济组织。农户把自己农场或其他财产折股投入合作农场，生产经营按合伙企业运作，年终按股分红。合作农场是一种以血缘或地缘为纽带的资本主义农业合作组织，是一种传统小生产组织形式向大型农业现代企业形式的过

---

① 参见贾佳佳：《美国家庭农场发展的经济学分析》，硕士学位论文，吉林大学，2009年，第1—2页。

② 参见美国农业部：《美国家庭农场：规模越大盈利越多》，2015年7月20日。

渡，具有蓬勃的生命力。目前合作农场占美国农场总面积的 10%。

（三）公司农场

公司农场是按照公司制度进行产权组合和生产经营的农场。生产目的在于获取最大的剩余价值，生产手段基本采用工业化手段。劳动力和资本属于雇佣关系。公司农场在理论上属于资本主义农业发展的最高阶段，但目前占美国农场总数的比重仍然较低，但数量增长态势较为鲜明。2007 年，公司农场仅占农场总数 4.36%，其占比远远低于家庭农场。但是，近年来，在农场特别是家庭农场总数减少的同时，公司农场的数量却呈明显的增加态势。1997—2007 年，美国农场总数减少了0.50%，其中家庭农场数减少了 0.85%，合伙农场数减少了 6.12%，但公司农场数却增加了 6.24%。同期，在美国农场总数中，家庭农场数占比下降了 0.3%，合伙农场数占比下降了 0.48%，但公司农场数的占比却增加了 0.28%。①

三、美国农地制度变迁的启示

美国农地制度模式对我国农地改革的启示体现在如下四个方面：

（一）政府在农地制度形成和发展中发挥积极的作用

在农地制度的确立与运行的过程中，政府通过土地产权制度的有效变革推动农村生产要素的合理组合和优化配置。在家庭农场的建立与发展过程中，政府通过土地所有权与经营权的分离，借助土地租佃等形式保证家庭农地的经营规模。对国有土地，政府只保留法律所有权，其他权益均归农场主掌控，以此提高土地投入产出效率。政府提供及时有效、全面配套的支农政策，为以家庭经营为主导的农地制度的有序运行和效应释放营造了必要的保障机制和良好的外部环境。这些政策主要有：政策保障机制，包括技术推广与应用的支持政策、价格支持政策、

---

① 参见姜长云、张立冬：《美国公司农场的发展及启示》，《世界农业》2014 年第 4 期。

资金信贷支持政策以及农产品支持政策等；服务协调机制，法律规范与约束机制，宏观调控与管理机制等。[①]

（二）家庭经营是农地制度运行的主要载体

从美国农地制度变迁可以看出，家庭经营不仅能适应以手工劳动为基本特征的较低层次的生产力水平，而且能适应机械化为特征的生产力水平，也能容纳现代化农业工艺与科学技术，同样也能适应高度社会化、商品化的客观要求。家庭作为经济组织形式因其高度的灵活性和强大的包容性将长期存在于农业生产之中。马克思也肯定了农地家庭经营的合理性，指出："合理的农业所需要的，要么是自食其力的小农的手，要么是联合起来的生产者的控制。"[②] 随着社会生产力的发展和经济现代化、专业化和商品化的提升，农地家庭经营制度也应当与时俱进。[③]

（三）农场主拥有不完全的土地所有权，却拥有稳定而有保障的土地权利

联邦和州政府对土地拥有两项权利：土地征用权和土地管理的规划权，即政府基于"公共使用"，且根据市场价格给予原土地所有者补偿，有权征用土地。土地的开发利用必须符合政府的土地使用规划。何谓"公共使用"？其内涵是随着历史条件的变化而变化的。独立战争时期，受洛克的自然权利理论的影响，私有财产神圣不可侵犯观念深入人心。这时"公共使用"要求被征收的财产为公众所实际使用或有权实际使用。随着工业革命的到来，尤其是 20 世纪 30 年代大萧条后随着规制国家的兴起，法院越来越把"公共使用"等同于"公共利益"，把振兴经济、创造就业、造福社区等目的囊括其中。2008 年，康州 Kelo 老太

---

① 参见李竹转：《美国农地制度对我国农地制度改革的启示》，《生产力研究》2003 年第 2 期。

② 《马克思恩格斯文集》第 7 卷，人民出版社 2009 年版，第 137 页。

③ 参见李竹转：《美国农地制度对我国农地制度改革的启示》，《生产力研究》2003 年第 2 期。

对新伦敦市一案发生后，宾夕法尼亚等四十个州在立法中明确把发展经济、增加就业、提高税收的目的从"公共使用"的范畴中排除出来。马里兰等三个州只是在程序上对征收、征用权进行了限制。对征收权限制最为严格的是佛罗里达州等五个州，它们既禁止以经济发展为目的的征用，又禁止以改造贫民窟为目的的征收。

政府行使土地权利有严密的程序，如对土地征用，必须征得社区成员的首肯；土地综合规划的制定，必须召集社区所有成员参与等等。由于政府征收、征用土地的行政成本高昂，城市开发的绝大部分用地的获得是由私人之间自愿交易完成的。只要在区划和法律的范围内，政府并不干涉。

（四）农场主的权益得到民间维权组织的保护

美国农场局是农场主自己的维权组织，通过全国性农民家庭的联合表达并维护自身权益。农场局在土地立法和政策制定乃至整个农业经济中发挥着特殊的作用。设立在弗吉尼亚州的由全国公众活动家组成的城堡联盟（The Castle Coalition）为制止政府滥用征收、征用权无偿地为农户和小型企业主提供帮助。[①] 名闻全美的民权律师事务所正义研究所（Institute for Justice）帮助被征用人打赢了许多土地征用官司。[②] 如果民众认为滥用征用权，美国公民还可以自由集会、游行示威来表达自己的抗议。新闻媒体也会予以自由报道。以此为借鉴，我们必须着力培育代表农民群体权益的民间组织，让组织起来的农民有表达利益的渠道。这不仅有利于维护土地的使用权益，而且可以更为有效地保障整个农村和农民的权益。

①　http：//castlecoalition.org/index.php？option＝com_content&task＝view&id＝45&Itemid＝14.

②　http：//ij.org//index.php？option＝com_content&task＝view&id＝566&Itemid＝192.

第二节　日本的农地制度模式

日本是一个人多地少、山多平原少且狭小、农业资源匮乏的岛国。人口 1.3 亿，面积 37.8 万平方公里。2005 年耕地面积 469.2 万公顷，占国土面积的 12.4%。[①] 不及英国、法国、意大利等国家的 1/2，人均农地面积仅为 0.04 公顷，相当于上述国家的 1/3。山地约占总面积的 80%，森林面积约占总面积的 67%。由于地理因素，森林很难转化为城市用地和农业用地，而城市用地大多是从农地转换而来的。在人均国土资源极为稀缺、现代农业发展客观基础薄弱的条件下，日本在较短时间内达到了接近美国的经济发展水平，同时付出了较小的用地代价。

一、日本农地制度变迁

第二次世界大战结束以后，日本的农地制度改革是在实施土地改革的资本主义国家中是最为彻底的。这一变革在日本土地制度发展史上具有划时代的重大意义，标志着日本土地制度新时代的到来。战后日本农地制度变迁经历了四个阶段。[②]

第一阶段（1945—1960）：强制废除寄生型封建地主制度，培育"耕者有其田"的个人小土地所有的自耕农制度，解决粮食短缺问题，推动战后经济复苏。

明治维新以后，日本走上了资本主义道路，但是农业领域的封建生产关系依然大行其道。广大农民无地或少地，被迫沦为佃农。地主利用土地占有权收取高额地租。地方阶层和广大佃农之间的关系也日趋紧

---

① MAFF.Abstract of statistics on agricultural forestry and fisheries in Japan，http：//www. maff.go.jp/e/annual_report/2007/index.html，2009-2-11.

② MAFF.The Basie Law on food，agriculture and Rural Areas，http：//www.maff.go.jp/ soshiki/kambou/kikaku/NewBlaw.html，2009-2-12.

张。第二次世界大战以后，封建地主土地所有制和租佃制度严重束缚了生产力的发展，阻碍了国家的工业化、市场化、现代化建设。[①]1945—1947年，日本进行了自上而下的消灭租佃制的农地改革，先后两次提出了农地改革法案。法案规定征收离乡地主全部的佃耕地，对在乡地主超出限度的佃耕地实行有偿收购，但收购价格仅相当于年产值的7%，而当时日本物价上涨年率高达100%左右，因此政府收购土地等于没收土地。政府采取强硬措施购买地主的土地，低价或无偿转让给无地或少地的农户，实现了耕者有其田的目标。为了巩固农地改革成果，保护农民的耕作权，1952年日本制定了《农地法》，从法律上确立农户对土地所有的永久地位，从而完成了农地所有权的第一次从集中到分散的流转，形成了以小规模家庭经营为特征的农业经营方式。1950年，日本共有农户593.1万户，户均耕地0.877町，其中1町以内的农户占75%，2町以上的农户只占3.5%。[②]

日本农地改革确立了农民土地所有制——自耕农体制，从根本上变封建半封建土地所有制、封建地主土地所有制和租佃制度为现代资本主义土地私有制。自耕农体制实行小规模家庭经营为特征的农业经营方式，以一家一户为单位，按照人口和劳动力等条件均等地占有耕地，农地所有权和经营权结合。自耕农在总农户中的比重占到88%，耕地占到90%。此外，还有少部分自耕佃农、自耕农和佃农的经营模式。农民获得了土地，农民对土地形成稳定合理的预期和有效的激励，生产积极性高涨。农民改用保护地力的耕种措施，除对农田水利及土壤改良积极进行投资外，还增添了园艺设施等。农地生产率逐步提高，大量过剩劳动力流入城市支持工业发展，为国民经济高速增长准备条件。

第二阶段（1961—1969）：放宽农地所有权流转限制，鼓励扩大农

---

① 参见张尧智：《战后日本农地制度的变迁及其启示》，《山东财政学院学报》2004年第6期。

② 参见［日］关谷俊作：《日本的土地制度》，三联书店出版社2004年版，第4页。

地占有规模，扶持"自立经营农户"，提高农地利用率和农业生产率，缩小工农收入差距。

20 世纪 50 年代中期起，日本经济进入高速增长期。工业化和城市化的快速发展创造了大量的非农就业机会，离农人口激增，农业生产者老龄化，抛荒现象严重。第二次世界大战前的地主佃农制度代表了地主阶层的利益，第二次世界大战后的自耕农制度则是自由资产阶级利益的代表。新兴的垄断资产阶级则热切呼唤新的农地生产关系。细碎、零散的小农经济急需向"农业规模经济"转变。为了提高农业的生产效率和国际竞争力，削除农业与其他行业存在的生产力差距，确保与非农业部门的收入均衡，1961 年国会通过《农业基本法》，解除农地自由出租和买卖的限制，鼓励农地集中。它把以调整土地经营规模为中心的所谓"结构政策"摆在农业政策的首位，放宽对农地占有的限制，鼓励农地向"中核农户"集中，扩大经营规模。然而，1952 年制定的《农地法》主张自耕农主义，否定地租主义，由于限制了地租的形式和数量，国家对土地所有权和利用权实行管制，限制了土地的合理流动，阻止了土地规模的扩大。① 为了推进农业现代化，迫使零星小农脱离农业，保证工业发展对劳动力和土地的需求，日本由维持巩固自耕农制度向土地租赁、借贷和买卖的方向转变，逐步放宽《农地法》对土地占有和流动的限制，提倡土地转让和相对集中。

《农业基本法修订案》(1962) 放宽了户有农地面积上限，在自家劳力耕作的情况下，所有土地可以超过 3 公顷；设立农业生产法人制度，具备一定条件的农业生产法人（包括从事农业的农事组合法人、有限公司、合资公司或合股公司）拥有取得农地的权力。该法也允许离开村庄进入城里的农民将其土地委托给小规模的农业合作社代耕。这些合作社

---

① 参见郝寿义、王家庭、张换兆：《工业化、城市化与农村土地制度演进的国际考察——以日本为例》，《上海经济研究》2007 年第 1 期。

可以成立公司，而这些公司也可以购买土地从事农业生产。但是有两个规定：一是股份公司不得购买农地；二是这些小规模的合作社也必须像自耕农家庭农场那样进行农业生产。建立了有利于土地买卖和出租的"土地信托制度"。

在经济高速增长的进程中，农村的青年劳动力向城市和工业转移，城市地域不断扩展。为了确保农地等土地利用秩序的形成和完善城市生活环境，日本政府制定了城市规划法（1968）和农业振兴地区建设法（1969），强化对农地征用和土地开发的限制。该制度一直延续至今。在上述制度规范下，1950—1964 年间，日本农业年均增长率为 4%，高于大多数国家，也满足了食物消费需求增长的需要。[①]

第三阶段（1970—1985）：鼓励农地使用权流转，在农地小规模家庭占有的基础上发展协作企业，依靠租地扩大经营规模，提高农地利用效率。

随着日本工业化的发展，土地资源越发稀缺，农地面积日益减少，大量兼业农户不愿离农，集中土地以扩大经营规模的目的仍然难以实现。20 世纪 60 年代后期，日本政府农地改革的重点由所有制度转向使用制度，开始由鼓励农地集中占有转向分散占有、集中经营和作业的新战略上来。70 年代开始，政府连续出台了几个有关农地改革与调整的法律法规，倡导以农地租赁和作业委托等形式的协作生产。[②]1971 年颁布《农村地域工业导入促进法》，鼓励城市工业向农村地区扩散，为农民提供外出就业机会。

1980 年日本颁布的《农用地利用增进法》使日本进入管制与促进流转两种制度并存的新时代。其基本内容为：以土地租佃为中心，促进农地经营权流动，鼓励农地所有权和使用权分离；以地域为单位，组成

---

① 参见囤兴侠、戴媛媛：《日本农地制度的变迁对我国农地制度改革的启示》，《经济师》2010 年第 10 期。

② 参见余志刚：《日本农地流转制度的改革和特点》，《农村经营管理》2009 年第 1 期。

农用地利用改善团体，促进农地的集中联片经营和共同基础设施的建设；以农协为主，帮助"中核农户"和生产合作组织妥善经营农户出租和委托作业的耕地；扶持和发展各种农田合作组织，扩大土地作业规模。通过农协积极扶持各个农田作业环节上的协作企业。农业协作方式受到多数农户的欢迎。1980 年的租赁田比 1970 年增加了 30 多倍，1986 年又比 1980 年增加了 50%，达到 5 万公顷。

与此相配套的《农地法》在 1970 年和 1980 年又进行了两次大修改，提倡"综合农政"，承认离农者有出租土地的权利；废除佃农土地转买等权利；提高农户占地最高限额；放宽农业生产的准入制度，取消了地租最高限额，实行地租自由化；扩大农委会的权利。这些措施进一步放宽了租佃关系，为农业规模经济夯实了制度基础。

第四阶段（1986 年至今）：鼓励土地向"合意的农业生产经营体"集中，吸引青年人和企业投入农业，增强农业活力，提高食物自给率，发挥农业的多种功能。①

日本政府推行的扩大土地经营规模的措施取得的效果很有限。从 1960 年到 1980 年日本农户数减少了约 23%，农户的耕地平均经营规模仅扩大了 17.3%。20 世纪 80 年代中期以后，日本提出了以"合意的农业生产经营体"替代"自立经营农户"的发展思路。1993 年，政府颁布了《农业经营基础强化法》。同时修订了《农地法》和《农地利用增进法》，主要包括三项措施。一是建立"认定农业生产者制度"，对符合条件的"认定农业生产者"给予土地集中、贷款及固定资产投资等方面的支持，促进农地集聚和转移到专业农业生产单位。二是制定新农民进入农业的技术培训和管理计划，吸引年轻人从事农业。三是鼓励其他经济主体参与农地经营。1999 年，日本颁布了具有"宪法性"的《食

---

① 参见张尧智：《战后日本农地制度的变迁及其启示》，《山东财政学院学报》2004 年第 6 期。

物·农业·农村基本法》明确了"日本 21 世纪初期的农业政策文件要定位于基本法的目标之下"[①]。新基本法提出了要发展"有效率和稳定的农业经营体"的思路，同时提出改善农业生产和农村生活条件，加快新技术的推广和应用，对农业各种灾害损失进行补偿等措施，以提高农业生产效率和对劳动者从事农业经营的吸引力。到 2001 年年底，农业生产者达到 17.8 万户，经营规模在 5 公顷以上的农户增加到 4.58 万户；各种不同类型的农业生产组织也得到发展，2002 年达到 7820 个。其中，农业生产法人 5310 个，非农业生产法人 2510 个。[②]

　　日本农地制度随着生产力发展和垄断资本主义的出现，以"耕者有其田"为原则的小农经营和手工劳动的农业生产结构逐渐向土地规模化、专业化的方向转变，从"自耕农"到"自立经营"再到"农业经营体"。农地改革解放了农业生产力。1945—1985 年，水稻产量增长了 1.4 倍，小麦产量增长了 2.5 倍；1960—1984 年，农业劳动力年均净产出由 97.9 千日元增加到 1294.7 千日元，增长了 312.2 倍。同期日本的粮食亩产量达到 736 斤，而联邦德国同期为 540 斤，美国为 414 斤，苏联仅为 155 斤。农地改革同时带来一系列积极的效果：农业人口和劳动力比重显著下降、农业生产结构优化、商品率提高、农户收入大幅增长、农民生活水平改善、工农差别缩小，农村城市化基本实现了。[③] 日本经济进入以工业化和城市化为推力的高速发展期。在整个 20 世纪 60 年代，日本工业年均增长 14.1%；与美欧各国相比，分别相当于美国的 3.1 倍、英国的 5 倍、联邦德国的 2.4 倍、法国的 2.3 倍。1955 年日本城市人口比例提升至 56.1%，农业人口下降至 41%，在 1963—1973 年的 10 年间，

[①]　Shinichi Shogenji. "Recent Development of Agricultural Policy Instruments: Its Features and Problems", *Government Auditing Review*, Volume 10, March 2003.50.

[②]　参见郭红东：《日本扩大农地经营规模政策的演变及对我国的启示》，《中国农村经济》2003 年第 8 期。

[③]　参见姜锋：《中国农村土地制度问题研究》，博士学位论文，中共中央党校，2008 年，第 77 页。

农村年均向农外部门转移 80 万个劳动力，将近 60% 的劳动力在非农产业就业。1960—1970 年间的城市化水平以年均 2.51% 的速度增长，是整个国家增长速度的两倍多。1970 年城市人口比例达到 72.1%。1955—1973 年的 18 年间，日本实际 GDP 年均增长率为 9.7%，大多数年份的经济增长率都超过了其他主要发达国家。1955 年日本 GNP 为 240 亿美元，落后于英国、联邦德国和法国，只相当于美国的 6.0%。1967 年日本超过了英国和法国，1968 年又超过了联邦德国，仅次于美国，居世界第二位。在经济高速增长达到顶点的 1973 年，增加到 4170 亿美元，分别相当于联邦德国的 1.21 倍、英国的 2.30 倍，对美国的比重也提高到 35.1%。① 日本农地制度改革对社会经济的推动作用，体现了制度安排与变迁在经济发展过程中的核心地位。

二、中日农地制度的比较

(一) 农地制度变迁的相似点

中国和日本两个国家的农业状况尽管处在不同的生产力发展水平之上，在农地制度变迁方面仍然有许多相似之处。

1. 改革初期两国都具有显著的制度绩效

在农地制度改革初期，两个国家都是通过强制性制度变迁，改革对象都是严重阻碍生产力发展的极不公平的土地占有制度和土地收益分配制度，改革目标和改革结果都是形成了"耕者有其田"的农地产权制度安排，赋予农民清晰而完整的土地产权。农民拥有土地，对土地形成稳定合理的预期和有效的激励，生产热情高涨，推动了农业经济的恢复和发展。

2. 两国都坚持农地家庭经营

农户是农地制度乃至农业生产重要的运行载体。家庭经营既适应农

---

① 参见刘昌黎：《现代日本经济概论》，东北财经大学出版社 2002 年版，第 23—24 页。

业生产特点，又顺应农民意愿。它能够在农业经营过程中形成有效的激励和约束机制，降低监督成本，避免外部性，是扩大再生产的有效途径。家庭经营既适应以手工劳动为主的传统农业，也可以与现代化大生产有效结合，具有广泛的适应性和旺盛的生命力。日本自农地制度改革以来，中国自 20 世纪 70 年代末改革开放以来，同样坚持了农地的家庭经营。

3. 两国都形成了土地平均化和细碎化的农业经营格局

从 20 世纪 60 年代至今，日本政府一直倡导农地规模经营，并出台了多项扩大农地经营规模的政策措施。但面积 1 公顷以下小规模农户仍占农户总数的 70%，50% 以上的农地仍然集中在面积 1.5 公顷以下农户手中。大规模经营农户的增加及规模经营模式在局部地区（北海道）的成功并没有从根本上改变汪洋大海般的小农经济局面。[①] 在家庭承包制下，我国农地基本上实行均包制，而人多地少的国情下，每个农户分得的土地相当有限。1986 年，全国户均土地经营规模为 0.61 公顷，1990 年下降为 0.53 公顷，1997 年又下降为 0.51 公顷。[②]2009 年有所回增，也仅为 0.608 公顷。人口的增长及农地流转市场发育滞后使农户经营规模呈不断缩小的趋势。土地均分不仅体现在数量上，而且体现在质量上。土地的优劣搭配使农户的土地细碎分散。这导致农村劳动力和资金得不到充分利用，农田设施和先进机械的效能得不到充分发挥，单位农产品的价格难以降低，造成严重的规模不经济。

（二）农地制度变迁的不同点

尽管中国和日本的农地制度改革有着诸多相似之处，但两个国家改革的差异性同样明显地存在着。

1. 农地所有权的性质及稳定性不同

日本坚持土地私有制，农民拥有稳定而完整的农地所有权。而中

---

① 参见迟福林：《走入 21 世纪的中国农村土地制度改革》，中国经济出版社 2006 年版，第 42—43 页。

② 参见王西玉：《以市场为主配置农地》，《中国经济时报》2000 年 2 月 23 日。

国则不同，土地改革实行"耕者有其田"以后，从 1954 年开始了农业的社会主义改造，经过初级社、高级社和人民公社化运动，逐步把农民土地所有制变革为集体土地所有制，国家垄断了土地的最终处置权。改革开放以后，家庭承包制使农民重新掌握一部分农地使用权。在这种强制性制度变迁过程中，农地制度的稳定性在很大程度上取决于政府的行为。直到家庭承包制改革，土地的所有权归集体所有，使用权归农民所有。农民成为土地的产权主体之一。

2. 农地产权的配置方式不同

日本农民拥有相对比较稳定、明晰的农地产权，拥有契约和法律的保障。20 世纪 60 年代开始，日本鼓励农地产权市场化流转，农民的长期投资得到了相应的补偿。而中国政府在 1988 年以前一直禁止农地产权的市场化流通，农地产权转移主要通过行政性调整来实现。频繁的行政性调整减弱了农地产权的稳定性。农民丧失了土地也没有得到相应的补偿。农地产权配置方式的不同，导致农民的农地利用方式不同。日本农民心甘情愿长期投资土地。而中国农地在利用上的外部性必然导致农地的掠夺式经营。直到 1988 年宪法修正案把宪法第 10 条第 4 款修改为"任何组织或者个人不得侵占、买卖或者以其他形式非法转让土地。土地的使用权可以依照法律的规定转让"。各地区也根据区情进行实践探索，如"两田制"、转包、"四荒"拍卖、股田制等。这些探索大都具有明晰产权、推进农地产权市场化流转的趋向。

3. 农民社会保障不同

1970 年，日本政府制定了农业劳动者养老金制度，为农村老年人提供社会保障。农业劳动者社会保障体系健全。而我国的农村社会保障才刚刚起步，水平也比较低。农民养老仍然以家庭养老为主。

4. 对农民增收的态度不同

日本的土地改革始终以农民增收为前提，通过关税和补贴，使农民具有同地域其他产业从业人员相同水准的人均生活收入。而我国的土地制度改革更多聚焦于农业产量，很少真正考虑农民的根本出路和农村的可持续发展。

5. 土地改革的路径不同

日本的土地改革经历了分散经营（自耕农制）到规模经营（农业经营体）。而我国经历了分散经营（自耕农制）到规模经营（生产队）再至分散经营（家庭承包制）的过程。

三、日本农地制度变迁的启示

中日两国在地理位置和文化传统上有比较相似的特点。中国在立足本国国情的基础上，可以从日本农地制度变迁的经验中得到有益的启示。

（一）为农民的农地产权提供切实的制度保障

孟子言，有恒产者有恒心。土地不仅是农民的生产资料更兼有社会保障功能，关乎社会稳定。由于客观存在着环境的复杂性和不确定性，由于经济主体理性的有限性，人们未来的发展和预期不可避免地潜存着风险性和不稳定性。土地能够给人们提供物质资源和精神价值的保障，能够保护经济主体的权利，从而使经济主体在从事社会生产和参与社会生活的时候，在物质上和精神上持有合理的预期，并使不确定性降到最低程度。当然，不同的制度安排有着不同的制度保障功能。

在日本，农民拥有稳定而完整的农地所有权。政府始终为"直接从事农业生产的劳动者的权利"提供制度保障。目前，我国农地制度改革面临的问题就是要赋予农民长期、稳定、明晰和完整的土地产权，提高农民对农地的预期，同时从法律上保证农民的土地权利不受其他力量的侵害。党的十七届三中全会特别重视农民的土地权利，指出"按照依法自愿有偿原则，允许农民以转包、出租、互换、转让、股份合作等形式流转土地承包经营权，发展多种形式的适度规模经营。有条件的地方可以发展专业大户、家庭农场、农民专业合作社等规模经营主体。土地承包经营权流转，不得改变土地集体所有性质，不得改变土地用途，不得损害农民土地承包权益"①。

(二) 推动农地市场化流转，发展适度规模经营

在规模经营方面，日本是一个先行者。20 世纪 70 年代以后，日本逐步取消了土地集中的限制。政府通过政策诱导、经济扶持政策来推动农地流转，解决土地细碎化的问题。在推动农地流转的过程中，市场形成了使用权和所有权的自然分离。日本的农地制度改革实践表明，农地流转必须依靠市场机制，以农民自愿为基础。依法规范规模经营是一个长期发展的过程，日本农地经营规模从户均 0.8 公顷到户均 1.2 公顷经历了近 35 年的时间，而且在这期间，非农就业机会大量增加，农业人口大量减少。借鉴日本的农地改革经验，政府应当通过政策诱导、法律支撑和财政、金融扶持政策来推动农地流转。扩大个体农户的经营规模，推动农地向有能力的主体农户集中，提高农业生产率，减小农业收入与非农业收入的差距，增强农产品的国际竞争力。

(三) 加强对农业的支持和保护

基于农业生产率的提高缓慢于非农产业以及农业外部经济性大等特点，政府对农业的支持和保护是至关重要的。日本在农业扶持、监督和管理方面有着完善的政策法律体系。政府通过关税和补贴，扶持农业发展，缩小农民和工人收入差距，农业家庭的平均收入甚至高于城市居民。中国人多地少，工业反哺农业的力度依然很小。政府应当不断完善农业政策和法律，加大支农力度。政府的农业支持和保护政策从单纯的价格支持向生产能力支持转移，既能够更好地发挥市场机制的作用，又不会弱化政府的职能。只有农业生产率不断提高，竞争力不断加强，农民的收入才能实现持续增长。

---

① 《中共中央关于推进农村改革发展若干重大问题的决定》，《人民日报》2008 年 10 月 20 日。

（四）提高农业的组织化程度

日本的农协在产前和产后支持改善了个体农户的经营环境，从物质技术基础上克服了小农户分散经营的局限性；与农户共存的购销活动既为农产品的价值实现创造了条件，又在很大程度上为农业生产提供了信息。农协的农户组织率达到75%。作为农业的最广泛组织，农协对促进农业规模经营、推动日本农业经济发展、恢复政治稳定、减少政府的社会管理成本发挥了不可替代的作用。借鉴日本发展农协的成功经验，我国政府要引导农户由一家一户的小生产向大市场迈进，必须大力发展各类专业协会和合作经济组织，提高农业的组织化程度。①

第三节　俄罗斯的农地制度模式

作为世界上面积最大的国家，俄罗斯的农业用地（又分为农业生产用地和非农业生产用地）约为2.2亿公顷，占国土面积的12.9%，其中耕地面积约为1.25亿公顷。农业用地和林地占其国土面积的97.3%，其他的用地只占2.7%。以土地私有化和建立私人农场等为主要内容的土地改革是其农业改革的重点。

一、俄罗斯农地制度变迁

俄罗斯农地改革是一个由感性到理性的过程，也是一个激进派和保守派博弈的过程，同时也是一个由无序到有序的过程。为了扭转苏联时期农业生产落后、粮食长期依靠进口的局面，摆脱政治上的孤立、经济上的窘境和增强国力，20世纪90年代初，俄罗斯开始了"休克疗法"式的经济改革。

① 参见囤兴侠、戴媛媛：《日本农地制度的变迁对我国农地制度改革的启示》，《经济师》2010年第10期。

（一）20世纪90年代俄罗斯土地私有化改革

20世纪90年代以前，苏俄实行的是土地国有制下的集体使用和集体生产制度，禁止土地买卖。农业体制主要有集体农庄和国营农场这两种公有制实现形式，其耕地占全俄农业用地面积的98%。其中，国营农场和其他国营农业企业占58%，集体农庄占40%。其余2%为居民个人副业经济（宅旁园地或自留地经济）。

土地私有化改革在苏联解体前夕就已经开始了。其中，从20世纪80年代开始，苏联曾效仿中国"联产承包责任制"的经验，允许私人或法人承包和租赁土地，但是并没能释放农民家庭经营的潜能。于是，苏联又转向仿效西方，实行土地全面私有化。国家先后颁布了《苏联和各加盟共和国土地立法原则》（1990.2）、《俄联邦土地改革法》（1990.10）和《俄农户农场经济法》（1990.12），废除了国家对土地的专有，承认私人可以拥有土地和建立私人农场。1991年4月25日，俄罗斯颁布了《俄罗斯联邦土地法典》，宣布取消单一的土地国有制，确立了国家所有制、集体共同所有制、集体股份所有制、公民所有制并存的土地所有制结构，并规定凡占有土地、无限期和临时使用地段、租赁土地均应付费，从此俄罗斯彻底告别了土地无偿使用的历史。[①] 这部法律还确定了土地永久使用权和继承权等其他权利。

叶利钦执政期间，先后3次发布关于土地改革的总统令并通过若干政府决议，推进土地私有化。国家强令解散国营农场和集体农庄，把土地以"土地份额"的形式无偿分配给个人。每一个成年人，包括国营农场工人、集体农庄庄员、领取年金者以及农村社会服务的雇员（如教师、医生等），都获得一份"土地份额"，面积大小由该地区控制和可用的土地数量来决定。这一土地分配机制产生了一种新的所有权类别——

---

① 参见韩全会、张军华：《俄罗斯土地改革与法制建设》，《经济问题探索》2012年第9期。

联合份额所有权（即土地既非国家所有，亦非集体所有，也不同于个人所有）。国家允许农民效仿西方农业经营方式，组建私人家庭农场。俄罗斯以全民公决形式通过了《俄罗斯联邦宪法》，即俄罗斯联邦现行宪法，明确了土地和其他自然资源可以成为私人、国家、地方和其他所有制形式的财产，公民及团体有权拥有私人土地。从此，俄罗斯把土地私有制以国家根本大法的形式确定下来。其土地改革开始由行政化、无序状态走向法制化、规范化轨道。[1]

到 1998 年初，俄罗斯全境 1200 万农村居民获得了 1.159 亿公顷的土地，而个人副业、集体果园和花园占地达 840 万公顷。到 2000 年，97% 的土地所有者已经得到了土地所有权证书。虽然政府一再命令所有的土地都可以买卖，但还只是停留在纸上，关键性的土地流通法律未能及时出台，导致有限的土地流转基本在非农用土地，农地流转实际上基本没有进展。农业法制的缺乏导致了农业连续出现负增长，1800 万公顷农田荒芜（与法国面积相当），宰杀牲口无数。2000 年 51% 农业企业亏损，其中 11%—12% 企业处于破产边缘。但土地制度改革废除了原来的单一国有制，建立了私有和合作所有为主、多种土地所有制形式并存的土地所有制；改革实现了向农业私有化的市场经济过渡，为后来的战略调整奠定了基础。[2]

（二）2000 年以后的农地改革措施

普京政府调整农地政策，摒弃了叶利钦时期大力发展家庭农场的私有化小农业思想，提出发展市场经济体制下的大规模农业，恢复和发展农工综合体，扩大规模经营和现代化管理效益。

---

[1]　参见韩全会、张军华：《俄罗斯土地改革与法制建设》，《经济问题探索》2012 年第 9 期。

[2]　参见林曦：《俄罗斯农业改革措施与现行管理体制》，《中国科技论坛》2009 年第 12 期。

1. 农地改革政策

（1）实施《2001—2010 年农业食品政策基本方针》和《2010 年前农村社会发展专项纲要》，明确了发展农业、食品的战略目标和任务。

《2001—2010 年农业食品政策基本方针》（2000.6）规定了对食品市场、农用生产资料市场和农用土地市场的政策调节措施，规定 2001—2005 年俄农业生产目标为年均增长 3%—5%，2006—2010 年年均增速不低于 5%—7%。[①] 后者促进农业体制改革，继续有计划地发展农业。《2010 年前农村社会发展专项纲要》（2002.12）旨在促进农业体制改革，继续有计划地发展农业。

（2）实施新的《土地法典》和《农用土地流转法》，为俄罗斯农用土地的进一步集中、推动农业向规模化和效益化的发展提供了法律保障。此后，农地流转数量不断增加。

新的《土地法典》（2001.10.10）从法律上确认了前期土地私有化改革的成果，并对后期土地私有化的运作提供了法律保障。该法典首次允许农地以外的土地进行流通，但该法典还未能对土地管辖权的分层、分级予以明确界定。以该法典为基础，允许农地流通的《农用土地流转法》（2002.6.26）诞生了。该法典将农用土地所有权，包括买卖权、租赁权等以及相应的规则首次以联邦法律的形式正式确定下来，标志着俄罗斯国家对土地私有权利的系统、完整、法定的确认。

《农用土地流转法》的主要内容有九个方面：第一，限制土地交易。租赁之前土地份额必须先转化为实物地块；允许买卖实际地块和土地份额，但国家具有优先购买权。第二，防止土地被外国人所拥有。外国公民和公司，以及外资股份超 50% 的俄罗斯公司只能租赁土地，租期最长为 49 年。第三，防止土地过分集中。地方政府可以限制单个土地所有者所拥有的实际地块规模。第四，防止土地过度细碎化。限制注册、

---

① 参见乔木森：《俄罗斯的农业私有化问题》，《世界经济》1994 年第 1 期。

登记的用于农业经营的实际地块的最小规模，但农户地块除外。第五，俄联邦、俄联邦各主体、市政组织、公民和法人是农地流转法律关系的主体。第六，俄公民、法人所拥有的农地及土地份额依据相关法律可以自由出租、转让、抵押及出售。第七，确立了归国家或市政组织所有的农地流转的条件，明确了将农地征收为国有或市政组织所有的规则。第八，禁止联邦各主体制定有关限制农地流转的法律、法规。第九，国家和市政组织所有的土地可以通过拍卖的方式提供给公民和法人，公民或法人出卖归其所有的农地或土地份额，俄联邦各主体或市政组织在价格相同的情况下具有购买土地的优先权，等等。

（3）实施《农业发展法》（2006.12.29），进行农业发展和农村地区稳定发展领域关系的法律调整。该法典规定俄罗斯采取"国家采购干预"和"国家商品干预"的方式调节国内农产品市场，稳定农产品价格，把粮食市场干预的行政方法以法律规范的形式固定下来。通过该法、其他联邦法和其他俄联邦规范的法律条例、地方自治机构规范的法律条例的实施，把农业发展从叶利钦时期的完全市场化、普京前期的行政干预发展到进行农业发展和农村稳定发展领域各种关系的法律调整。

（4）实施《2008—2012年农业发展和农产品、原料和食品市场调节的国家计划》（2007.7.14），保障农村居民的充分就业、生活及土地的合理使用，提高农业水平。规划的目标是通过平衡生产和消费、提供农产品干预信息和支持粮食出口来实现粮食供求平衡，以稳定国内供给和粮食市场价格、增加生产者收入和促进出口。规划决定，俄政府将进一步加大支农力度，鼓励对农业增加投资，进一步增加对农业贷款利息的补贴，推动农业生产现代化，同时积极为大中小型农业企业参与竞争创造平等条件，着力培育俄农业龙头企业，以期产生规模效益和现代管理效益。

2.农业发展措施

（1）在推进国家和集体农场的股份制过程中，将农场工人变为国家和集体土地的股份持有人，将国有和集体农庄所有的土地改造为股份制农场。减少由农民家庭经营的农地面积（减少到 12.5%），绝大部分土地（87.5%）由国家、集体和股份制农场进行企业式经营。

（2）发展各种生产组织形式之间的合作化和一体化，恢复和发展农工综合体，实现资本和土地向大生产者集中，实现规模经营和现代化管理，重点支持大农业企业。

（3）着力完善农业用地的流通、租赁调节机制，促进将土地向有效益的经营主体流转；

（4）改变国家对农业的支持方式，重点支持和投资能获得效益的农业企业。

（5）其他主要措施还有：第一，实行债务重组，完善农业用地税法，改善农业企业财政状况；实行统一农业税，减轻农民负担。第二，鼓励农业信贷，实行农作物保险机制，吸引私人投资农业生产。第三，向农业生产推广新技术和良种，提供补贴和优惠贷款等。[①]

3. 农地管理体制

俄罗斯通过建立农地管理机构和国家地籍信息系统，进一步完善农地管理体制，为农业发展提供制度保障和法律支持。

（1）农地管理机构

俄罗斯的农业管理是通过联邦机构、联邦主体和地方自治机构来实现的。联邦政府通过下设"俄联邦政府农工综合体委员会"发挥着政府职能：一是保障农工综合体和相关政府机构之间的协调；二是保障农用土地的发展；三是为发展农业、粮食等方面建言。联邦地籍委员会负责国家地籍管理乃至农地地籍的管理，其中包括农用土地的规划、监督、评估、利用与保护等。[②]

---

① 参见林曦：《俄罗斯农业改革措施与现行管理体制》，《中国科技论坛》2009 年第 12 期。

② 参见林曦：《俄罗斯农业改革措施与现行管理体制》，《中国科技论坛》2009 年第 12 期。

（2）国家地籍信息系统

为了改变土地改革中未能对土地的差别予以严格区分、土地税费征收过于人为化的现实，2000 年俄罗斯在全国开始分阶段的国家地籍评估。到 2006 年底，89 个联邦主体已经有 70 个完成了区域农地地籍评估，建立了国家地籍信息系统，为管理土地资源提供了法律支持。[①]地籍数据为国家确定土地租售的价格以及土地税费的征收标准提供了依据，也为土地流通创造了客观条件，同时在一定程度上保障了国家的财政收入。俄罗斯农地地籍管理形成了完备的法律体系保障：国家地籍、国家对土地利用的监督、土地整理、土地评估和土地监控，实现了联邦、区域和地方各级分别拥有的所有权体系。

2000 年，俄罗斯 97% 的土地所有者已经获得了土地所有权证书。2000—2006 年，实际耕种土地数量增加近 1000 万公顷，比叶利钦执政 9 年的增长量还多。由于《土地法典》对非农地买卖的解禁以及《农用地流通法》为农地交易提供的法律保障，加上农地地籍的建立为农地交易提供信息保障后农地交易费用的降低，农地流转数量不断增加。1998—2001 年，公民之间的土地流通占俄罗斯土地流通总额的 75%—78%，占公民使用的土地总面积的 1%—1.5%。2006 年，公民农用地交易数量比 2003 年增长了 10 倍还多，土地交易面积增长了 8 倍。[②] 至此，俄罗斯比较完善的土地法制对土地改革的价值和作用开始得到比较充分的彰显。

4.农地改革绩效

俄罗斯农业总产值经过激进土地变迁最初几年下降之后自 1999 年开始回升，粮食总产量和单产量都大幅度提高。粮食生产在 1999—

---

① 参见贾雪池、吴次芳：《俄罗斯农地地籍管理的现状、特点及启示》，《中国农村经济》2008 年第 4 期。

② 参见韩全会、张军华：《俄罗斯土地改革与法制建设》，《经济问题探索》2012 年第 9 期。

2002 年连年增产，并在最后的两年里连创粮食总产量的历史新高。2003—2005 年仍保持在接近 8000 万吨的水平。2006 年，粮食总产量 7840 万吨；2007 年，在世界出现粮食危机征兆的情况下，俄罗斯粮食总产量竟然达到 8140 万吨，仅比历史最高点 2002 年的 8550 万吨少 410 万吨。[①] 农业生产又开始续写 1913 年以前的历史辉煌，成为世界最大粮食出口国之一。2009 年，粮食出口量居世界第三位，约占国际粮食市场的 13%。[②] 据俄罗斯 Rosbalt 新闻社报道，截至 2012 年 4 月 25 日，俄罗斯 2011—2012 年粮食出口量达 2430 万吨，创历史新高，比 2008—2009 年的纪录增加 150 万吨。[③]

二、俄罗斯农地制度变迁的启示

俄罗斯农业转型采取了激进道路，推行土地私有化，改组国营农场和集体农庄，建立起具有私有产权的家庭农场和其他经济组织，其初始的混乱导致农业生产的衰退，但在一段时间以后，农业出现改观，且发展势头强劲。俄罗斯土地改革中的教训和经验值得同属经济转轨时期的中国借鉴和参考。

（一）注重改革的法律建设和配套完善

俄罗斯农业私有化改革具有立法先行的特征。据统计，1990—2001 年，有 40 多个联邦一级的法规、30 多个总统令以及近百个政府决议出台。[④] 此外，各州还制定本州的土地法规。但是，法律、法规间经常相互抵触，法律的配套完善严重滞后。

---

① 参见张跃进：《俄罗斯农地制度变革及其绩效》，《经济社会体制比较》2008 年第 6 期。

② 参见关健斌：《俄粮食出口禁令或将引发全球粮价上涨——干旱和山火搅了俄罗斯的"粮食大国梦"》，《中国青年报》2010 年 8 月 13 日。

③ 参见中国粮油信息网，2012 年 4 月 28 日，http://www.chinagrain.cn/liangyou/2012/4/28/201242815365654969.html。

④ 参见娄芳：《论俄罗斯农业转轨与贫困问题》，《俄罗斯研究》2002 年第 4 期。

首先，农业私有化改革大多是以总统令为依据，而不是法律。按照宪法，土地的立法权在议会，但在土地法正式通过之前，总统有权发布相关命令，总统令同样具有法律效力。由于总统与立法机关之间存在分歧，实际上直到《土地法典》（2001.10）出台，土地私有化基本是按总统令进行的，行政色彩浓厚。

其次，总统以及国家权力执行机构与国家杜马之间的认识分歧，严重妨碍了法律的配套建设和完善。农地流通成为立法的难点就是一个典型例子。改革之初，法律就承认私人土地拥有权，但又制定了一些政策限制土地转让和买卖，如土地买卖权延缓 10 年执行，以后又改为只有农业附属用地、别墅用地、公共花园或私人住宅旁边的小块土地才可以出售。由于土地私有化缺少市场机制的支持，俄从 1994 年起着手制定新的《土地法典》。但是，由于认识分歧而陷入旷日持久的争执。历时 6 年，国家杜马在争吵中终于通过了新的《土地法典》，允许私人拥有的土地自由买卖，但只涉及城镇居民住房、交通、邮电和工业用地。直到 2002 年 6 月 26 日，国家杜马以 258 票赞成，149 票反对，5 票弃权，通过《农用土地流通法》，允许农用土地自由买卖，但外国公民、法人和无国籍者参股 50% 以上的法人不得购买俄罗斯土地或土地股份，可以租借，租期不超过 49 年。土地立法建设滞后影响了农业私有化改革进程。[①]

（二）注重培育适宜改革的宏观经济环境

从俄罗斯农业衰退阶段和复苏阶段农场企业、家庭农场的发展特点来看，尽管俄罗斯推行农地私有化改革的初衷是建立欧美式的家庭农场，但是"休克疗法"使市场环境恶化，农业总产量下降。非均衡性的恶性通货膨胀给农业私有化转制带来严重的影响。在各种商品价格上涨的幅度中，农产品价格上涨幅度最小，工业、交通运输业等价格上涨幅度

---

① 　参见傅晨：《俄罗斯农地制度改革及其对我国的启示》，《学术研究》2006 年第 1 期。

远远超过农业。1992—1993 年年通货膨胀率高达 2000%。1990—1993 年，农产品总价格上涨 89 倍，工业品总价格上涨 519 倍。[1]1994 年只有约 1/4 的私人农场支付得起必需的燃料费用和使用矿物肥料。[2]1990—1997 年，俄罗斯农用生产资料的零售价格上涨了 8848 倍，而农产品价格只上涨 2000 倍（按新卢布计算分别为 8.8 倍和 2 倍）。[3] 这种非均衡的通货膨胀，使农业相对于其他行业，收入水平严重下降，而消费品、工业品、交通运输价格的上涨，却增加了农业生产成本。农产品价格指数偏低的局面一直到 1995 年才开始扭转，但是农产品价格相对来说仍然明显偏低。大多数农户都面临资金短缺，而国家财政困难，不可能在贷款上给予农户足额的支持。1991 年，国家对农业的投资占联邦财政预算收入的 19.8%，1992 年下降为 10%，1993 年下降为 4%，1999 年仅 1.6%。[4] 如果 1991 年叶利钦不急于推行土地私有化改革，而是等到市场环境有利于农业发展时再启动农村改革，则俄罗斯农业或许可以避免长期的衰退。1998 年金融危机改变了农业的市场环境，卢布对外大幅度贬值使进口农产品被国内农产品替代，在国内市场环境改善的条件下，以利润最大化为目标的家庭农场纷纷扩大生产规模，农场企业的耕地规模有所缩小，但农产品产量仍然提高，家庭农场的耕地面积和农产品产量都出现了大幅度增长。[5]

（三）不可忽视制度遗产对改革的制约

虽然俄罗斯农业私有化改革有政府强力推动，但是，制度变迁绝非朝夕之功可逮，其中制度遗产具有强大的约束力。一是计划经济体制

---

① 参见乔木森：《俄罗斯的农业私有化问题》，《世界经济》1994 年第 11 期。

② Wegren, S., "The Politics of Private Farming in Russia", *The Journal of Peasant Studies*, 1996, 23, 4: 135.

③ 参见乔木森：《俄罗斯的农业、农民和农村问题》，《东欧中亚研究》2001 年第 5 期。

④ 参见娄芳：《论俄罗斯农业转轨与贫困问题》，《俄罗斯研究》2002 年第 4 期。

⑤ 参见王志远：《农地私有化、市场环境与俄罗斯农业发展》，《俄罗斯研究》2010 年第 2 期。

遗产的制约，如农产品流通和农业生产资料供应方面，计划经济体制的部门垄断依然存在。二是上层建筑对农业私有化的认识分歧的制约，如国家杜马对农业私有化的调子忽高忽低。三是村社文化传统的制约，使民众对私有化难以完全接受。研究指出，俄罗斯传统文化的特点是村社集体主义，村社土地公有，人们共同耕种，共同分享劳动成果，共同决定村务；加之苏联时代 70 多年的国营农场和集体农庄制度，导致了民众长期对私有制的隔阂。① 据 Nikonov 的民意调查，63% 的被调查者反对私人农场，表示赞成的仅有 12%，余者皆中立；88% 的调查者对私有化的拥护只是希望可以拥有一小块私人土地。② 在 1996 年一项对 2426 人的调查中，反对小块土地私有化的占 17.1%，反对大块土地私有化的占 60.6%。③

（四）必须高度重视农业私有化的制度边界

农地股份化是俄罗斯农地私有化的重要手段。而在我国，有些地方的股份合作制改革也采用股份化以明晰和量化农户在原集体经济中的产权份额。如何考量这两种形式相似但性质各异的制度安排，其本质区别的制度边界又在哪里？这应当从改革的目的，而不能仅仅从改革的手段来判断改革的性质，同时，改革的手段又要体现改革的目的。我国农村股份合作制改革既要明晰产权，又要维护集体经济财产的完整性，改革采取了价值量化的基本策略，折股到人主要是明确每个成员在集体财产中的价值份额和收益权，但不能抽资退股。而俄罗斯农业私有化改革强调解散和改组原来的集体经济，鼓励个人在分得股份后携带实物退出集体，自立经营。至此，可以把我国农村股份合作制与俄罗斯农地私有

---

① 参见黄军甫：《从〈农用土地流通法〉看俄罗斯土地改革》，《俄罗斯研究》2002 年第 3 期。

② Nikonov, A., "Agricultural Transition in Russia and the Other Former States of the USSR", *American Journal of Agricultural Economics*, 1992, 74, 4: 1160.

③ 参见黄军甫、姜琦：《俄罗斯土地改革的困境》，《当代世界社会主义问题》2001 年第 4 期。

化改革的制度边界定位于是否允许携股份退出，一旦允许退出，在制度
环境适宜的情况下，私有化将不可避免。[1]

第四节　台湾地区的农地制度模式

第二次世界大战后，中国台湾地区先后对农地制度进行了三次和
平渐进的改革，建立了农地农有制度、农地充分利用制度和农地综合建
设制度。这些制度有效地推动了农业经济以至整个社会经济的快速发
展，为台湾现代化奠定了基础。

一、台湾地区农地制度变迁

（一）第一次农地改革——建立农地农有制度

台湾岛内人多地少，可耕地仅有 82.8 公顷，其中 45.3% 由佃农耕
种。农民中有 40% 是佃农，26% 是既租佃又有自己小块土地，余下
34% 是拥有自己土地的农民。租佃制度是土地改革之前台湾农地的主
要生产关系。土地资源匮乏且集中在少数地主手中，高额的地租以及不
确定的土地使用权在所难免，这拉大了地主和佃农之间的差距，加剧了
社会不公。台湾政府秉承孙中山"耕者有其田"的思想，从 1949 年开
始进行了历时 20 年的第一轮改革，推行平均地权为目标的自上而下的
农地改革，实行小"自耕农"制度，解决农地所有权的分配问题。土地
改革分为三个阶段。

1. 推行"三·七五减租"，降低地租保障佃权

1949 年，台湾实施私有耕地"三七五减租"计划，规定农民付给
地主租金不能超过 37.5%。具体做法是把农作物年收成的 25% 作为农
业再生产投入以后，余下部分在地主和佃农之间均分，各得 37.5%。地

---

① 参见傅晨：《俄罗斯农地制度改革及其对我国的启示》，《学术研究》2006 年第 1 期。

主出租土地，租期不得少于 6 年，期满必须续租，不得随意撤租、升租。地主要解约，必须经过协议割让一部分土地作为补偿。因此，地主对于名下的土地失去了实际支配权，只剩下有限的收租权，因此有些大地主宁可配合政策，让政府征收以换取国营企业的股票。农业歉收时，地主应临时减免地租。同时对佃农也作了一些规定，如佃农地租积欠两年的总额时，地主可以撤佃。据统计，因为减租而受益的佃农有近 30 户，占农户总数的 44.5%。台湾多年来租佃的陋规很快得以改变，很多农民的生活立刻获得改善。"减租后，在佃农的耕地上，耕作集约度提高，土地的边际产出增加。"① "三七五减租"计划被台湾称为"划时代的、革命性的环保法律"，它对优化租佃条件、改善佃农生活、提高粮食产出、促进社会公平有着积极的推动作用。

2. 实施"公地放领"，培养土地个体所有者

1951 年实施公地放领。台湾光复后，政府从日本殖民者手里接收过来的耕地叫"公地"，面积达 17.6 万公顷，约占耕地总面积的 20%。1947—1976 年，台湾推行"公地放领"，政府将"公地"卖给佃农。1947 年和 1951 年先后公布和实施了《台湾省公有耕地放租办法》和《台湾省放领公有耕地扶植自耕农实施办法》。各县市政府陆续把公地低价出售给佃耕农、雇农、耕地不足的佃农和半自耕农。地价为耕地正产品全年收获量的 2.5 倍，以实物偿还，以免受通货膨胀影响。买主可以在 10 年内分 20 次付款，不计利息，也可提前还清。受领农民只要还清地价，耕地即归农户所有。但土地拥有数量有所限制。水稻不能超过 1.94 公顷，旱地不能超过 3.98 公顷。"公地放领"到 1961 年办理完毕。到 1979 年共计集中办理公地放领十四期，放领公地 54.71 万笔，面积 13.90 万甲（合 13.5 万公顷），约占耕地总面积的 16%；公地承领农户

---

① 张五常：《佃农理论——应用于亚洲的农业和台湾的土地改革》，商务印书馆 2002 年版。

共计 28.63 万户，约占农户总数的 33%。这等于是一二百万人，因为每个农民家庭是四五口，甚至是五六口。农民获得耕地所有权成为自耕农，生产积极性显著提高。1951 年农业生产基本恢复到战前水平，稻米产量 148.5 万吨，比 1938 年增加了近 8.3 万吨。

3. 实行"耕者有其田"，均分土地

1953 年实行"耕者有其田"，让每一个农民都可以拥有自己的土地。1952 年 1 月到 1953 年 4 月，台湾对地主耕地重新丈量，划分等次，登记造册。1953 年 4 月颁布《耕者有其田法案》，主要内容是私有耕地征收与放领。地主可以保留相当于中等水田 3 甲（43.5 亩）或者旱地不超过 6 甲，超过的耕地一律由政府征收后放领给农民；征地价也是按耕地主要产物全年收获量的 2.5 倍，政府以七成土地债券和三成公营企业的股票的形式支付给地主。政府拿出台湾水泥公司、台湾纸业公司、台湾农林公司和台湾工矿公司的股票跟地主换地，再把土地出售给目前在这些田地上耕作的农民。农民获得十年无息贷款，如果农民十年都付清，最后土地就归他了。"耕者有其田"政策，农民额手称庆，而对于地主来说，则带有一定的强制性。

农地农有制度改变了台湾的土地占有状况。1949—1953 年，约 7.8 万户佃农购得耕地，共计 4.13 万公顷；19.49 万农户承领征收耕地 14.3 万公顷，加上国有土地出售，共有 25.6 万公顷由农民自己耕种，占耕地总面积的 71%。均田计划使大部分佃农拥有自己的土地，1963 年自耕农占农民总数的 66%，1995 年提高到 80% 以上。[①] 农民的生产和生活得以改善，生产热情空前高涨，农业生产获得长足发展。

（二）第二次农地改革——农地充分利用制度

进入 20 世纪 70 年代，自耕农制度的局限性逐渐凸显出来，分散的小块土地所有制妨碍了农业生产规模的扩大和农业经济效率的提高：一

---

① 参见李国鼎：《台湾的农地制度模式》，东南大学出版社 1995 年版，第 67 页。

是农户的增加缩小了户均经营面积，降低了农业生产率。1952 年家庭农场 68 万个，1980 年增至 87.2 万个；1952 年户均经营面积小于 1 公顷的占 46.4%，1975 年增至 71.42%。二是农户人口增多和继承分产加速了土地的细碎化。与 1949 年相比较，1964 年年底，台湾总人口 1200 多万人，增加了约 500 万；农户数 83.48 万户，增加了 21.40 万户；户均耕地 1.06 公顷，减少了 0.33 公顷；人均耕地 0.072 公顷，减少了 0.045 公顷。三是工业化的发展和城市化的扩张导致耕地总量锐减。1969—1981 年，水田非农用 16.8 万公顷。1981—1990 年水田又减少了 2.6 万公顷。经济发展进一步加剧了市场需求与农地占有制之间的矛盾。一方面，岛内非农产业的发展吸引部分农民的加入，土地撂荒严重。另一方面，受制于"三七五减租"计划，需要规模经营的农户却无法租赁到土地。自耕农制度的正面效应已至极。20 世纪 70 年代末到 1987 年，台湾实施第二次农地制度改革。1982 年年底，正式实施《第二阶段土地改革方案》。主要措施如下：

1. 实施共同经营、委托经营和专业经营

共同经营就是将与土地相毗邻的种植、养殖、畜牧等农户组织起来，通过合耕分营、合营分耕和合耕合营等形式，分工分业，组织生产，提高经济效率。1964 年开始实施的水稻共同栽培班，后来扩大成农场经营班，并拓展为多种形式的共同经营，如水田、旱地、特殊专业区及合作农场等。到 1986 年，共同经营面积达到 12.30 万公顷，参加农户有 19.23 万户。委托经营即是农户将部分（或全部）作业委托给其他农户（或农业服务组织）代耕或代营。专业经营是按照农业生产特点划分为水稻、玉米、芒果、畜牧等不同专业区，生产特定产品。

2. 提供农地规模经营贷款

为有农业经营能力但缺乏资力和土地的农民或农业法人提供融资支持，提高农地利用率。一是支持购地贷款。从 20 世纪 50 年代开始，土地银行为配合土地所有权改革，接受台湾当局的委托承办补贴地价和征收地价的业务。1963—1973 年，土地银行的业务重点之一是资助农村工业区和示范农场的建设。1980—1986 年，台湾中国农民银行为农民办理购地贷款共计新台币 14.54 亿元，贷款农户为 3392 户，贷款购地农户平均增加了 47% 的耕地面积。二是支持机械化贷款。1973 年国际粮食危机以后，台湾特别关注粮食安全，着力保护土地资源，确保稻米自给自足。1977 年 11 月颁布《粮食问题改进措施》，设置农业机械化基金，规定要"合理降低农机代价"。1978 年开始实施农业机械化计划和投放贷款计划。

3. 实行农地重划

将不规则或零散的土地化零为整，扩大地块面积；修建标准化农路和给排水设施，提高机械化和现代化的可操作性。农地重划始于 1960 年，至 1980 年面积共约 28 万公顷。《农地重划条例》（1980）的颁布为推进农地重划提供法律依据和保障。

4. 修订相关法律

根据社会经济的发展需要，修订了《限制建地扩展执行办法》、《实施都市计划以外地区建筑管理办法》、《区域计划法》、《非都市土地使用管制规则》、《实施区域计划地区建筑管理办法》和《山坡地开发建筑管理办法》等。

第二次农村土地制度创新进一步改善了台湾农业生产的环境和条件，完善了农田水利、农路等基础设施，扩大了耕作面积，优化了农业结构，活跃了农村经济，增加了农民收入，缩小了城乡差别。

（三）第三次农地改革——农地综合建设制度

随着经济全球化的推进，台湾工业快速发展，经济社会全面转型。在农业发展方面出现了一系列的不协调现象：一是农业生产结构问题，出现"稻米的过剩"与"畜产物、饲料物"生产不足的结构性矛盾；水稻机械化相对过剩与其他作物机械化不足的矛盾；二是农业精细化、效益化、兼业化的深化与农业劳动力的老龄化的矛盾；三是农业经营规模小、经营方式简单、农地利用效率低导致农业经营者收入较低与其他行业收入较高之间的矛盾；四是农村住宅建设缺乏规划和约束，乱占耕地与保护耕地以保障粮食安全和保育生态环境之间的矛盾。台湾审时度势，再次创新土地制度，为农业和整个经济发展提供了新的制度基础。

1. 修订《土地法》。该法规定："私有农地所有权之转移，其承受人以能自耕者为限，并不得转移为共有，但因继承而转移者，得为共有；违反前项规定者，其所有权转移无效。"该条款限制了农地转移和农地转用，不符合社会经济的发展要求，非修订不可。

2. 终止《耕者有其田法案》。该法案对农地农有制度的确立和维护功不可没。但随着农业现代化进程的加速，实施了 38 年的《耕者有其田法案》如今却成为农地流转、农业规模化经营的障碍。1991 年 7 月该法案被废除。

3. 制定《农地释出方案》。为了规范农地流转，1995 年 8 月批准了《农地释出方案》。其政策目标是：促进国家土地资源之合理分配与有效利用，维护农业生产环境之完整，公平地达成地利共享。其基本原则是：①农地应经整体规划后变更使用，并配套公共设施、环保设施等；②农地变更得利应交回馈金，以消除变更暴利及农地炒作；③经同意变更之农地，其内部公共设施由开发者负担，区外公共设施则由开发者与地方政府协议负担。

4. 修订相关法律法规。为了配合《农地释出方案》的施行，1994 年 5 月对《非都市土地使用管制规则》（1976 年）进行了修订，对不适合农业生产的土地进行调整，重新划定分区，使土地用途和管制与实际相符。为了运用市场机制促进农地市场的建立和发展，确保农地农用并提高经济效益，1996 年 11 月修订了《国土综合开发计划》（1988 年）。2000 年 1 月修订了《农业发展条例》（1973 年），将"农地农有、农地农用"修改为"放宽农地农有、落实农地农用"；新的《农业发展条例》

被誉为台湾 21 世纪农地发展的行动纲领。[①]

二、台湾地区农地制度变迁的启示

台湾地区农地制度的不断创新，不仅为农业乃至整体经济发展提供了坚实的制度保障，也为其他国家和地区的农地制度改革提供了重要的经验借鉴。台湾农地制度模式对内地农地改革的启示有两个方面：

第一，保护农民权益是促进农业发展和社会进步的重要因素。

台湾实施农地农有制度，提高了农民的生产积极性，推动了农业的高速增长。1953 年到 20 世纪 70 年代末是台湾农业的高速增长期，年增长率最高时（1961—1968 年）达到 5.7%，最低时也高于 4%。但在农地改革的过程中，也曾经出现过农业增长的危机期。1968—1972年，农业生产增速急剧下跌。主要原因是政府的不平等交换损害了农民的权益。随后，政府采取了一系列措施减轻农民负担，降低农业生产成本，增加对农业投资与信贷，同时不断调整小"自耕农"制度，鼓励农民合作经营，扩大耕作面积，引导富余劳动力非农就业。这些措施的实行，使农业生产恢复到较高的增长速度。

第二，现代小"自耕农"制度的积极作用值得重视。

在农地农有制度中，农民家庭既是土地的所有者，又是基本的生产单位、分配单位和消费单位。但这种小"自耕农"又不同于传统的"自耕农"。农民没有完全的土地所有权，土地的最高所有权仍然属于政府。"土地虽为民有，亦与国有无异，盖个人之意志须受国家法令之约束……私有须以公意与法律为依据，不能为所欲为。"[②] 尽管农民只拥有土地的部分所有权，但农民的社会地位相对平等。现代小"自耕农"制度是对传统"自耕农"制度的成功继承和超越。在传统农业社会向现代

---

① 参见汪先平：《当代台湾地区农村土地制度简述》，《安徽电子信息职业技术学院学报》2008 年第 2 期。

② 陈诚：《台湾土地改革纪要》，台湾中华书局 1961 年版，第 15—16 页。

工业社会的转型过程中，小"自耕农"制度不仅有利于农村社会的稳定和政权基础的扩大，而且解放了生产力，促进社会经济的高速增长。农业对工业化的巨大贡献，彰显了现代小"自耕农"制度的生命力。

第五节　农地制度改革的外部借鉴

农地制度改革是一个世界性命题。美国、日本、英国、法国、俄国、韩国和中国台湾等国家和地区已经比较成功地解决了农地问题，在农地制度改革方面积累了丰富的实践经验，对我国的农地制度建设提供了重要的理论素材和现实鉴益。

一、农地制度改革的总体经验

虽然各国（地区）以土地私有制为主，其土地所有制的本质与中国不同，而且自然环境、历史背景、现实国情和政治经济制度都迥异于中国，但他们在农地制度改革方面的经验是值得我们参考和借鉴的。

（一）农地制度改革是一个长期推进的过程

农地制度改革是从农业国向工业国转变的过程，是一个国家城镇化和产业结构演进的过程，是一个长期的渐进过程。各国（地区）农地制度都经历了一个逐渐变革的过程，历时短则几十年，长则近百年。日本农地流转制度改革是一个长期发展的过程，户均农地经营规模从 0.8 公顷到 1.2 公顷经历了近 35 年的时间。台湾以平均地权为目标的农地改革历时 20 年之久，最终才解决了农地所有权的分配问题。我国内地地少人多，农村劳动力转移的压力更大。要完成发达国家用近百年的时间完成的农地制度改革，需要一个漫长的历程。我们必须认识到城镇化和产业结构调整的长期性、艰巨性和复杂性，不可盲目推进，更不可脱离时代背景和农村实际设置农村城镇化、农业产业化的时间表。

（二）农地制度改革是一个循序渐进的过程

各国（地区）农地制度变革期间，在经济发展的渐变性、政策目标的明确性、连续性都一以贯之，虽然有微调，但基本保持稳定，保障了整个国民经济的快速发展，即使台湾地区农地制度改革是在国民党统治时期才进行的，但是也遵循因势利导、因地制宜的重农政策，在20多年间一直奉行小农经济政策，没有大变革。俄罗斯的激进式农地改革经历了阵痛，要使复苏的经济长葆繁荣仍需要在继续保持稳定的前提下进行微观体制的调整和改善。而反观改革开放之前的新中国，农地制度改革过于频繁，且忽视农民土地权益，农民长期被视为落后生产力的代表、小资产私有者的典型。过快过急的农地制度改革，欲速则不达，反而给农民造成了伤害，使国民经济的发展蒙受损失。以此为鉴，我们要特别注意政策的稳定性和连续性。对现行农地制度的改革既要适应现实的需要，又要循序渐进。每一项措施的实施，既要延续既往的改革成果，又要为后续改革创造条件，尤其要与完善农地家庭承包制的各项措施衔接起来，使近期目标服务于长远目标。

（三）农地制度的改革是一个与时俱进的过程

在不同历史时期，由于政策环境和阶段性任务的变化，农地制度改革的理念和重点也会随之改变。比如，西方国家在进入工业化中期以后，基于保障粮食安全等考虑，无不变工业化初期的农业支持工业、农村支持城市的政策为工业反哺农业、城市反哺农村的新政策，形成了较为完备的农业支持保护体系。又如，在农地改革初期，大多限制大地产（英国除外），使地权由集中变为分散，鼓励自耕农发展。随着工业化的起步和发展，各国（地区）的农地政策趋向对土地使用权的强化，通过促进经营权流转调整使用权制度，实现农地规模经营。再如，在美国的征地制度中，"公共使用"的内涵也是随着时代背景和历史条件的变化而变化的。联邦和州政府基于"公共使用"，且根据市场价格给予原土地所有者补偿，有权征用土地。独立战争时期受洛克的自然权利理论的影响,"私有财产神圣不可侵犯"深入人心。这时"公共使用"要求被征收的财产为公众所实际使用或有权实际使用。随着工业革命的到来,尤其是 20 世纪 30 年代大萧条之后随着规制国家的兴起,法院越来越把"公共使用"等同于"公共利益",把振兴经济、创造就业、造福社区等目标列入其中。2008 年康州 Kelo 老太对新伦敦市一案发生后,宾夕法尼亚等 40 个州在立法中明确把发展经济、增加就业、提高税收的目的从"公共使用"的范畴中剔除出来。在农民权益意识日益觉醒的今天,农地制度创新也必须把保障农民土地权益作为改革的主线,而不能把农民和农村排斥在工业化和城镇化之外。

（四）良好的法制环境是农地制度改革成功的保障

法律制度是农地制度改革的制度保障。通过法律制度强制性地推进农地制度改革,保障农民的土地权益,这既是各国（地区）农地制度改革的特点,又是其成功的经验。

各国（地区）重视土地立法。土地法规数量多,涉及范围广。比如,据 1979 年日本的《国土六法》所载,该国有关土地管理的基本法有 40 多项,加上法规细则、命令、决定等附属条令,多达 200 多项。又如,俄罗斯已经形成了一整套土地法律法规体系,主要包括《宪法》、《民法典》、《土地法典》、《税法典》、《土地规划法规》、《土地评估法规》、《农业用地的法规》、《关于把土地使用从一个范畴变更到另一个范畴的法规》等。而且,俄注重对相关法典的及时修订,如《农用土地流通法》4 年内修改 6 次,《土地法典》也于 2006 年 4 月重新修订。虽然其土地立法仍有待完善（比如,《反垄断法》等法律仍未出台）,但其经验和教训仍然值得我们借鉴与参考。

法律条文规定细致,都明确了主要方向及其实施效果,而且具体落实到单位、部门、地区、农民组织和个人。不少国家（地区）的实践证明,制裁措施严明,法制收效就好。印度独立前,40% 的土地由少数大地主集中垄断。独立后,国家制定了《土地改革法》,对土地占有实行法定限额，违者追究法律责任。至 1982 年便收回了 250.2 万公顷土地，其中将 174.8 万公顷土地有偿分配给 112.6 万户无地、少地农民。①

借鉴境外土地法治的成功经验，当务之急是加快农地法制建设。在我国农地制度改革和推进城镇化的过程中，要由政府主导确立政府、农民和企业三者之间合理均衡的收益分配关系，并通过建立健全相关的法律和规章制度以保障各方的合法权益。好的法制环境的一个条件是慎重立法，而法律一旦获得通过，则要坚决地执行。有法可依，有法必依。

（五）农地有偿使用和农地商品化成为农地改革的主流

在各国（地区）都建立和完善与市场经济相适应的农地制度。市场经济的发展使农地有偿使用和农地商品化成为农地改革的发展趋势。在市场经济国家（地区），农地这一稀缺资源是作为商品来交易的。马克思在《资本论》中就把土地视为商品来理解。比如台湾地区的公地放领，让农民购买土地。日本通过征收地主土地并转卖给农民实现土地改革。农地有偿使用和农地商品化是农村经济社会发展的潮流，无偿性的农地使用制度是资源有效配置的障碍。我国的农地承包经营权也应该是一种商品，我国农地流转也应该按照市场机制来运作。在征地过程中，政府垄断土地一级市场而使土地价格体系扭曲的现状亟待改变。

二、农地制度改革的具体经验

各国（地区）在农地产权制度、农地管理制度、农地流转制度、农地征收制度、政府的主导和服务等方面积累了丰富的经验，值得我们借鉴。

（一）农地产权制度

市场经济的发展必然要求农地产权主体以及各项权能界限明确。

① 参见吴春燕：《中外土地国家管理制度对比分析》，《南方农业》2007 年第 2 期。

只有运行稳定、产权明晰、权能完整的农地产权制度，才有利于农地市场的建立和完善，有利于农地流转，实现农地资源的优化配置。各国（地区）以私有化为目标，实行"耕者有其田"制度。

1. 强制性制度变迁是土地产权制度变迁的主要形式

世界各国（地区）在不同历史时期实行的自上而下的农地所有制改革，主要有四种形式：一是没收地主和殖民者土地归农民所有，如各社会主义国家；二是只没收殖民者占有土地归国有；三是实行土地国有，征收超限额土地，如墨西哥、缅甸等；四是政府赎买超限额土地出售或分配给农民所有，如日本等多数国家。

日本 1946 年开始的农地改革在资本主义国家中是最为彻底的。[1]国家强制征购地主土地（征收离乡地主全部佃耕地，收购在乡地主的超额佃耕地，但价格仅为年产值的 7%，在当时通货膨胀率为 100% 的背景下，无异于没收土地），低价或无偿转让给无地或少地的农户。自耕农制度取代了寄生型封建租佃制度。到 1950 年，自耕农耕地占到 90%。1952 年《农地法》确立了农民所有制的永久地位，并限制土地使用数量。[2]台湾政府从 1949 年开始的以平均地权为目标的自上而下的农地改革，彻底废除了封建地主土地所有制，确立了小"自耕农"制度，促进了农业生产快速发展，也扭转了农村收入两极分化。农民获得土地所有权，额手称庆。而对于地主来说，则带有一定的强制性。苏联土地国有，集体农庄和国营农场都只是土地的使用者而非土地的所有者。苏联解体后，俄罗斯采用强制性制度变迁，突破了国家单一所有制，在法律上建立了明晰的土地私有产权，使农业总产值经过多年下降后开始回升，自 2001 年起，俄罗斯再度成为世界粮食净出口国。[3]

---

[1]　参见张术环：《当代日本农地制度及其对中国新农村建设的启发》，《世界农业》2007 年第 6 期。

[2]　参见施润：《国外农地法律制度改革及其启示》，《公民与法》2011 年第 1 期。

[3]　参见张跃进：《俄罗斯农地制度变革及其绩效》，《经济社会体制比较》2008 年第 6 期。

大多数国家（地区）的农地制度变迁是一种强制性的制度变迁，在政府的强力推动下，新制度取代了旧制度。尽管如此，强制性制度变迁的发生和发展仍离不开诱致性变迁因素的影响。比如，在英国圈地运动中，巨大的外部利润成为圈地行为的强大内驱力。在地主阶级的推动下，英国政府终于从早期的限制转变为许可支持，并于 1710 年通过圈地法使圈地行为合法化。

2. 无偿平均分配农地是农地制度改革成功的关键

农地制度改革比较彻底的国家（地区），其土地分配方式都是相对平均、无偿分配的，实现"耕者有其田"，不仅避免了农民收入的两极分化，也有效地提高了农地生产率，促进了农地的持续利用。在台湾，农地改革分为三个阶段。（1）推行"三七五减租"，降低地租保障佃权。政府规定农民向地主付出的租金不能超过 37.5%。这个"划时代的、革命性的环保法律"，使"耕作集约度提高，土地的边际产出增加"[①]。（2）实施"公地放领"，培养土地个体所有者。政府从日本殖民者手里接收过来的耕地低价出售给农民。（3）实行"耕者有其田"，均分土地。1953 年 4 月颁布《耕者有其田法案》，政府以七成土地债券和三成公营企业的股票收购地主耕地再转售给耕作的农民。农民获得十年无息贷款，还清地价便可获得耕地所有权。但土地数量有限额，水稻不能超过 1.94 公顷，旱地不能超过 3.98 公顷。在俄罗斯，政府实施土地私有化改革。1991 年取消了国家对土地的垄断，进行土地的非国有化改造。1992—1993 年将集体庄园和国营农场的土地以平均分配"土地份额"的形式，大部分无偿转让给农民所有；从 1994 年开始，在经济上实行农场经济以及农村土地股份制和土地私有制。获得"土地份额"的公民交纳微薄的土地税后便可得到土地所有权证明。2004 年，1190 万人成

---

① 张五常：《佃农理论——应用于亚洲的农业和台湾的土地改革》，商务印书馆 2002 年版。

为土地股份的所有者，其中91.6%获得土地所有权证书。土地可以农用，也可用于建住宅。① 其他中东欧的转型国家也都推行了土地私有化，将土地权利完全交给了新的土地所有者。美国在独立战争后也发布一系列法令，把公民平等权利作为土地分配的原则，为现代农地制度的形成奠定了基础。

3. 赋予农地经营者充分的使用权

随着科学技术的进步、工业化的发展以及农业人口向非农产业的转移，各国（地区）土地产权制度的重心逐渐从农地所有权的归属转移到能够提高经营效益的农地使用权上来。土地使用权的强化成为普遍的发展趋势。② 首先，改善农地租佃关系，保护佃农。地权集中、地主和佃农谈判力量悬殊的国家（地区）以法律的形式保护佃耕权，以削弱地主的力量。其次，赋予农地经营者自主经营权。生产者自主经营是推动农业发展的动力。自主经营权是拥有农地使用权的重要标志。各国（地区）都十分重视农业生产者的自主经营权。就英国而言，全部土地法律上归英王或国家所有，国民拥有土地保有权。其土地权益保护侧重于土地使用者的权益，保有权的保护效力高于土地所有权，以土地的持续利用为目标。早在1900年，英国就以法律形式赋予佃户播种作物的自由。《持有地条例》规定，"不管有无习惯或契约规定，只要保证土地整洁并妥加当心，播种就是自由的"。法国佃农也有安排劳务和经营项目的自由。③

（二）农地管理制度

1. 加强农地的宏观管理

各国农地的宏观管理在不断加强，农地管理机构不断完善，农地

---

① Stephen K. Wegren，哲伦：《新兴国家土地管理畅谈系列之五——俄罗斯土地制度改革与土地市场建立》，《资源与人居环境》2009年第15期。

② 参见施润：《国外农地法律制度改革及其启示》，《公民与法》2011年第1期。

③ 参见胡长明：《国外农地制度改革及对我国农地制度创新的启示》，《农业经济问题》2005年第9期。

调查、评价、分类、规划、监督、信息和资源服务等方面的宏观管理制度越来越完备，使有限的农地资源在农业内部、农业与非农业之间合理配置，以节约用地、提高效率。一是限制规模。比如，第二次世界大战后，西欧规定子女继承土地不允许平分，只能由一人继承；联邦德国规定土地买卖招致小块分割时政府有权干预；印度制定最小规模法；英国为扩大农场规模给予了政策鼓励；法国政策鼓励中等农场，并规定土地转让不可分割，只能整体继承或转让等。政府的这些措施，对提高规模经济效益发挥了重要作用。二是限制租期租额。各国租期不同，法国为30年，意大利为10年，以色列不少于90年。印度、韩国、荷兰等国限制了最高地租额，以稳定农业生产。三是限制雇工。意大利要求农场主及其家庭成员至少要占农场就业劳动力的1/3。四是限制使用。法国规定私有农地要用于农业，不准弃耕、劣耕、搞建筑，以保护耕地。五是规划。六是征收。

2. 加强土地利用的规划

各国（地区）对土地使用的管理主要是通过制定规划来实现的。在土地规划方面都有比较完善的法律体系。土地的开发利用都必须符合政府的土地使用规划。土地"计划性"最强的要数法国。法国的土地规划体系包括国家规划、区域规划和纲要性的土地利用规划以及详细的地方规划。国家将土地市场分为市地市场和农地市场，两个市场严格划开，不得混同。市地市场以建设用地流转为主，农地市场以农用地流转为主。①

（三）农地流转制度

各国（地区）土地变革的重要内容是调整地权，优化农地占有格局。农地改革初期，大多限制大地产（英国除外），使地权由集中变为分散，鼓励自耕农发展。随着工业化的发展，各国（地区）从限制土地

---

① 参见席雯、雅玲：《外国土地制度对中国农村土地利用的借鉴》，《内蒙古农业科技》2010 年第 3 期。

集中转向对土地使用权的强化，通过促进经营权流转从而调整使用权制度，实现农地规模经营。土地的所有权不完全与产权边界清晰二者并不矛盾，[1] 重要的是要在立法中明确土地流转中主体的权利分配。

各国（地区）的农地经营大都以家庭农场为基础，并推动土地市场化，使土地要素得到合理配置。在美国，家庭经营模式经历了从小规模分散粗放型经营到适度规模经营阶段，最后发展成为现代化的专业和综合性的家庭大规模经营形式，出现了农工企业或农工联合企业，实现了生产经营的企业化和产供销的一体化。政府、企业和居民都是遵循市场规则的平等主体。

日本农地流转制度的改革路径是从分散经营向规模经营转变，政府放宽管制，促进土地流转。政府通过政策诱导、法律保障、经济扶持，在农民自愿的基础上推动农地的买卖和租赁，特别是加强农地立法使使用权和所有权在市场中自然分离。《农业基本法》（1961）以"培育自立经营与促进协作"，使"自立农户"充分就业，获得与城市产业工人相当的收入。1970 年修改《农地法》废除获得农地权利的最高面积限制；放宽资格认可条件，鼓励小农个体之外的经营实体参与农业经营；改革租用制度，取消农地委员会对土地出租管制，解除土地租金的最高限制。这一改革确立了农地流转制度改革的基本方向和制度基础。20 世纪 70 年代开始实施农业人养老金制度（只要将农用地经营权转让给农业后继者或第三人就可获得经营转让养老金），推动了土地流转，也促进了经营者的年轻化。1980 年出台了"农地三法"，即《增进农用地利用法》《农地法》的部分修改法案及《农业委员会法》的部分修改法案。通过土地产权权能的分离促进土地流转，扩大经营规模。20 世纪 90 年代后，通过制定《粮食、农业、农村政策的新方向》《农业经营基础强化法》《农用地利用增进法》，进一步明确土地规模化利用、促进

---

[1]　参见熊红芳：《美国日本农地流转制度对我国的启示》，《农业经济》2004 年第 11 期。

使用权流转的制度目标。①

法国农地流转制度有两个特点，一是培育了较为成熟的市场中介组织。如土地整治和农村安置公司，作为中介组织去收购和转卖。二是以完善的法律法规及政策为保障，规范了农地流转双方的权利和义务，降低了谈判和履约的成本。《农业指导法》（1960）鼓励"发展适应现代化技术和能充分利用劳动力以及经营资本的中等家庭农场。"1962年颁布《补充农业指导法》，成立土地整治与农村安置公司负责收购小片土地，以优惠价格卖给大农场，并通过租赁加速土地集中。政府对中等农场在土地购买、贷款和税收上给予优惠。法国还设有土地市场管理机构，负责管理土地转让和租契。在英国，政府制定政策支持大农场的发展，排挤合并小农场。1967年修订的《农业法》规定，对合并小农场，政府提供50%的费用。

此外，各国（地区）对农产品差价补贴的数额也以农场的播种面积和销售数量为依据，促成了自营农场的规模化和商业化。俄罗斯农地流转制度的确立，明晰了土地产权，为土地利用行为效益最优化提供了制度保障。2002年6月，国家杜马通过的《农用土地流通法》首次在法律上允许并规范了农地流转，规定了农地流转的具体特点，特别是规定土地份额如何从共有产权中划出的具体操作程序，使公民和法人土地权利的自由流转的真正操作成为可能②，在一定程度上改变了农地"流通难"的局面。

（四）农地征收制度

大多数国家都建立了土地征收制度。在因为农地基础设施建设、城市建设发展或其他永久性投资的需要而征地的情况下，农民必须为大局作出让步，但是政府必须提出征收的充分理由及不低于市场价格的足

---

① 参见施润：《国外农地法律制度改革及其启示》，《公民与法》2011年第1期。
② 参见龚兵：《俄罗斯土地权利研究》，博士学位论文，黑龙江大学，2013年，第79页。

额补偿。发达国家的征地制度历经较长时期的改革和发展，形成了比较成熟和合理的征地制度。

1. 土地征收必须符合公共利益

各国立法中明确规定征地目的仅限于"公共使用"，防止征地时被各级政府滥用。在美国，政府基于公共利益，且根据市场价格给予原土地所有者补偿，有权征收土地。各州对征收权的限制并不相同。马里兰等三个州只是在程序上对征收权进行了限制。对征收权限制最为严格的是佛罗里达州等五个州，他们既禁止以经济发展为目的的征用，又禁止以改造贫民窟为目的的征收。美国政府行使土地征用权利有严密的程序，必须征得社区成员的首肯。加拿大也规定征地的目的必须为公共利益服务，征地范围限制在为公众服务的交通、能源、水利、环境保护、市政建设及文物遗迹保护、学校、医院、社会福利等。日本《土地征用法》规定，重要的公共事业如道路、公园、堤防、港湾等建设项目，可以运用征地制度。

由于政府征收土地的行政成本高昂，许多国家城市建设和开发的绝大部分用地不是通过征收途径，而是由开发商与土地所有人自愿交易、协议谈判完成的。只要在区划和法律的范围内，政府并不干涉。政府只是土地公平交易的监督者，土地价格由市场调节。①

征地必须符合公共利益，但公共利益不能成为侵占个人利益的理由。美国重视农地所有者的土地权益。政府极少动用征地权，减少了农民与政府的冲突。即使动用了征收权，法院凭借公平补偿和正当的法律程序条款制约了政府权力的滥用，既维护了农地所有者的权益，又使个人利益与公共利益融成有机的统一，保障每个人都过上有尊严的生活。台湾土地改革中实行的"三七五减租"、公地放领，也体现了对农民利益的关怀，至少在客观上如此。

---

① 参见陈桂棣、春桃：《中国农民调查》，人民文学出版社 2004 年版，第 3—5 页。

2. 以市场价格为基准，确定科学合理的征地补偿标准

为了充分考虑土地所有者的利益，大多数国家（地区）以市场价格为参照，制定了合理的征地补偿标准和范围。德国的征地补偿，包括土地或其他标的物损失补偿，营业损失补偿和征用标的物上的一切附带损失补偿。英国的征地补偿，包括土地（包括建筑物）补偿，残余地的分割或损害补偿，租赁权损失补偿，迁移费、经营损失等干扰的补偿和其他必要费用支出的补偿（如维权费用等）。日本的征地补偿包括征用损失补偿、通损（即附带性损失）补偿、少数残存者补偿、离职者补偿、事业损失（如造成污染带来的损失）补偿。

美国和英国的征地补偿不仅补偿被征土地现有的价值，而且考虑土地的发展权。土地发展权就是变更土地用途的权力，它可与所有权分开并单独处分。① 土地发展权制度为美英首创，目的是保护农地和自然环境，维护公共利益。资源有限性和需求无限性的矛盾，与土地私有相关联的垄断、投机、不公平日益成为社会经济运行的障碍。土地私有权也受到越来越多的控制。在美国，土地发展权的运行有两种形式：转移和征购。土地发展权转移就是土地所有者（国家或个人）将土地发展权转让出去，受让人由此获得土地发展权并支付对价。受让人将购得的土地发展权与自己已有土地的发展权进行累加，可以对自己拥有的土地进行额外的开发。而土地发展权征购是由各州及地方政府用公共资金从土地所有者手中购买土地发展权。美国一些州的城郊农地发展权被政府所购买。这种农地仍可照常使用，但不得转为非农用地。英国土地发展权制度的出发点在于对土地开发进行合理控制和有效管理。1947 年英国颁布《城乡规划法》，实行土地发展权国有化。② 私有土地性质不变，

① 参见刘国臻：《论美国的土地发展权制度及其对我国的启示》，《法学评论》2007 年第 3 期。
② 参见刘国臻：《论美国的土地发展权制度及其对我国的启示》，《法学评论》2007 年第 3 期。

国家掌握变更私有土地用途的权利。任何人变更土地用途，均须向政府申请购买发展权以取得规划许可。[①] 复杂的土地强制购买程序保证了强制购买权的慎重使用，而平等协商和合理补偿则保障了被征地者的合法权益。

3. 以严格的征地程序保证土地的合理征收及土地权利人的合法利益

严密的征地程序应当包括严格限制自由裁量权，积极听取被征地者意见，被征地者有权提出异议，并可诉请司法机关按照法定程序审查作出最终裁决等。各国都设置了严密的征地程序。日本规定征地必须采用具有透明度的申请、听取意见、审批、发布公告、通知、裁决等程序。在澳大利亚，征地必须向部长申请并获得批准，以政府公报的形式发表公告声明征地的位置和目的。被征地者参与征用过程，可以提出异议，提请诉讼，由联邦法院最终裁决。

我国现行的农地征收补偿制度很不完善。征地补偿价格过低、补偿分配不合理、征地程序不规范、失地农户的安置以及征地过多过滥等问题，已经严重影响我国社会和谐与稳定。因此，在征地问题上，要借鉴以上国家的经验，妥善处理个人利益与公共利益的关系，不能因为公共利益而损害个人利益。

三、政府在农地制度改革中的作用

各国（地区）政府是农地制度改革的主体。他们提供有效率的产权制度并适时变革产权制度，以适应农村发展对农地制度变革的需要。

（一）支持和保护农业发展

由于农业的弱质性和农业资源的稀缺性，西方国家在进入工业化中期以后，基于保障粮食安全等考虑，无不变工业化初期的农业支持工业为工业反哺农业的政策，形成了较为完备的农业支持保护体系。主要

---

① 参见韦加庆：《国外土地制度变革对我国的启示》，《河北农业科学》2010 年第 6 期。

有如下几种形式。

1. 农业补贴制度

这是最常用也最有效的惠农政策。比如，日本《农业基本法》(1961) 实施最低保护价格、成本与收入补偿、农地整治补贴、水利建设补贴、农资利息补贴、机械设备补贴、基础设施建设补贴等一系列价格和补贴制度，帮助农民增收。在工业化完成后，通过财政补贴完成传统农业向现代农业的升级。如 1960 年农业预算为 1386.4 亿日元，到 1980 年已增加到 3.1 兆日元。欧美国家亦然。

西方国家的农业补贴分为直接补贴和间接补贴，具体形式又分为六种。一是生产费用补贴。主要是对购置农药、化肥、种子、农机具等生产资料进行补贴。这项费用占总费用的 50%—70%。第二次世界大战后，英国加大农业基础设施投资和补贴力度。德国给予大农场生产投资补贴。

二是信贷补贴。国家通过银行向农民提供低息或无息贷款，其贷款利率差额由政府补贴银行。比如，20 世纪 80 年代中期，日本农民年均低息贷款的补贴额达 15000 亿日元；美国政府对低收入农户的农产品储存和农业生产提供低息贷款，仅 1992 年就有 5.6 万户农户接受了 23 亿美元的低息贷款；法国对农户长期提供优惠贷款，20 世纪 70 年代中期的贷款总额就高达 90 亿法郎；英国为购买牲畜、土地和建造农场设施等提供中长期贷款；德国也从 20 世纪 50 年代起对落后农区采取投资补贴、拨款、农产品价格支持、低息贷款等措施。[1] 依法强制整理土地，将零散土地连接成片，以低息贷款鼓励农户购买相邻地块，扩大农地规模，鼓励农户迁往人烟稀少地区建立大规模新农场。

三是目标支持价格补贴。市场价格低于预先规定的保护价时，政

---

[1] 参见林凤：《国外农村建设的基本经验及其对我国建设社会主义新农村的启示》，《经济研究参考》2006 年第 73 期。

府即按保护价收购农产品。比如，日本的价格支持政策包括成本与收入补偿、最低保护价、价格稳定带、价格差额补贴和价格平准基金等制度。[①] 为了防止跨国公司对小农的冲击，日本还建立了农业超级保护体系，对外采取进口壁垒和进口配额的保护政策，对内采取高价收购粮食的政策，其价格高出国际市场的6—8倍，其中大米的价格更是高出国际市场数十倍。又如，韩国对国内市场进行超级保护，对农产品征收高额关税，避免国际农产品对农业的冲击。韩国的粮价是国际市场的2.4—2.6倍。再如，美国《农业调整法》（1938）强制对农产品进行价格支持，覆盖2/3左右的农产品；《农业法》等法规为非基本农产品提供强制价格支持。[②] 欧盟也对农业实行价格补贴，对农民的所有农产品都按明显高于国际市场的保护价统收统购。德国按"保证价格"收购农产品。

四是限产与休耕补贴。为了避免农产品的积压，限制某些农产品的种植面积和总产量，政府以较高租金租回相应的土地，用于休耕或实施土壤保护。美国就对农业生产实行休耕补贴。

五是基础设施建设补贴。比如，美国的中小型农业灌溉设施一般由农场主投资建设，政府提供一定的资助；日本政府对农田基本建设的补贴超过90%，农民只承担其中5%—10%的费用；欧盟为购置大型农业机械、兴修水利工程等项目提供25%的资金，另外的75%由各成员国政府解决。[③]

六是对生产者的直接补贴。比如，美国《农业安全与农村投资法案》（2002.5）增加对农业的补贴，尤其是增加对农民的直接定额补贴。再如，日本于2000年出台了对山区、半山区农户的直接支付制度，补贴标准为与平原地区生产成本差额的80%，农户每户每年可享受上限

---

① 参见曹卫东、李秀丽：《工业反哺农业的国际经验及我国的政策选择》，《学习论坛》2007年第6期。
② 参见高红梅：《工业反哺农业的国际经验及其借鉴》，《河南农业》2011年第2期。
③ 参见曾健民：《发达国家农民增收政策及效果评价》，《经济纵横》2002年第7期。

为 100 万日元的补贴。①

2. 对农业予以税收优惠

各国（地区）对农业实行税收优惠政策。其一，统一城乡税制，不对农业单独设立税种。其二，其他税种延伸至农业时，对农业也实行倾斜和优惠：对所得税实行"扣除"；对增值税实行全免税或低税率；对土地税、遗产税也有优惠。比如，美国在征收个人所得税和企业所得税时，规定农业生产者有权选择现金收付记账法，将其当年的农资支出计入成本，而赊购所获得的收入则在收回货款之前不纳税；大多数农产品在销售时都被归入税率较低的"资本"项目（税率为 8%—28%）而非"产品"项目（税率为 15%—39.6%）。再如，法国在征收增值税时，除了对农产品适用 17.6% 的基本税率或 7% 的低税率之外，允许那些年收入 30 万法郎以下的纳税人选择是否缴纳增值税。② 德国也给予农林食品业税收优惠。此外，发达国家还对农产品实行关税保护政策。进口本国不生产的产品，免关税；而进口本国能生产的产品特别是优势产品，关税则高达百分之几百。比如，日本国内大米均价相当于国际市场的 8 倍，进口大米关税高达 490%。③ 以此增强自产大米的竞争力，保护粮农的利益。

3. 促进农业剩余劳动力的转移

刘易斯提出了二元经济理论，揭示二元经济结构一元化的关键是农业劳动力的转移。④ 发达国家在工业化过程中，都实现了大规模的农业剩余劳动力转移，从而提高了本国的农业现代化程度，实现经济结构的一元化。截至 20 世纪 70 年代，发达国家的农业就业人口在农民就业人口中的比重，大多数降到 10% 以下，其中英国为 2.6%，美国

---

① 参见课题组：《国外对农民实行直接补贴的做法、原因及借鉴意义》，《农业经济问题》2002 年第 1 期。

② 参见何菊芳：《公共财政与农民增收》，上海三联书店 2005 年版，第 218—219 页。

③ 参见叶堂林：《新时期我国农业保护问题研究》，《求索》2004 年第 11 期。

④ 参见［美］刘易斯：《二元经济论》，施炜等译，北京经济学院出版社 1989 年版，第 149—169 页。

为 3.9%，加拿大为 6.7%，法国为 10%，日本为 13.8%。① 另需指出的是，欧美发达国家农业劳动力占比下降是一个长期的过程。比如，农业人口比重由 70% 左右下降到 20% 所用的时间，日本为 83 年（1887—1970），美国为 90 年（1820—1910），法国为 99 年（1866—1965），瑞典为 110 年（1840—1950），丹麦为 159 年（1801—1960）。② 虽然各国转移农业剩余劳动力的具体模式不同，比如有强制转移型的英国模式、自由迁移型的美国模式、政府主导型的日本模式等，但有一个相似的特征，即政府干预的强化。比如，美国 20 世纪 60 年代立法规范农业人口转移，先后颁布了《人力发展与训练法》（1962）和《就业机会法》（1964）。前者向家庭收入不足 1200 美元的农户及农村青年、妇女提供教育和培训服务，以提升其就业竞争力。后者则推动实施农村一体化的发展计划，包括政府援助兴建就业服务设施、成人教育设施和医疗服务设施等。③ 又如，日本政府为了促进农业劳动力的转移，也采取了促进农地流动、扶持自立经营农户、发展农业合作事业、教育培训劳动力等政策措施。④ 为促进工农、城乡的协调发展，日本《农村地区引进工业促进法》（1971）确立了农村引进工业的目标，规定 1971—1975 年在城郊建成销售总额为 9 万亿日元的工业区，吸纳 100 万劳动力，其中 60% 来自农村。截至 1975 年 8 月全国已有 813 个城镇实施了这项计划，建成了机电、汽车、机械、服装等加工、组装等劳动密集型工厂 686 家，吸纳了大批劳动力就业，其中农村剩余劳动力居半。⑤ 快速发展的

① 参见张兴华：《从国外经验看中国劳动力转移的战略选择》，《经济研究参考》2004 年第 81 期。
② 参见戎殿新、司马军：《各国农业劳动力转移问题研究》，经济日报出版社 1989 年版，第 149 页。
③ 参见李鹏、谭向勇：《农业劳动力转移的比较及借鉴》，《世界农业》2006 年第 3 期。
④ 参见李少元：《国外农村劳动力转移教育培训的经验借鉴》，《比较教育研究》2005 年第 7 期。
⑤ 参见李仙娥、王春艳：《国外农村富余劳动力转移几种模式》，《农村工作通讯》2006 年第 3 期。

工业改变了农村产业结构和就业结构。

(二) 强化农业基础设施建设

加强农业基础设施建设，是农业发展的物质前提。各国（地区）大多通过公共财政、发行债券等形式，加大对农业基础设施的投入力度，并通过对农村基础设施的改造来建设新农村和改善农民生活。日本就是这方面的典范。日本先后两次推进新农村建设。1956—1962年年底第一次新农村建设期间，加大农业投入，通过土地平整、水改旱、水田排灌化，特别是修建农村道路，改善了农业基础设施，优化了生产环境和物流环境。据农林水产省统计，1955—1962年农业总产值由16617亿日元增至24381亿日元，增幅高达46.7%，户均纯收入也增长了47%。而1967—1979年第二次新农村建设期间，日本制定实施了"经济社会发展计划"。据统计，农业生产总值由41661亿日元增加到115640亿日元，增幅高达177.6%；农民人均收入从1973年起就超过了市民，1979年户均纯收入已达533.3万日元，比城市工薪家庭高出12.7%。[①] 又如韩国，在1970年之前，农业基础设施非常落后。政府顺应民意，启动了新村运动，加强基础设施建设，建设农村公路、修路架桥、修筑河堤、修小规模灌溉工程、整理土地等，改善了农业生产环境。从1970年11月到翌年7月，村均免费投放300多包水泥，全国33000个村庄第一年水泥的发放总量大约为40万吨（价值215亿韩元，折合1000万美元），用于村里的基础设施或公共事业。[②]1971—1981年，国民生产总值从90亿美元上升到668亿美元，人均产值从1971年的227美元增至1977年的1012美元、1981年的1734美元、1987年的3110美元。1970—1987年间，韩国经济增速

---

① 参见刘志仁：《日本新农村建设的启示》，《北京观察》2001年第7期。

② 参见于恒魁、王玉兰：《韩国新村运动对我国社会主义新农村建设的启示》，《广东行政学院学报》2006年第4期。

居世界第二。① 新村运动使农业生产基本实现了粮食自给，村容村貌得以改观。在中国，长期以来农户独自经营使得水利、道路和防洪抗旱的公共设施失修，与政府对公共基础设施的投入缺位有关。② 在揭阳农村调研中，对"在农业生产中面临的主要困难"的回答，10% 的受访户认为是水利设施不完善，导致缺水和防涝的困难。9.35% 的受访户认为是交通不便。很多农业基础设施超期服役，严重老化。理论上统分结合的承包经营，实践中却只分不统，导致农业基础设施的破落。我们必须借鉴日、韩等国的经验，增加农业基础设施的投入，尽快改变这种被动状况。

(三) 积极发展农业社会化服务体系

农民合作经济组织是农民联合自救组织，它不仅有助于维护农民的利益，而且在促进农业发展、落实政府的农业保护政策、缓解社会矛盾等方面也发挥着积极的作用，因而得到西方国家普遍的认同和支持。各国均对农民合作经济组织予以法律保护、财政资助、税收优惠等方面的扶持。农民合作经济组织与农民的联系密切，成为农民最主要的组织和经营渠道。在多数欧美国家，绝大多数农民都参加合作社。比如，荷兰的大部分农民至少同时参加 3—4 个合作社，农民收入的 60% 以上通过合作社实现；法国 90% 的农民参加合作社；在丹麦，几乎达到 100%；在美国，每 6 个农场主中就有 5 个参加购销合作社，每个入社农场主平均参加 2—3 个购销合作社。③

各国 (地区) 的农民合作社数量庞大，在农村经济社会中扮演着重要角色。美国的农民合作社非常活跃。农场局是农场主的维权组织，

① 参见于恒魁、王玉兰：《韩国新村运动对我国社会主义新农村建设的启示》，《广东行政学院学报》2006 年第 4 期。

② 参见孙迪亮：《改革开放以来中国共产党的农民物质利益思想研究》，博士学位论文，曲阜师范大学，2012 年，第 40—41 页。

③ 参见胡宗山、付强：《国外农村合作社：历史、经验与借鉴》，《社会主义研究》2006 年第 5 期。

它在土地立法和政策制定乃至整个农业经济中发挥着特殊的作用；由公众活动家组成的城堡联盟为制止政府滥用征收权无偿地为农户和小型企业主提供帮助；① 民权律师事务所、正义研究所帮助被征地人打赢了许多征地官司。② 地处东亚的日、韩及中国台湾的社会支持也有不俗的表现。在日本众多的农民合作社中，影响力最大的是农协（即"农业协同组合"）。99%以上的农民加入农协。农协既是企业，又是非营利性的群众团体。资料显示，农民71%的生产信息和59%的生活信息来自农协，90%的生产资料购买和80%的农副产品销售通过农协实现。③ 而在韩国，农民合作社也立下了汗马功劳。农民合作社在农村的资金融通、农产品加工与销售、工业品的购买、公共设施建设、社会保障、农民的教育与指导以至农地流转、融资等方面发挥了重要作用。在中国台湾，农会和"农地购置基金"贷款也促进了土地所有权的转移和合并，在一定程度上扩大了自耕农耕地面积。

各国（地区）农民合作社不仅向农民提供经济社会服务，还兼具一定的政治功能，即影响政府的农村政策并使之朝着益农的方向发展，从而为农民赢得增量的社会收益。日本农协就是这样的一个农民合作社，它不仅是经济组织，而且兼有协助政府贯彻农业政策和代表农民向政府建议（施压）的双重职能，因而也是政治团体。在从中央到地方的各级议政活动中，农协作为农民的代表，通过各种途径反映农民的诉求。政策一旦背离民意，农协便通过上层交涉、农民运动、政府工作监督等形式向政府、政党乃至议会施压。④ 各国的做法虽不宜照搬，但农民合作社与农民同心、对农民负责、为农民谋利的态度和精神则是值得

---

① http：//castlecoalition.org/index.php？option＝com_content&task＝view&id＝45&Itemid＝14.

② http：//ij.org//index.php？option＝com_content&task＝view&id＝566&Itemid＝192.

③ 参见曾志勇、崔义中：《台湾农地改革对解决我国"三农"问题的启示》，《生产力研究》2005年第9期。

④ 参见刘志仁：《日本农协在政策执行中的作用》，《经济研究参考》1996年第1期。

我们学习的。① 以此为鉴，我们必须着力培育代表农民群体权益的民间组织，让组织起来的农民有表达利益诉求的渠道。

各国（地区）政府在农地制度改革中的积极作用值得中国学习和借鉴。中国应当由政府主导确立政府、农民和企业三者之间合理均衡的收益分配关系。针对农民弱势的现实，政府有义务采取诸如社会保障、免费培训、促进就业等形式消除农民的后顾之忧；针对企业采取发展资本、利用资本、节制资本等措施促进经济的平稳发展。把市场这只"看不见的手"和政府这只"看得见的手"密切结合起来灵活运用，促进经济全面协调可持续发展。

各国（地区）农地制度改革经验给我国农地制度改革提供了有价值的启示。我们可以有针对性地学习其做法，借鉴其经验。当然，我们对各国（地区）的农地制度必须有正确的认识。各国（地区）改革的历史背景不尽相同，趋向也不一定正确。我国实行社会主义土地公有制，特别是还存在人多地少的矛盾，社会主义市场经济还不够成熟。因此，各国（地区）的改革经验只能为我国农地制度建设提供借鉴和参考，切不可全单照录，否则就会落个东施效颦，南橘北枳，给国家和社会造成损失和危害。我国农地制度的创新和完善必须立足于自己的国情，立足于农村的现状、农业的可持续发展和广大农民的根本利益。

---

① 参见孙迪亮：《改革开放以来中国共产党的农民物质利益思想研究》，博士学位论文，曲阜师范大学，2012 年，第 44—47 页。

第三章　新时期农地制度改革的内容和特点

中国农村改革是从实行农地家庭承包制开始突破的。家庭承包制是当代中国农地制度运行的基本形态，是新时期农地制度的核心。它是由农民创造的、经历了是非之争，自 1982 年以来在中央政府的主导和规范下逐渐形成并不断发展、完善和创新的。实行家庭承包制，突破了高度集中的计划体制，重新明确了农村经济的利益主体和微观基础，引发了一系列的变化，包括指导思想的与时俱进、政策的突破与创新、法制的逐步健全，从而形成我国农地制度改革的基本理论，为农业和农村经济的发展夯实了制度基础。

第一节　农地制度改革的框架体系

我国农地制度改革通过农户替代生产队成为农业生产经营决策的基本单位，在不改变农地集体所有制属性的前提下，赋予农户对农地的使用权、收益权和转让权等权能，为农业生产的发展、农民收入的增长和农村社会的稳定奠定了制度基础。我国农地制度改革的时机、动因、目标和形式等要素构成了我国农地制度改革的框架体系。

一、改革的时机

农地制度改革能够顺利起步，从改革时机来看，是一系列重要因素孕育和促成了农村改革的率先突破。第一，"四人帮"的倒台和"文化大革命"的结束加速了人心思变。决策层支持"实践是检验真理标准"的讨论，从而在全社会形成了宽松的政治环境和寻求突破旧体制的改革共识，使改革的实践者、参与者和学术界都从传统政治体制的意识形态的禁锢中解放出来，勇于探索农地制度改革之路；第二，农村经济是当时国民经济中最薄弱的环节，在城市改革遭遇瓶颈的情势下，农村改革最容易突破；第三，人民公社体制长期低效率运行，导致农业的停滞、农村的凋敝和农民的贫困，国民经济的基础非常脆弱；第四，农村改革能够多方共赢、惠及全体，从而在最大程度上获得了政治上的广泛支持。在社会寻求变革的政治氛围下，决策层与农民群众通过上下结合的互动方式，达成了推动农地制度改革的共识。于是，以家庭承包制为基础的农地制度改革水到渠成，在全国范围内迅速普及。

二、改革的动因

对于这次自下而上继而又被中央自上而下向全国推广的农地改革的动因，经济学家们各抒己见。普遍认为，根本原因是激励和监督双重缺失导致"三级所有，队为基础"的人民公社农地体制的效率低下。首先，平均主义缺乏有效激励。"工分制"按照社员的性别年龄和出工的次数和天数核定工分，对"搭便车"鞭长莫及，束手无策，既没有效果评价，也没有勤懒奖罚，严重挫伤社员的劳动积极性。其次，自由受到限制导致消极抵制。在高级社和人民公社时期，农民被强制加入人民公社且不得退出，不再拥有互助组和初级社时期的进出自由。因此，农民以消极怠工的方式抵制正常的农业生产。最后，劳动监督不完备导致效率低下。林毅夫认为，大集体制的农业劳动通常在广阔而分散的土地上进行，农业生产完全只能奢望社员的自觉或者社员之间的相互协作监督，难以实施有效的监督。

三、改革的目标

关于改革的目标问题，应从农民和国家这两个层面来考察。农民最直接的目标就是要吃饱饭，解决生存问题；然后才是维护土地权益，解决发展问题。对于农民首创并有全面推动的改革之势，中央决策层顺势而为，抓住契机解决农业生产激励不足和监督失灵的问题，从而推进了农地制度改革的进程。

我国农地制度发展改革是渐进式的改革，因而农地制度改革的具体目标也具有明显的阶段性。在改革初期，"充分发挥集体经济的优越性，调动社员的社会主义积极性，加快农业发展速度"，是建立健全生产责任制的根本出发点。[①] 此后的中央文件表述，"生产责任制的建立，不但克服了集体经济中长期存在的'吃大锅'弊病，而且通过劳动组织、计酬方法等环节的改进，带动了生产关系的部分调整，纠正了长期存在的管理过分集中、经营方式单一的缺点，使之更适合于我国农村的经济状况"。"这样才能充分调动社员的积极性，提高土地利用率，并体现按劳分配的原则"[②]。由此可见，改革初期的目标：首先是改革经济管理体制，发挥经济活力；其次是改变劳动组织形式和计酬方式，充分调动农民的积极性，克服激励不足和监督失灵，从而提高劳动效率；最后是改革农业经济结构，充分利用有限的耕地。

1984年中央1号文件《关于1984年农村工作的通知》明确提出，"延长土地承包期，鼓励农民增加投资，培养地力，实行集约经营"。改革目标明显前进了一步。1986年6月通过的《土地管理法》提出了"加强土地管理，维护土地的社会主义公有制，保护开发土地资源，切实保

---

① 参见《关于农村工作问题座谈会纪要》1979年4月3日中共中央批转。
② 《全国农村工作纪要》1982年1月1日中共中央批转。

护耕地，适应社会主义现代化建设的需要"的立法目的，它用法律条文概括和集中地表达了这一阶段农地制度改革的目标。

党的十四大提出"建立社会主义市场经济体制"的改革总体目标以后，农地制度改革目标有了新的拓展。这集中体现在党的十五届三中全会提出的《关于农业和农村工作若干重大问题的决定》。第一，建立适应社会主义市场经济体制的农地制度。《决定》指出，"基本建立以家庭承包经营为基础，以农业社会化服务体系、农产品市场体系和国家对农业的支持保护体系为支撑，适应发展社会主义市场经济要求的农村经济体制"①。第二，合理开发利用有限的农地资源，促进社会经济的可持续发展。《决定》认为，"稳定承包关系，才能引导农民珍惜土地，增加投入，培肥地力，逐步提高产出率。"第三，促进社会政治稳定。《决定》强调稳定土地承包关系"才能解除农民的后顾之忧，保持农村稳定"。"稳住了农村这个大头，就有了把握全局的主动权。"显然，农地制度改革的目标是多元的。

四、改革的形式

20 世纪 80 年代初全国各地实行的各种农业生产责任制形式，主要分为联产和不联产两类。不联系产量的责任制主要是过去传承下来的小段包工、定额计酬的方法。联系产量的责任制包括联产计酬，专业承包，联产到组、到劳和包产、包干到户这几类。家庭承包制改革主要有三种形式，就是其中的包工到组、包产到户和包干到户。

包工到组责任制。在生产队统一计划、统一经营和统一核算的前提下，生产队将规定的时间、质量要求和作业量包给作业组，并根据承包者完成任务的情况给予奖惩。包产内的产量交生产大队统一分配。由于对工作的数量、质量、时限、报酬和奖罚已有明确规定，而且作业组

---

① 《十五大以来重要文献选编》，人民出版社 2000 年版，第 558 页。

可以自愿组合，内部分工可以细化，包工到组能够减少劳动监督费用，有利于简化农业生产核算过程。《关于加快农业发展若干问题的决定（草案）》肯定了"在生产队统一核算和分配，不搞分田单干的前提下，可以按定额记工，可以按时记工加评议，也可以实行包工到作业组，联系产量计算劳动报酬，实行超产奖励"的责任制。

包产到户责任制。把规定了产出要求的土地包给农户经营，包产部分全部交给生产队，超产部分全部或部分留给承包户。包产到户责任制下生产资料仍归集体所有，生产队负责统一指挥、统一经营，它与包工到组的区别在于，承包主体和核算单位由原来的"作业组"缩小为单个"承包户"，作业形式由承包农业生产的某个环节扩展到整个过程。这样就避免了劳动度量、监督等难题和"搭便车"行为，但难以解决计算和找补等实际问题。

包干到户责任制。这是最简单、最有效的责任制形式。它按人口或按人劳比例将土地发包给农户经营；农户按承包合同完成国家税收、农产品统派购或合同定购任务，并向生产队上缴提留，用作公积金和公益金等，余下的产品全部归社员所有。包干到户和包产到户的最大区别是取消了生产队统一分配。农民不再按工分分配，而是实行"大包干"，"上交国家的，留够集体的，剩下全是自己的"，克服了生产队体制的弊端。包干到户在解决劳动激励问题上的彻底性，使其在较短时间内就发展成为家庭承包制最主要的形式。包干到户首次实现了土地所有权与经营权分开，把集体统一经营与承包户分散经营相结合，宜统则统，宜分则分，统分结合。农户成为一个相对独立的经营主体，并逐渐向自主经营、自负盈亏的市场主体转变。

第二节　农地制度改革的历史演进

在中央政府的领导下，以"包产到户"为主要形式的生产责任制冲破重重樊篱，在全国迅速铺开，进而创建了农地集体所有家庭承包经营制度。从农地的集体经营逐步过渡到家庭承包经营，从家庭承包经营基本制度的确立，到在家庭承包基本制度框架下实现农地经营使用制度形态的创新，新时期农地制度改革主要经历了三个阶段。

一、突破传统体制　逐步确立家庭承包制（1978—1983）

党的十一届三中全会开启了农地家庭承包经营制度的变革。农地制度开始从单纯集体所有、集体经营向集体所有、家庭经营的使用权与所有权两权分离的基本形态转变。农地经营方式的改革经历了生产队—不联产责任制—联产责任制—包产到组—包产到户—包干到户，从贫困山区和边远山区到平原地区和经济相对发达地区次第展开，最终在全国普遍确立了包产到户、双层经营的家庭承包制。其间，中央的态度也经历了由不允许、例外允许和小范围允许到积极支持全面推广的过程。到1983年底，全国实行"双包"（包产到户、包干到户）的生产队达576.4万个，占生产队总数的97.8%。

（一）包产到户仍不被允许（1977—1979.2）

改革开放前，人民公社的"三级所有，队为基础"的农地制度虽然实现了"公有"，并从表面上消除了两极分化和贫富差距的根源，但由于不能实现农民的劳动投入与利益分配的结合，制约了农民生产积极性的发挥，导致了经济的长期停滞和农民的整体贫困。这种集体所有、统一经营的农地制度，成为农村社会经济发展的主要障碍，这就产生了制度变迁的内驱力。农村发展步履维艰，贫困山区和边远山区的农民绝处求生，悄然无声地开始了包产到户的尝试。

1978年农地经营制度的变革是以往农民反对集体所有统一经营、尝试"包产到户"努力的延续。这种努力一共有六次，前五次发生于浙江、四川、山西、安徽、河南、四川、安徽、广西、云南、贵州、福建、江西、广东等地。这些地区都具备了农地制度改革的三个基本条件。其一，人民公社农地制度对农业生产力的破坏已危及农民生存；其二，农村是计划经济的薄弱环节，改革容易突破；其三，乡村精英与普通农民的利益一致，都不支持人民公社制度。①

安徽、四川和广东三省率先支持了农民的自发制度创新。1977年11月安徽省《关于当前农村经济政策几个问题的规定》，允许生产队实行定任务、定质量、定工分的责任制，只需个别人完成的农活可以责任到人。这是粉碎"四人帮"以后全国首份生产责任制的文件。翌年2月，四川省也提出了"放宽政策""休养生息"的方针，制定了《关于目前农村经济政策几个主要问题的规定》，允许和鼓励社员经营少量的自留地和家庭副业，特别是肯定了"定额到组、评工到人"的做法。《人民日报》于2月和6月分别对上述两省的农村改革情况作了报道并给予支持。②1978年4月，广东省公布了《关于减轻生产队负担的规定》。同年11月，安徽省凤阳县小岗村18户农民自发实行"大包干"的尝试启动了新一轮农地制度改革。各地的探索冲破了党在农业领域"左"的政策樊篱，为后来正确的农地政策的出台奠定了基础。

面对农村的凋敝和农业的衰退，决策层也思考着变革。针对各地自留地政策实施不稳定的状况，十一届三中全会公报指出："社员自留地、家庭副业和集市贸易是社会主义经济的必要补充部分，任何人不得乱加干涉。"③ 从此，各地自留地政策的实施渐入正轨并且呈明显的增长趋势。十一届三中全会提出了当前农业发展的一系列政策措施，并同意将《关于加快农业发展若干问题的决定（草案）》和《农村人民公社工作条例（试行草案）》两个文件下发讨论和试行。《决定》虽然肯定了

---

① 参见赵光南：《中国农地制度改革研究》，博士学位论文，武汉大学，2011年，第127—128页。

② 参见陈和午：《中国农村土地制度改革30年：政策回顾与展望》，载《纪念农村改革30周年学术论文集》，中国农业大学出版社2008年版，第129页。

③ 《十一届三中全会以来重要文献选读》（上），人民出版社1987年版，第8页。

"在生产队统一核算和分配，不搞分田单干的前提下，可以按定额记工，可以按时记工加评议，也可以实行包工到作业组，联系产量计算劳动报酬，实行超产奖励"的责任制，但仍然强调"不许包产到户，不许分田单干"。这种矛盾的认识与当时"农业学大寨"的政策背景相关，也因为《宪法》（1978.3）上"三级所有，队为基础"农地制度并没有改变，所以仍不能违宪。

（二）包产到户被例外允许（1979.3—1980.2）

1979年中央政策开始放宽。《关于农村工作问题座谈会纪要》（1979.3）和《关于加快农业发展若干问题的决定》（1979.9）两个文件都规定"不许包产到户，一律不能分田单干"或"不要分田单干。除某些副业生产的特殊需要和边远山区、交通不便的单家独户外，也不要包产到户"。《决定》将以往的"不许"改为"不要"。这一变更突破了传统的政策框架，农地经营制度上的禁区开始被打开，为后来包产到户的推广奠定了基础。①

虽然中央文件仍持谨慎态度，但农民探索包产到户的热情势不可当。到1980年1月，全国实行生产责任制的生产队已占84.7%。实行"双包"的虽然还不到1%，安徽省到1979年底也只达到10%，但由于增产显著，加上党的解放思想、实事求是思想路线的鼓舞，到1980年春，在一些落后地区和边远地区发展较快。这一时期社会上也对包产到户产生质疑甚至上升为路线之争。在全国农村人民公社经营管理会议上，"是否允许包产到户"再次引发热议。安徽省代表介绍了联产责任制的实践经验。但多数代表仍然不敢突破中央文件的规定。

（三）包产到户被小范围允许（1980.3—1981.11）

就在政策与实践矛盾对立之际，邓小平以其政治家的远见卓识和

---

① 参见肖芳：《中国现行农村土地制度缺陷与未来路径选择》，硕士学位论文，曲阜师范大学，2008年，第8页。

求真勇气站了出来。1980 年 4 月，他赞成了姚依林、杜润生等"在贫困地区搞包产到户"的建议。虽不让登报上文件，知者不多，但坚冰终究被打破。在《关于农村政策问题》（1980.5）的讲话中，他支持了万里的做法，赞扬了安徽省肥西县的包产到户和凤阳的"大包干"，指出："农村政策放宽以后，一些适宜搞包产到户的地方搞了包产到户，效果很好，变化很快。""有的同志担心，这样搞会不会影响集体经济。我看这种担心是不必要的。"① 邓小平的正式表态统一了人们的认识，促使中央政策发生了转向，推动了方兴未艾的农地改革。

《关于进一步加强和完善农业生产责任制的几个问题》（1980.9）允许边远山区和贫困落后地区以及"吃粮靠返销，生产靠贷款，生活靠救济"的生产队实行"双包"。这是中央明确表态支持包产到户的首个正式文件，它认为包产到户"已经没有资本主义复辟的危险了"②。1981 年10 月，在中央农村工作会议上，胡耀邦再次强调责任制的社会主义性质：包产到户，并未动摇农村集体经济。责任制用了"包"字本身就说明不是"单干"。土地是最基本的生产资料，坚持土地公有，只是"包"给农民，不是"分田"。

包产到户已取得了小范围内的合法地位。由于包产到户已是大势所趋，贫困落后地区的标准却难以界定，这样，包产到户便如燎原之势在全国迅速铺开。到 1980 年底，实行包产到户的生产队已占14.9%。③1981 年 7 月，提高到 32%。1981 年底，又迅速提高到 45.1%，如果加上实行部分包产到户和类似包产到户的生产队，这一比例则达到64.6%④。

---

① 《邓小平文选》第二卷，人民出版社 1994 年版，第 315 页。

② 《建国以来重要文献选编》第 18 册，中央文献出版社 1998 年版，第 409 页。

③ 参见《农业生产责任制的发展趋势》，《经济学周报》1982 年 1 月 1 日。

④ 参见陆学艺：《联产承包责任制研究》，上海人民出版社 1986 年版，第 63 页。

（四）包产到户的全面推广（1982.1—1983 年底）

1982 年第一个中央 1 号文件批转了《全国农村工作会议纪要》，首次在文件上明确肯定了"双包"的社会主义性质，指出它们"都是社会主义集体经济的生产责任制。"[①] 文件突破了"三级所有、队为基础"的体制框架，解决了大包干"姓资姓社"的原则问题，而且说明它"不同于合作化以前的小私有的个体经济，而是社会主义农业经济的组成部分"。文件显示党实施生产责任制的决心，不仅发展了农民与土地之间的关系，而且树立了解放思想的典范，为建立和完善社会主义初级阶段基本经济制度和社会主义市场经济体制进行了创造性探索。党的十二大对生产责任制给予充分肯定。1983 年中央 1 号文件高度评价了农民的这一创举，确认"双包"是集体经济的一个经营层次，是一种新型的家庭经济。这就从理论上肯定了家庭承包制"是在党的领导下我国农民的伟大创造，是马克思主义农业合作化理论在我国实践中的新发展"[②]。至此，中央政府在充分尊重群众首创精神和合理诉求的基础上，突破了思想桎梏，彻底走出生产责任制性质的误区，包产到户终于取得了合法的地位，以家庭承包制为基础的农地制度已经初步形成，农地使用制度改革进入全面迅速发展的阶段。"三级所有，队为基础"、政社合一的人民公社体制从 1983 年开始解体，到 1985 年连同农产品统购统销体制一并被废除而彻底退出了历史舞台。

家庭承包制以其蓬勃的生机吸引了广大农民投入实践。1983 年底，97.8% 的生产队实行"双包"，一年后这一比例上升为 98.9%（见表2–1）。家庭承包制在保留土地集体所有的前提下，实现所有权与使用权的分离，重构了国家、集体同农户的经济利益关系，取得了决定性的制度发展。从经营方式和分配方式来看，这种模式确认了家庭的承包经营

---

① 《三中全会以来重要文献选编》（下），人民出版社 1982 年版，第 1063—1064 页。
② 《十一届三中全会以来重要文献选读》（下），人民出版社 1987 年版，第 616—620 页。

主体地位，劳动成果不再按工分进行集体分配，农户的经营效果和劳动报酬直接挂钩，以承包土地的年均产量为基线，只要"交够国家的，留足集体的，剩下都是自己的"。这个"增量归农户"的合约克服了长期存在于土地经营管理上的过度集中、生产上的瞎指挥和分配上的平均主义的弊端，有效地调动了农民的积极性，大幅度提高了农业劳动生产率，改变了农村经济停滞的局面，奠定了解决温饱、走向小康的物质基础。

表 3-1　中国农地家庭承包制推进状况（1980—1983）

时间	生产队数量 / 占比	包干到户	包产到户	其他责任制	未实行责任制
80.1	生产队（个）	1087	49267	4020048	725498
	占总数（%）	0.0	1.0	83.8	15.2
81.6	生产队（个）	661663	994890	3937140	286085
	占总数（%）	11.2	16.9	67.0	4.9
82.6	生产队（个）	4040629	297517	1642987	46807
	占总数（%）	67.0	4.9	27.3	0.8
83.12	生产队（个）	5764000			27200
	占总数（%）	97.8			0.5
84.12	生产队（个）	5630000			2000
	占总数（%）	98.9			0.1

数据来源：农业经济资料（1949—1953）、中国农业年鉴（1984）、中国农业年鉴（1985），中国统计出版社。

二、土地承包关系的稳定和农地流转的探索（1984—2002）

1984 年中央 1 号文件《关于 1984 年农村工作的通知》延长土地承包期并首次允许农户经集体同意可以转包承包地给种田能手并获得适当的经济补偿，到 2002 年 8 月《农村土地承包法》颁布之前，这是巩固充实家庭承包制，稳定土地承包关系，探索农地流转的阶段。家庭承包制在得到逐渐巩固和充实的同时也暴露了频繁调地和细碎化经营的问题，直接影响了土地承包关系的稳定和农业生产效率的提高。作为应对，国家把土地承包期延长为15年以上，再到强调30年不变，进一步稳定土地承包关系，强化农户对土地承包经营权的完整性，政府的权能被削弱，农民的使用时间权重加强。一些地区也开始探索并出现了多种类型的新的农地承包经营权流转形态，努力挖掘和提高土地生产率，实现资源优化配置和制度激励。（农地流转是一个非常重要的问题，它既是农地制度改革的重要组成部分，也直接关乎改革成果的巩固乃至成败。对此后文将做详细论述。这里先予简述）

（一）延长土地承包期，稳定土地承包关系

为了强化农户土地承包经营权的完整性，确保农民对土地使用权有稳定的预期和足够的信心，国家不仅发布实施农地政策，而且及时制定或修改法律，使政策法律化。在宪法上确立了土地家庭承包经营的基本框架，并将土地承包期限延长至15年以上以至30年以上，农民的土地使用时间权重被强化。

（1）土地承包期延长至15年以上（1984—1992）

家庭承包制的实施使农户成为独立的生产单位，劳动者与生产资料结合起来，农民的积极性空前高涨，长期受压抑的生产力能量补偿性爆发，带来了20世纪80年代初期农业的跨越式增长和1984年的全国性农业大丰收。是年粮食达到了8146亿斤，棉花达到12516万担，其他经济作物也都达到了历史最高水平。然而，接下来的5年却出现农业生产遽然连年减产，徘徊不前。1985年农业总产值增长速度在上年12.3%的基础上骤然下降至3.4%；种植业产值则出现负增长，递减2%。[①]农业的波动使怀疑的眼光聚焦于这种"分田单干"式的家庭经营

---

① 陆学艺：《当前的农村形势和粮食问题》，《中国农村经济》1987年第12期；郭晓鸣、王新前、熊建勇：《中国农业：改革中的危机与危机中的突破》，《改革》1989年第6期。

制度，调整土地政策的呼声鹊起。或将分散的土地适当集中；或从承包地中调整出机动田进行耕用；或收回农户承包地，或干脆改变农地集体所有制度，各式主张，不一而足。但有一个因素是不可忽视的，那就是广大农民因对土地承包政策的稳定缺乏信心而减少对土地的投入，导致地力下降。因此，中央政府以稳定土地承包关系为切入点，不断完善家庭承包制，逐步增强农民的土地预期。

1984年中央1号文件《关于1984年农村工作的通知》指出"双包"并非权宜之计，规定第一轮土地承包期由原定的3年延长为15年以上。文件强调了"大稳定、小调整"原则，消除了人们的"三怕"（农民怕政策变，冒尖户怕露富，基层干部怕犯新错误）。这标志着家庭承包制已经从根本上取代了人民公社"三级所有、队为基础"的集体经营体制，成为农村的基本制度。

为保证第一轮土地承包的顺利开展，国家不断完善这一制度安排。《土地管理法》（1986）规定："集体所有的土地，全民所有制单位、集体所有制单位使用的国有土地，可以由集体或者个人承包经营，从事农、林、牧、渔业生产。""土地的承包经营权受法律保护。"[1] 国家法律首次确认家庭承包制，进一步充实了农地政策的内涵，使土地转包从理论走向现实。《土地管理法》第6条还特别规定，"农村和城市郊区的土地，除法律规定属于国家所有的以外，属于集体所有；宅基地和自留地、自留山，属于集体所有"，明确了自留地（山）的产权属性。

《把农村改革引向深入的通知》（1987.1）提出：完善双层经营，稳定家庭联产承包制；对农村各类自营专业户、个体经营者要实行长期稳定的方针。"只要承包户按合同经营，在规定的承包期内不要变动，合同期满后，农户仍可连续承包。已经形成一定规模、实现了集约经营并

---

① 王先进：《土地法全书》，吉林教育出版社1990年版，第20页。

切实增产的，可以根据承包者的要求，签定更长期的承包合同。"①1988
年3月《政府工作报告》中再次强调要"制定进一步调动农民积极性的
政策，提高农民对政策的信任感和稳定感，使农民树立长期经营发展的
观念"②。这些政策法规为后来进一步的延包做好了思想准备，奠定了法
律基础。

《关于夺取明年农业丰收的决定》（1988.11）指出："以家庭经营为
主的联产承包责任制，符合目前我国大多数地区农业生产力的发展水
平，仍具有旺盛的生命力，应保持稳定并不断完善。"③ 这同样是把家庭
承包经营看成生产力水平不高的权宜之计。

进入20世纪90年代以后，中央对家庭承包制的认识出现了重大
飞跃，对其适应性有了新的认识和界定，不再视家庭承包经营为生产力
水平低的代名词，转而强调其具有广泛的适应性和旺盛的生产力。1990
年3月邓小平阐明了"两个飞跃"思想。"第一个飞跃，是废除人民公
社，实行家庭联产承包为主的责任制。这是一个很大的前进，要长期坚
持不变。"④《关于1991年农业和农村工作的通知》和《关于进一步加强
农业和农村工作的决定》（1991.11）规定"把以家庭联产承包为主的责
任制、统分结合的双层经营体制，作为我国农村集体经济组织的一项基
本制度长期稳定下来，并不断加以完善。"这种体制有很大的灵活性和
兼容性，具有广泛的适应性和旺盛的生命力，同时也为进一步探索土地
经营新形式留下了政策空间。

（2）首次以法律的形式规定30年土地承包期（1993—2001）

《宪法修正案》（1993.3）将第8条第1款"农村人民公社、农业生
产合作社和其他生产、供销、信用、消费等各种形式的合作经济，是社

---

① 《十二大以来重要文献选编》（下），人民出版社1988年版，第1233—1234页。

② 《十三大以来重要文献选编》（上），人民出版社1991年版，第149页。

③ 《十三大以来重要文献选编》（上），人民出版社1991年版，第341页。

④ 《邓小平文选》第三卷，人民出版社1993年版，第355页。

会主义劳动群众集体所有制经济"一句，修改为"农村中的家庭联产承包为主的责任制和生产、供销、信用、消费等各种形式的合作经济，是社会主义劳动群众集体所有制经济"，从而把家庭承包制作为农村集体经济组织的基本形式写入《宪法》，以国家根本大法的形式确立了以家庭承包制的农地制度的法律地位。

《关于当前农业和农村经济发展的若干政策措施》（1993.11）进一步规定"在原定的耕地承包期限到期之后，再延长 30 年不变。为了避免承包耕地的频繁变动，防止耕地经营规模不断细分，提倡在承包期实行'增人不增地，减人不减地'的办法。"这意味着土地承包关系开始趋向稳定。

《关于稳定和完善土地承包关系意见的通知》（1995.3）"严禁发包方借调整土地之机多留机动地。原则上不留机动地，确需留的，机动地占耕地总面积的比例一般不得超过 5%"。

《关于进一步稳定和完善农村土地承包关系的通知》（1997.8）不允许以"两田制"为名收回农户部分承包地。文件重申了"大稳定，小调整"政策，强调"小调整"只适用于人地矛盾突出的个别农户而非所有农户；不得利用"小调整"提高承包费，增加农民负担；"小调整"的方案要经村民大会或村民代表大会 2/3 以上成员同意，并报乡县两级人民政府主管部门审批；绝不能用行政命令硬性规定调整承包地。这样，地方政府再造规模经营的政绩欲望和村集体分享土地产出的权利都得到进一步限制。

《关于农业和农村工作的意见》（1998.1）指出："第一轮承包到期的地方，都要无条件延长 30 年不变。"《土地管理法》（1998）规定延长土地承包期 30 年。农民的土地承包权终于有了法律保障。承包期内个别农户之间承包地的调整也有了严格的限制。

1998 年 10 月十五届三中全会《关于农业和农村工作若干重大问题的决定》进一步指出："要坚定不移地贯彻土地承包期再延长 30 年的政

策，同时要抓紧制定确保农村土地承包关系长期稳定的法律法规，赋予农民长期而有保障的土地使用权。对于违背政策缩短土地承包期、收回承包地、多留机动地、提高承包费等错误做法，必须坚决纠正。"

延长土地承包期的后续工作到 1999 年全面完成，承包合同和土地经营证书全面颁发到户，党中央对广大农民的承诺已经落到了实处。

（二）探索土地经营权流转形态

随着社会主义市场经济体制的逐步确立和完善以及家庭承包制的逐渐巩固和充实，农业生产要素非常活跃，农业生产和国民经济得到发展。但也暴露出一些矛盾和问题：一是农地承包几乎按人口（或劳动力）均分，土地质量优劣搭配，再次凸显小农经济所固有的桎梏；二是承包期过短，一般为 2—3 年，并且调整频繁，农民缺乏稳定感，不敢对农地进行长期投入；三是没有承包合同或承包合同不健全。频繁调地，直接影响了土地承包关系的稳定。而细碎化的经营则影响了农业生产效率的提高和农业现代化的进程。1984 年中央 1 号文件首次允许农户经集体同意可以转包承包地给种田能手并获得适当经济补偿。从此，各地开始进行农地承包经营方式的制度创新试验，出现了出租、转包、转让、土地股份制、土地银行等多种形式的农地流转形态，形成了多种有一定制度效果的土地使用模式，主要包括五种类型：两田制、规模经营、"四荒"使用权拍卖、"生不增、死不减"、农地股份合作制。

《宪法（修正案）》（1988.4）真正承认了农地依法流转。《土地管理法》也作了相应的修改："国有土地和集体所有的土地使用权可以依法转让。"随着《宪法》和法律对农民的农地承包经营权的确认，在 20 世纪 90 年代初以后，推进集体经济的规模经营的主张不断升温。但有的地方出现了操之过急的现象。对此，中央明确指出，农地流动最终会形成适度规模经营，但这是一个长期的发展过程。1997 年中央 16 号文件禁止不顾客观条件和农民意愿用行政命令强制推行土地规模经营。1997年中央农村工作会议强调流转必须坚持有条件、适度、多样、引导和服务的原则。1990 年全国土地流转率为 0.44%，1999 年为 2.53%，（农业部，1991；2013）。2001 年中央 18 号文件进一步系统提出了土地承包经营权流转政策。

土地承包期限的延长和"增人不增地、减人不减地"政策的实施，使土地经营权固定化，这有利于鼓励农民追加投资，培肥地力，集约经营，符合大多数农民意愿。家庭承包经营虽然仍是小规模生产，但从区域性专业化生产来看，农民对土地的长期投资，使大批量、基地性和商品性的标准化生产、加工、销售成为可能，为农业生产结构的调整拓展了空间。

三、法律保障农民土地权益，规范农地流转（2002—　）

从 2002 年 8 月《农村土地承包法》颁布至今，国家进一步完善家庭承包制，坚持并确保家庭承包制长期稳定，强化和维护法律保障农民土地权益，规范和推广农地承包经营权流转。随着改革开放的深入和社会经济的发展，农民的职业结构和收入结构都发生了深刻的变化。农业生产不再是农民唯一的职业选择，土地收入也不再是农民主要或唯一的来源。市场经济的发展为农村社会流动提供了可能。农民或离土离乡，进城打工；或离土不离乡，发展乡镇企业。这样，农户因劳动力变化和社会流动而产生的土地承包量与经营能力之间的矛盾难以解决，出现了有田无人耕和有人无田耕并存的现象。这就为土地流转和吸引资本投资农业创造了条件。土地承包经营的长期以至长久不变，进一步稳定了土地承包关系。政府在强调农户的土地承包经营权的基础上，允许进行其他产权安排形式的尝试，尤其是转让权、受益权等多种形式的尝试，农民的其他权能得以体现。这为规范土地流转奠定了制度基础。

（一）坚持并确保家庭承包制长期稳定

家庭承包制是农村基本的经营制度，必须长期坚持并不断完善。这既是制度发展的内在要求，也是农村经济发展的现实需要。中央政府一直高度重视家庭承包制框架下土地承包关系的长期稳定。《农村土地承包法》（2002.8）规定，要"稳定和完善以家庭承包经营为基础，统分结合的双层经营体制"①，从法律上确保以家庭承包为主的农地经营制度长期不变。党的十六大报告强调，要"长期稳定并不断完善以家庭承包经营为基础、统分结合的双层经营体制"②。党的十六届三中全会再次指出，"土地家庭承包经营是农村基本经营制度的核心，要长期稳定并不断完善以家庭承包经营为基础、统分结合的双层经营体制"③。党的十七大报告再次强调，"坚持农村基本经营制度，稳定和完善土地承包关系"④。

2008年开始，面对全球金融危机，我国经济发展模式快速调整，实现从外向型经济向内需型经济的转变，再造农村生产力，形成内需市场和内需消费能力。党的十七届三中全会对农地制度作了进一步充实和完善，重申农地家庭承包制是党在农村政策的基石，土地承包关系要保持稳定并长久不变。"长期不变"升格为"长久不变"，强化了这种制度的长久性、稳定性和不可改变性。

随后，2009年中央1号文件《促进农业稳定发展农民持续增收的若干意见》提出，土地承包经营权登记试点工作要稳步开展，必须把承包地块的面积、空间位置以及权属证书落实到户，坚决禁止和纠正违法收回农民承包地的行为。2010年中央1号文件《加大统筹城乡发展力度进一步夯实农业农村发展基础的若干意见》提出全面落实承包地块、面积、合同、证书"四到户"，并且进一步扩大农地承包经营权登记的试点范围。十八大报告强调，"坚持和完善农村基本经营制度，依法维护

---

① 《十五大以来重要文献选编》（下），人民出版社2003年版，第2522页。

② 江泽民：《全面建设小康社会，开创中国特色社会主义事业新局面》，《人民日报》2002年11月9日。

③ 《十六大以来重要文献选编》（上），人民出版社2005年版，第468页。

④ 胡锦涛：《高举中国特色社会主义伟大旗帜　为夺取全面建设小康社会新胜利而奋斗》，《人民日报》2007年10月16日。

农民土地承包经营权、宅基地使用权、集体收益分配权，壮大集体经济实力，发展农民专业合作和股份合作，培育新型经营主体。"十八届三中全会再次突出强调"稳定农村土地承包关系并保持长久不变"，"赋予农民对承包地占有、使用、收益、流转及承包经营权抵押、担保权能，允许农民以承包经营权入股发展农业产业化经营"①。这标志着农民的土地财产权利得到确认。从此，农户拥有长久而完整的农地承包经营权。

（二）强化和维护农民土地权益法律保障

中央政府按照"以人为本"的科学发展观、"多予少取放活"的六字方针、"工业反哺农业、城市支持农村"的论断和"城乡统筹发展""建设社会主义新农村"等一系列重大战略部署，着眼于从根本上破除二元体制的障碍，连续制定了3个中央1号文件，促进了农地制度改革的深入发展。党的十八届三中全会进一步强调了保障农民权利，赋予农民更多财产性权利，包括土地财产。

（三）规范和推广农地流转

一系列的政策法律的颁布实施在健全市场和加强管理等方面推进了农地流转制度的建设。2002年《农村土地承包法》对农地流转的形式、原则、主体和分配方式等作了明确的规定。农地流转采取转包、出租、互换、转让等方式，坚持"平等协商、自愿、依法、有偿"的原则。农户是农地流转的主体，农地流转的所有收益归农户。该法还列出了集体经济组织侵犯农民土地权利的几种行为：单方面解除土地承包合同；用少数服从多数的办法强迫农户放弃承包权；收回农户承包地搞招标承包；收回农户的承包地抵顶欠款。2005年1月农业部颁布《农村土地承包经营权流转管理办法》，对农地流转的原则、当事人权利、流转方式、流转合同、流转管理等作了具有可操作性的规定。从此，农地流

---

① 《中共中央关于全面深化改革若干重大问题的决定》，《人民日报》2013年11月16日。

转得到中央政府全面的支持鼓励，进入规范和法律轨道。[①]2006 年全国土地流转率只有 4.57%，2008 年为 8.9%，2010 年为 14.7%，2012 年为 21.50%，2013 年为 26%（农业部，2013；2014）。显然，土地流转面积在稳步提高。

党的十七届三中全会《决定》提出，加强土地承包经营权流转管理和服务，建立健全农村土地承包经营权市场，按照依法自愿有偿原则，允许农民以转包、出租、互换、转让、股份合作等形式流转土地承包经营权，发展多种形式的适度规模经营。党的十八届三中全会在农地流转制度方面有了重大突破。《决定》赋予农民对承包地占有、使用、收益、流转及承包经营权抵押、担保权能，允许农民以承包经营权入股发展农业产业化经营。

改革开放以来，农地制度变迁的核心是土地使用权归属和界定问题，而使用权问题的核心，是农户对土地使用的预期和土地资源合理配置问题。30 多年来的农地制度变迁，从政策调整的角度观察，中央政府既强调农地承包关系的长期稳定，又鼓励土地使用体制的与时俱进。家庭承包制由落后边远地区扩展到发达地区农村、进而几乎覆盖了所有生产队；承包期限由 1 年、3 年、15 年、30 年扩展为"长久不变"；合约的责任从联系产量逐步演变为联系土地资产。它不断得到更高规格的合法承认：从基层的秘密尝试，到地方政府的承认，再到中央政策文件的肯定，最终确立了法律地位，完成了"解冻—确立—稳定"的转变。这体现了中央政府在稳定中发展创新农地制度的指导思想，同时也是吸取新中国成立后农地制度变迁经验教训的结果，符合本身特点也贴近我国国情。

[①]　参见刘守英：《中国的土地产权和土地市场发展》，载《农村土地制度改革：国际比较研究》，社会科学文献出版社 2009 年版，第 115—118 页。

第三节　农地制度改革的基本内容

自 20 世纪 80 年代初期基本确立以来，我国农地制度随着党和国家政府相关政策文件、法律法规的颁布实施而逐渐得到充实和细化。[①] 目前我国已初步形成以《宪法》为指导、以《土地管理法》为中心，以《物权法》《土地承包法》等法律作为配套、以《土地管理法实施条例》等政策法律法规为具体操作规则的农地基本政策法律规范体系。我国农地制度的基本内容主要包括农地产权制度、农地管理制度、农地流转制度和农地征收制度四个方面。其中，农地产权制度是农地制度的核心。

一、农地产权制度

所谓农地产权，是指以农村土地所有权为基础，以土地使用权为核心的一切关于土地财产权利的总和。它是由土地所有权、使用权、收益权、处分权、出租权、转让权、抵押权和继承权等多项排他性的权能组成的土地权利束。农地产权制度是人们在农地利用中形成的土地关系的法权体现。

（一）基本内容

我国农地产权制度的基本内容主要体现在六个方面。

1.在农地所有制度上，实行社会主义土地公有制下的农民集体土地所有制

我国实行社会主义土地公有制。《土地管理法》第 2 条规定："中华人民共和国实行土地的社会主义公有制，即全民所有制和劳动群众集体所有制。"任何组织或个人不得侵占、买卖或以其他形式非法转让土地。

---

① 参见陈锡文：《当前我国农村土地政策的现状和主要问题》，载《中国农民的期盼——长期而有保障的土地使用权》，外文出版社 1999 年版。

这里说的是土地所有权。社会主义土地公有制的法律表现形式为国家土地所有权和农民集体土地所有权并存。与其他大多数国家不同，我国土地制度的基本特征是一种城乡分割的土地制度。《宪法》第 10 条和《土地管理法》第 8 条第 2 款都规定："城市市区的土地属于国家所有。农村和城市郊区的土地，除由法律规定属于国家所有的以外，属于农民集体所有；宅基地和自留地、自留山，属于农民集体所有。"《物权法》第 47 条规定："城市的土地，属于国家所有。法律规定属于国家所有的农村和城市郊区的土地，属于国家所有。"第 48 条规定："森林、山岭、草原、荒地、滩涂等自然资源，属于国家所有，但法律规定属于集体所有的除外。"第 58 条规定："集体所有的不动产和动产包括：1. 法律规定属于集体所有的土地和森林、山岭、草原、荒地、滩涂。"《土地管理法》第 10 条规定："农民集体所有的土地依法属于村农民集体所有的，由村集体经济组织或者村民委员会经营、管理；已经分别属于村内两个以上农村集体经济组织的农民集体所有的，由村内各该农村集体经济组织或者村民小组经营、管理；已经属于乡（镇）农民集体所有的，由乡（镇）农村集体经济组织经营、管理。"《土地承包法》也有类似的规定。《土地管理法》第 14 条规定："农民集体所有的土地由本集体经济组织的成员承包经营，从事种植业、林业、畜牧业、渔业生产。土地承包经营期限为 30 年。发包方和承包方应当订立承包合同，约定双方的权利和义务。承包经营土地的农民有保护和按照承包合同约定的用途合理利用土地的义务。农民的土地承包经营权受法律保护。"

2. 在农地产权结构上，实行农地所有权和使用权分离

农地所有权为集体所有，农地使用权归农户家庭所有。农地经营权通过承包的方式大部分转给农户，承包的农地可以在农户之间有偿或无偿转让，但不能买卖，农地收益在集体和农户之间分割。农地家庭承包经营对人民公社制度的取代，并没有改变农地集体所有的性质，而是利用农地产权可分解的属性，将农地的所有权和使用权分离开来，社区

成员平均分得农地使用权，基层社区（村、村民小组）拥有农地所有权，从而找到了实现农地集体产权的有效形式。

3. 均田承包的农地经营形式

均田承包就是根据农地质量，按人口、劳力、人劳比例等多种形式把农地平均分配到户，农户在承担农业税、粮食征购任务和集体提留的条件下独立经营的农地经营形式。其核心是在村集体成员之间均分土地，这也是农民集体成员权在农地分配上的体现。对农民而言，均田承包农地经营不仅是一种经营手段，而且是一种生活方式，是农民生存与发展的最后保障。均田承包是当前家庭承包制的基本形态，均田承包农地面积占全国承包农地总面积的 60% 以上。

4. 农户成为农村基本组织形式

在农地经营上，我国实行集体经营与家庭经营相结合的双层经营体制。集体经营的层次包括：对承包农地的管理；在非耕地资源上进行集体经营或对专业承包户收取承包费；为耕地经营提供协调性服务或经营性服务；兴办社区公益服务事业。家庭经营的层次包括：作物种类的选择、生产中的资金投放、日常的生产经营管理、具体生产经营措施等都由承包户自主决策。

5. 农地收益分配实行"交够国家的、留足集体的、剩下都是自己的"的方式

所谓"交够国家的"，就是农户按承包合同中承包农地的数量向国家交纳农业税；"留足集体的"就是农户按承包合同向集体上缴"三提五统"等费用；"剩下的都是自己的"指农户承包农地所获得农产品，在扣除农业税、集体提留、生产经营成本后，剩余部分全部归承包户所有。农户因其收益权得到一定程度的保障而愿意向农地进行投资，劳动积极性空前高涨，农业绩效大大提高，对农村经济乃至整个国民经济都产生了积极的影响。

6. 尊重和保护土地财产权

土地财产权是法律赋予农民的不可剥夺的权利。我国法律对农民的土地财产权利进行了立法规范，在保障农民土地财产权益方面相应体现了对公共权力的约束。2013年3月国务院发布《关于深化收入分配制度改革重点工作分工的通知》，要求合理分享土地增值收益。搞好农地确权、登记、颁证工作，依法保障农民的土地财产权。依法按照自愿有偿原则，允许农民以多种形式流转土地承包经营权，确保农民分享流转收益。改革征地制度，依法保障农民合法权益，提高农民在土地增值收益中的分配比例。①

党的十八届三中全会赋予农民更多财产权利，在保障农民的土地财产权方面有了重大的突破。"保障农民集体经济组织成员权利，积极发展农民股份合作，赋予农民对集体资产股份占有、收益、有偿退出及抵押、担保、继承权。保障农户宅基地用益物权，改革完善农村宅基地制度，选择若干试点，慎重稳妥推进农民住房财产权抵押、担保、转让，探索农民增加财产性收入渠道。建立农村产权流转交易市场，推动农村产权流转交易公开、公正、规范运行。"在符合规划和用途管制的前提下，赋予农民对承包地占有、使用、收益、流转及承包经营权抵押、担保权能，允许农民以承包经营权入股发展农业产业化经营。允许农村集体经营性建设用地出让、租赁、入股，实行与国有土地同等入市、同权同价，进一步保障了农民的土地财产权。

（二）主体权利

在农地使用权利（广义）中有三方主体：国家、村集体和农户。国家是农地的终极所有者。村集体是农地所有者和发包方。农户是农地承包经营者，拥有农地承包经营权。

---

① 冯腾：《论城乡一体化背景下农民土地财产权的保障》，硕士学位论文，山东建筑大学，2013年，第8—9页。

1. 农户的土地权利

国家赋予农户长期而有保障的土地使用权。农地承包方的权利（包括权利内容、使用期限等方面）得到法律的保障，任何人不得干涉。《农村土地承包法》明确限制发包方的权利，保证承包方的权利。第26条规定："承包期内，发包方不得收回承包地。"第27条第1款规定："承包期内，发包方不得调整承包地。"第35条规定："承包期内，发包方不得单方面解除承包合同，不得假借少数服从多数强迫承包方放弃或者变更土地承包经营权，不得以划分'口粮田'和'责任田'等为由收回承包地搞招标承包，不得将承包地收回抵顶欠款。"[①]

农地承包经营权是我国农户拥有的经济权利束。它是通过国家法律和政权予以保障的。我们从经济法产权的角度来分析这种权利。产权分解为所有权和使用权（广义），使用权分解为占有权、使用权（狭义）、收益权和处分权四个方面的权利。占有和使用更多地体现经济主体的使用权，收益和支配更多地体现经济主体的所有权（见图3-1）。农户对土地拥有比较完备的占有和使用的权利，但只具有部分收益权利和极少部分的支配权利。由此可见，我国农户的土地承包经营权利介于

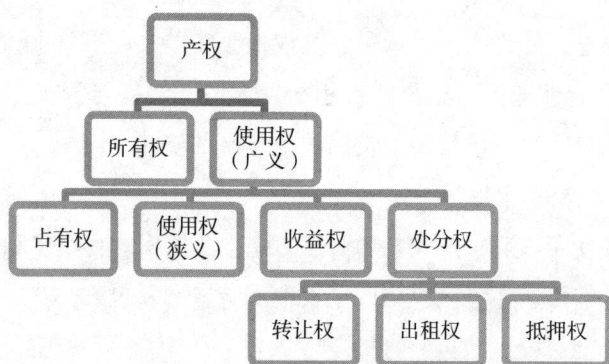

图 3-1　农地产权基本权能结构图

---

① 《十五大以来重要文献选编》（下），人民出版社2003年版，第2527—2529页。

所有权和使用权之间，它更多的是偏离所有权而偏向于使用权。在这里，土地承包权是使用权（广义），即佃权和债权。《农村土地承包法》和《物权法》确认了农地承包经营权的物权性质。[①]

第一，农地占有权。农地承包户占有所有人的土地，这是行使使用权和收益权的基础。国家通过不断延长承包期限，稳定农民土地预期。承包期限从改革之初的普遍5年，甚至没有年限，到1984年明确提出延长到15年，1997年又延长到30年。现阶段农地使用权期限的主要依据是《农村土地承包法》第20条："耕地的承包期为30年。"[②]农地使用权的占有权能既包括直接占有也包括间接占有，尤其要充分保护农地使用权人的间接占有权，才使得许多"离土不离乡"的农民放心地将土地交给第三方使用。[③]

第二，农地使用权（狭义）。农地使用权是农地使用权人依据土地属性和用途依法享有利用土地的权能，是农地使用制度的法律体现。农地使用权是与农地所有权有关的财产物权。农地使用权有广义和狭义之分。狭义的农地使用权是指依法对农地的实际使用权，包括在农地所有权之内，与农地占有权、收益权和处置权是并列关系；广义的农地使用权是指独立于农地所有权之外的含有农地占有权、狭义的农地使用权、部分收益权和不完全处置权的集合。

农地使用权也是一种物权，因此，农地使用权原则上也可以买卖、继承和抵押。同时，农地使用权人也可以将农地使用权租赁，即设定租赁权。农地使用权的设定必须以法律为依据。由于农地使用权是以他人农地为客体的权利，因此，农地使用权人一般须向农地使用权出让人支

---

① 刘守英：《中国的二元土地权利制度与土地市场残缺——对现行政策、法律与地方创新的回顾与评论》，《经济研究参考》2008年第31期。

② 《十五大以来重要文献选编》（下），人民出版社2003年版，第2526页。

③ 参见杨开拓：《农地使用权研究》，硕士学位论文，西南政法大学，2004年，第20页。

付农地使用权价格。当然，农地使用权的取得也可以是无偿的。我国法律和政策规定：农地使用者在国家规定的特殊用途下可以依法无偿取得农地使用权，即划拨农地使用权。[1] 有偿取得农地使用权一般通过农地使用权出让、转让等方式进行。[2] 同时，农地使用权的设定是有期限的，我国法律规定农地使用权出让的最高年限因农地用途不同分别为 40 年、50 年、70 年三种，农地使用权的转让和抵押不能超过此期限。[3]

　　第三，农地收益权。家庭承包制以"交够国家的，留足集体的，剩下都是自己的"为分配原则。农户的剩余收益权获得确认，从而激发了农民的积极性，提高了劳动生产率。然而，这一分配原则只是设定国家、集体、个人的收益分配顺序，并没有确定收益分配比例。[4] 农民除了交农业税（2006 年以前），还要承担乡统筹、村提留以维持基层组织机构的运行，农民负担加重以致有些地方农民抛荒外出打工以求生存。[5]

　　农户承包经营农地目的是获取收益。农地使用权人享有土地产品的所有权。农地使用权人也可将所支配的土地以出租、入股等形式有偿让渡给他人占有使用。农地使用权人改良土地和兴修农田灌溉设施等配套设备，在农地使用权届满之际其投资未收回或添附设备不宜拆除或提高地力，集体经济组织作为受益者应该给予适当补偿。

　　第四，农地处分权。农地处分权是依法对农地在事实上和法律上的最终处理的权利，它的行使可使农地使用权转移、限制或消灭。中国农地制度改革主要就是处分权能的变革。从目前的法律规定和实践来

---

① 参见《十六大以来重要文献选编》（中），中央文献出版社 2006 年版，第 408 页。

② 参见《十四大以来重要文献选编》（下），人民出版社 1999 年版，第 2464 页。

③ 参见施道清：《我国农地使用制度变迁与农业绩效研究》，硕士学位论文，安徽师范大学，2010 年，第 25 页。

④ 参见武进锋：《农地制度创新及中国物权立法》，蔡耀忠主编：《中国房地产法研究》第 1 卷，法律出版社 2002 年版，第 499 页。

⑤ 参见杨开拓：《农地使用权研究》，硕士学位论文，西南政法大学，2004 年，第 21—22 页。

看，土地使用权的处分权能主要有三种形式：

形式之一：转让权。农地使用权人有权自由转让其农地使用权。《农村土地承包法》第 37 条第 1 款规定："土地承包经营权采取转包、出租、互换、转让或者其他方式流转，当事人双方应当签订书面合同。采取转让方式流转的，应当经发包方同意；采取转包、出租、互换或者其他方式流转的，应当报发包方备案。"① 农地使用权转让，要保护其他成员的优先购买权。这不是对农地使用权转让的限制，而是对其他成员的保护，也是对农地使用权人转让权利的保护。《土地管理法》第 15 条第 2 款规定："农民集体所有的土地由本集体经济组织以外的单位或者个人承包经营的，必须经村民会议三分之二以上成员或者三分之二以上村民代表的同意，并报乡（镇）人民政府批准。"农地使用权转让方式可以分为买卖、互易及赠与三种。

形式之二：出租权。农地使用权出租是指农地使用权人与第三人订立的将自己对农地的实际占有、使用、收益权能于一定期限内租给第三人享有，由第三人相应地交付租金的农地使用租赁行为。（也存在由集体经济组织将本村的土地直接租给本村人或外地人耕种的方式）农地使用权人与承租人的租赁合同由双方当事人协商议定，在不改变农地用途的前提下，土地所有者不得干涉。农地使用权出租并不会导致该土地使用权发生转移。在一定租期内，土地由承租人直接占有、使用和收益。

农地使用权的出租是一种债权行为，如果《农村土地承包法》无特别规定，应当遵循《合同法》的规定。比如在合同形式方面，《合同法》规定租赁期限超过 6 个月的，应当采用书面形式，而《农村土地承包法》第 39 条第 2 款规定，"承包方将土地交由他人代耕不超过一年的，可以不签订书面合同"②，根据特别法优于普通法的原则应适用《农村土

---

① 《十五大以来重要文献选编》（下），人民出版社 2003 年版，第 2530 页。
② 《十五大以来重要文献选编》（下），人民出版社 2003 年版，第 2530 页。

地承包法》的规定。在租赁期限方面，农地出租的期限不得超过农地使用权剩余的存续期间，并且不得超过 20 年，租赁期间届满，当事人可以续订租赁合同，但约定租赁期限自续订之日起不得超过前项规定的期间。在租赁权的效力方面，农地使用权在租赁期间发生转让变动，不影响租赁合同的效力，即"买卖不破租赁"。在转租方面，承租人经出租人同意，可以将农地使用权转租给第三人，承租人转租的，承租人与出租人之间的租赁合同继续有效，第三人对农地造成损失的，承租人应当赔偿损失。此外都应按《合同法》的规定执行。①

　　形式之三：抵押权。国家尊重和保护承包户的农地财产权。抵押原则上以不动产为限。随着社会经济的发展，不动产之外出现了以动产、权利抵押的要求，土地权利即是可供抵押的财产权利。我国现行法律对城市土地使用权的抵押作了较为详尽的规定，但是对农地使用权的抵押立法明显缺位。在以土地所有权为中心转为以土地使用权为中心的今天，土地使用权的取得与享有日趋重要，在立法中对农地使用权抵押权作专门规定也是大势所趋。

　　第三人或农地使用权人可与债权人订立以自己的农地使用权价值向债权人作抵押，等债务人不能履行时由债权人以该价值优先受偿，保证债权人债权实现的土地权利抵押合同。债权人与抵押人订立抵押合同经过公示登记之后，债权人才能取得对该农地使用权的排他性支配优先受偿权，并对农地使用权的非法流转行使追及权、代位求偿权以确保其债权的实现。当然，抵押权的存续必须以农地承包经营权存续为前提，抵押权的实现也必须遵循农地承包经营权流转的相关规定。②

---

① 参见杨开拓：《农地使用权研究》，硕士学位论文，西南政法大学，2004 年，第 24—25 页。
② 参见杨开拓：《农地使用权研究》，硕士学位论文，西南政法大学，2004 年，第 25—26 页。

2. 农民集体的土地权利

我国相关法律均确立了农地集体所有权制度。我国现行的农地集体所有制度形成于农业生产合作制① 中，并随着政社分开，在人民公社制度让位于新的乡（镇）、村体制后，逐步发展起来。"乡（镇）—村—村民小组"分别取代了"公社—大队—生产队"成为集体土地所有权主体。《民法通则》和《土地管理法》确定了集体土地所有权与经营管理权分离的二元结构，即乡（镇）农民集体所有、村农民集体所有和农村集体经济组织的农民集体所有土地的经营管理权分别由乡（镇）农村集体经济组织、村集体经济组织或者村民委员会，以及村集体经济组织或者村民小组经营、管理。《物权法》第 60 条则进一步将这种经营管理权明确界定为是一种代表权。②

调整农地的权利。村集体是否拥有此项权利，视农地使用制度的类型有所不同。均田承包模式中，村集体一般有权调整农地，一般仅对人口增减的农户土地进行小调整，大调整相对较少。在规模经营和股份合作模式中，村集体甚至有权将农地收回重新发包。而在"生不增地，死不减地"的湄潭模式中，村集体没有调整农地的权利。当然，村集体对农地的调整很大程度上依据村民意愿或集体与村民的共识，也存在村干部违背村民意愿调整农地的情况。但《土地承包法》（2003）严格限制农地调整。

收取地租的权利。作为农地的所有者，村集体有权收取一定的地租。农地承包制下的地租通常以集体提留的形式收取，但由于村集体具有农地所有者和公共管理者的双重身份，作为农地收益一部分的地租与补偿公共职能所需成本的统筹款都从农地收益中提取，使得地租的征收缺乏有效限制。

---

① 参见马俊驹、宋刚：《合作制与集体所有权》，《法学研究》2001 年第 6 期。

② 参见马俊驹、杨春禧：《论集体土地所有权制度改革的目标》，《吉林大学社会科学学报》2007 年第 3 期。

　　限制农地承包权转让的权利。农地承包权转让须经村集体许可。《土地管理法》第 14 条规定："在农地承包经营期限内，对个别承包经营者之间承包的农地进行适当调整，必须经村民会议 2/3 以上的成员或者 2/3 以上村民代表的同意并报乡（镇）人民政府和县级人民政府农业行政主管部门批准。"

　　3. 国家的土地权利

　　最终控制权。国家是农地的终极所有者。集体所有的农地不得转让和改变农地用途，而国家有权征用集体农地转为国有，变为建设用地。《土地管理法》第 43 条规定："任何单位和个人进行建设，需要使用土地的，必须依法申请使用国有土地；但是，兴办乡镇企业和村民建设住宅经依法批准使用本集体经济组织农民集体所有的土地的，或者乡（镇）村公共设施和公益事业建设经依法批准使用农民集体所有的土地的除外。"这种权利使国家掌握了农户承包经营权的命运，如国家征用农地则意味着农户承包经营权的消失。

　　间接收益权。长期以来，国家一直采取农产品低价征购政策，通过征购的差价抽走一部分农业收益。从 1989 年至今，除 1993 年短暂放松以外，粮棉收购价格受国家严格控制。通过维持食品的低价供应确保低工资、低消费和高积累以优先发展工业，中国长期以来一直依靠行政手段强制收购粮食等主要农副产品，以此获得间接收益为工业化提供资本积累。因此，实施工业反哺农业战略，确保农民收益权，是深化农地使用制度改革的关键。

　　对种植作物种类的控制权。新中国一直采取粮食自给自足的政策。国家一直运用行政手段维持粮棉的播种面积，保持粮棉的增长。即使在改革开放后，也一直保留着对种植作物种类的控制，虽一度放松，但在 1994 年以后又进一步强化。这种控制方式虽非正式，却明显限制了农民农地使用权。中国不可能放弃自给自足的粮食政策，也意味着国家仍将保留对作物种植的一定控制权。

二、农地管理制度

农地管理制度是指国家对全国（或某一区域）的农地，在宏观上进行管理、监督和调控的制度、机构和手段等形成的完整体系。农地国家管理由中央政府和各级地方政府协同实施。农地管理制度由法律管理制度、经济管理制度和行政管理制度构成。农地国家管理的基本内容有农地权属管理和农地利用管理。

（一）农地权属管理制度

1. 土地行政管理

我国实行国家、省、市、县四级土地管理体制，以国家宏观管理为主。《土地管理法》（2004）第5条规定："国务院土地行政主管部门统一负责全国土地的管理和监督工作。县级以上地方人民政府土地行政主管部门的设置及其职责，由省、自治区、直辖市人民政府根据国务院有关规定确定。"我国土地多年来由多部门分散管理。一直到1986年，国家颁布《土地管理法》，建立了全国城乡地政统一管理体制。1998年，以土地用途管制取代分级限额审批管理，将农用地转用和土地征收审批权限上收到国务院和省级人民政府。2004年，进一步理顺省级以下国土资源管理体制。至此，自上而下的农地统一管理模式基本形成，国土资源部负责全国土地管理工作。在行政管理体制上，实行省级双重管理、省级以下垂直管理的体制。

2. 土地利用总体规划

关于土地利用总体规划，《土地管理法》（2004）第21条明确了土地利用总体规划的法律地位。第18条则规定了下级土地利用总体规划应当依据上一级土地利用总体规划编制。第20条规定："乡（镇）土地利用总体规划应当划分土地利用区，根据土地使用条件，确定每一块土地的用途，并予以公告。"《土地管理法》第26条的规定："土地利用总体规划的改变，必须由编制机关根据国务院或者省级人民政府的批准文件修改。修改后的土地利用总体规划应当报原批准机关批准。"

3. 农地管理审批权力分配

中央土地管理部门拥有对全国土地进行宏观管理和监督的权力，编制全国的土地利用总体规划，审批各省、市、自治区的土地利用总体规划，同时对占用基本农田、基本农田以外的耕地35公顷、其他土地70公顷以上拥有审批权。省级土地管理部门管理和监督省内的土地，并拥有非国务院审批的其他征地审批权。农村集体经济组织要办乡镇企业占用规划的建设用地、公共利益和公益事业的建设用地以及农民的宅基地用地由县级政府批准。对相关的非农建设用地要登记造册，确认权属和发放证书。土地出让收益的70%归该级政府所有。乡级政府和土地管理部门在法律规定的范围内并不拥有相关的审批权，但拥有辖区内的集体土地的经营管理权。村民委员会拥有对本村集体土地的经营管理权，包括集体土地的发包权、承包地的调整权等。[①]

4. 土地产权登记

土地产权登记，目前我国沿用的仍是1995年的《土地登记规则》。《规则》第1条规定："土地登记是国家依法对国有土地使用权、集体土地所有权、集体土地使用权和土地他项权利的登记"。还有些关于产权登记的法律法规散见于《土地管理法》《土地管理法实施规则》等法律制度之中。

（二）土地用途管制制度

土地用途管制是指依据法律法规，对土地利用总体规划确定的土地用途实行强制性管理，土地的所有者、使用者都必须严格按照规划确定的用途使用土地的制度。农地资源是不可再生资源，是人类赖以生存的基础资源，我国把珍惜每一寸土地作为基本国策，因此，这是我国现行土地管理制度的核心。

---

① 参见李钰：《中国农村土地管理制度的腐败隐患研究》，硕士学位论文，湖南大学，2008年，第27页。

20 世纪 80 年代后期，人们依据耕地人口数量、城乡建设用地量、耕地储备量和粮食需求量这五组数据，预测到 21 世纪中叶，我国人口高峰为 15 亿—16 亿。参照世界粮农组织的食物热量标准（中等），15 亿人粮食总需求量 7.5 亿吨。但是我国粮食总产量约 5 亿吨。若能提高土地产出率，50 多年时间，增加 2.5 亿吨粮食是可能的，18 亿亩耕地可以保 15 亿—16 亿人吃饭。王先进由此提出 18 亿亩耕地红线这一标准，得到决策层的认可和学术界的支持。[①] 实行最严格的耕地保护制度，坚守 18 亿亩耕地，保住 13 亿人的饭碗，成为农地制度的底线。

1998 年修订《土地管理法》时，我国提出了"十分珍惜、合理利用土地和切实保护耕地是我国的基本国策"，并通过一系列的制度安排，对耕地实行特殊保护。国家将全国土地区分为"农用地、建设用地和未利用地"，并以此为基础，制定和实施土地利用总体规划和土地利用年度计划，进而建立了土地用途管制、基本农田保护、农地专用审批、占补平衡、省级区域内耕地总量动态平衡、国有土地独占建设用地市场和农村"一户一宅"等一系列制度。[②] 国家严格限制农村建设用地的用途和规模，并关闭了集体土地市场。此后，农民集体所有的土地只能用于兴建村民住宅及乡（镇）村公共设施和公益事业建设，而且乡镇企业的建设用地受到严格限制。另外，除了乡镇企业因破产、兼并等情形可以流转建设用地使用权以外，其他农民集体所有土地的使用权不得出让、转让或者出租用于非农业建设。[③]

2004 年国务院《关于深化改革严格土地管理的决定》重申严格执行土地管理法律法规；严格依照法定权限审批土地；严格执行占用耕地

---

① 《土地管理三大制度改革回顾及期待——访原国家土地管理局第一任局长王先进》，《中国国土资源报》2008 年 12 月 5 日。

② 《不断开拓的事业——我国耕地保护 60 年历程回顾》，http://www.gov.cn/gzdt/2009-09/30/content_1430754.htm。

③ 《实现节约集约用地 18 亿亩耕地"红线"牵动了谁》，http://www.gov.cn/jrzg/2007-07/07/content_676212.htm。

补偿制度；加强土地利用总体规划、城市总体规划、村庄和集镇规划的实施管理。在此基础上，2006 年国务院《关于加强土地调控有关问题的通知》进一步明确了土地管理和耕地保护的责任，提出："地方各级人民政府主要负责人应对本行政区域内耕地保有量和基本农田保护面积、土地利用总体规划和年度计划执行情况负总责。"①

目前，我国土地用途管制的手段主要包括：第一，土地必须严格按照土地利用总体规划的用途使用，任何人都不得擅自改变土地利用现状。第二，严格农用地转为建设用地、征地的审批权限和程序，对农用地转为建设用地实行严格的年度计划控制，即通常讲的土地利用年度计划指标。第三，严格执行土地用途登记制度。第四，建立健全土地监督检查制度，强化土地法律责任。②

国家作为国有土地的所有权人，一方面关闭乡村建设用地市场，剥夺集体土地的土地发展权；另一方面却积极推行国有土地有偿出让制度，以实现国有土地资产的保值和增值。③ 城乡分割的土地市场制度加重了"三农"问题积痼。

三、农地流转制度

农地流转制度是规范农地有关权能的转移而形成的各种经济关系的制度的总和。农地流转制度主要解决农地资源的重新配置问题。在我国农地集体所有的情况下，农地流转只能流转承包经营权。家庭承包制的实施使农地承包经营权从所有权中分离出来，极大地解放了农业生产力。但是，这种以家庭为单位的小规模分散经营难以发挥农业规模效

---

① 《十六大以来重要文献选编》（下），中央文献出版社 2008 年版，第 621 页。
② 参见《依法依规守红线　节约集约促发展——国家土地督察南京局土地管理政策法规宣讲稿》，http：//pub.jian.gov.cn/bmgkxx/gtzyj/fgwj/qtygwj/201211/t20121109_1028045.htm。
③ 程雪阳：《中国的土地管理出了什么问题》，《甘肃行政学院学报》2013 年第 3 期。

益，不利于现代农业科技应用，生产成本高、收益低，严重制约了农业经济的发展和农民的增收。通过农地流转，优化农地资源配置，促进农业生产力的发展，已是大势所趋。我国农地流转从明文禁止、逐步放开、制度规范、法律构建到全面推广鼓励，经历了深刻的变化，形成了当前的农地流转制度。

（一）农地流转政策的演变

1. 明令禁止阶段

现阶段我国农地流转是伴随着家庭承包制的建立而逐渐形成和发展起来的。但自 20 世纪 50 年代中期农地集体所有制建立以来，农户的土地流转行为一直受到政策法律严格禁止。就是在家庭承包制初步确立以后，由于有土地承包经营权会引发生产关系混乱的顾虑，农户土地使用权的流转也不被允许。1982 年 1 月，中央批转的《全国农村工作会议纪要》仍然指出，"社员承包的土地，不准买卖，不准出租，不准转让，不准荒废，否则，集体有权收回；社员无力经营或转营他业时应退还集体"。

2. 政策解禁阶段

随着农村改革的深入，农户相互之间的承包土地转包、转让行为日渐增多。国家政策也开始放开对农地流转的限制，鼓励"在稳定和完善家庭联产承包责任制的基础上，在发达地区的农村和大城市郊区进行适度规模经营"。1984 年中央 1 号文件首次允许农户经集体同意可以转包承包地给种田能手并获得适当经济补偿。1986 年中央 1 号文件开始鼓励"发展适度规模的种植专业户"。

20 世纪 80 年代中期以后，乡镇企业在发达农区和大城市郊区蓬勃发展，这些地区有相当比例的农村劳动力"离土不离乡"，出现一部分农户将土地弃之舍不得但又不用心耕种，另一部分农户想多种地却又得不到地的窘境。1987 年 9 月，国务院开始提倡在京、津、沪、苏、粤等沿海"发达地区的农村和大城市郊区进行适度规模经营"，进行家庭农场或合作农场的试验，探索农地流转的新形态。同年，国务院决定建立农村改革试验区，允许在江苏的苏、锡、常地区和北京顺义及广东南海进行适度规模经营以及在山东平度进行两田制试验。土地经营权的流转突破了家庭承包经营的限制，土地流转制度开始进入新的试验期。

在农民的需要、政策的鼓励和政府的推动下，各地在土地集体所有、家庭经营的制度框架下，探索多种类型的次生土地使用权流转形态，挖掘和提高土地生产率，实现资源优化配置和制度激励。"两田制"、土地股份合作制、规模经营以及"四荒"使用权拍卖等土地流转形态悄然兴起。这些模式都是以集体为主导的农地流转，是在家庭承包制框架下的农地制度创新。但赵阳认为，从产权结构来看，除了"四荒"拍卖以外，其他三种土地流转方式都是村集体拿走了农民拥有的部分土地使用权（控制权）和收益权；从表面上看，农民的直接负担是减少了，但农户因为少包土地，受益权也部分受损。1987 年 1 月中共中央在《把农村工作引向深入》中指出："承包人将承包合同转让或转包给第三者，必须经发包人同意，否则合同无效。"

《宪法（修正案）》（1988.4）真正承认了农用土地流转的合法性。将原宪法第 10 条第 4 款"任何组织或者个人不得侵占、买卖、出租或者以其他形式非法转让土地"修改为："任何组织或者个人不得侵占、买卖或者以其他形式非法转让土地。土地的使用权可以依照法律的规定转让。"[①] 而《土地管理法》也作了相应的修改："国有土地和集体所有的土地使用权可以依法转让。"随着政策法律对土地经营权权利的规定，农民实际享有的农地承包经营权得到了提高。法律创新为土地转包从理论走进实践提供了法律依据和现实条件，进一步充实了土地承包政策的内涵。据农业部农村合作经济研究组调查显示，到 1990 年，全国转包、转让土地的农户为 208.9 万户，占总农户的 1.0%；面积达 42.53 万公顷，

---

① 《十三大以来重要文献选编》（上），人民出版社 1991 年版，第 216 页。

占总面积的 0.44%。

3. 制度规范阶段

进入 20 世纪 90 年代，在中央的进一步鼓励下，农地流转步伐明显加快。1990 年 3 月，邓小平在阐明"两个飞跃"思想时指出，"第二个飞跃，是适应科学种田和生产社会化的需要，发展适度规模经营，发展集体经济"①。这为农地流转指明了方向。

1993 年颁布的原《农业法》规定，"在承包期内，经发包方同意，承包方可以转包所承包的土地、山岭、草原、荒地、滩涂、水面，也可以将农业承包合同的权利和义务转让给第三者"，扩大和完善了农地流转的范围。

《关于当前农业和农村经济发展的若干政策措施》（1993.11）提出允许农户在承包期内有偿转让土地使用权。允许劳动力流出的地方的承包土地作必要的调整，实行适度的规模经营。

1995 年国务院批转《关于稳定和完善土地承包关系的意见》提出了"建立土地承包经营权流转机制"的建议，强调在土地集体所有和不改变土地农业用途的前提下，经发包方同意，允许承包方在承包期内将承包标的依法转包、转让、互换、入股，扩展了农地流转的形式。

《关于"九五"时期和今年农村工作的主要任务和政策措施》（1996.1）再次强调："随着劳动力向非农产业转移，要建立土地使用权流转机制，在具备条件的地方发展多种形式的适度规模经营。"《关于1997 年农业和农村工作的意见》（1997.2）指出："发展土地适度规模经营，必须坚持具备条件，并充分尊重农民的意愿。"

1998 年党的十五届三中全会《关于农业和农村工作若干重大问题的决定》中提出"土地使用权的合理流转，要坚持自愿、有偿的原则依法进行"。2001 年中央 18 号文件《关于做好农户承包地使用权流转工

---

① 《邓小平文选》第三卷，人民出版社 1993 年版，第 355 页。

作的通知》系统提出了土地承包经营权流转政策。

4. 法律建构阶段

国家从法律上确认了农民在土地流转中的主体地位和土地承包经营权的物权性质，提出了探索农地有效流转的新要求。

第一，从法律上确认农民土地流转的主体地位。《土地承包法》(2002.8) 把土地承包经营权流转政策上升为法律，确定了"土地承包经营权流转"的称谓概念，对土地流转形式、原则、主体和分配方式等方面作出规范。该法第 16 条规定："国家保护承包方依法、自愿、有偿地进行土地承包经营权流转。"第 26 条规定："承包期内，发包方不得收回承包地。"第 27 条规定："承包期内，发包方不得调整承包地。"第 31 条规定："承包人应得的承包收益，依照《继承法》的规定继承。"第 32 条规定："通过家庭承包取得的土地承包经营权可以依法采取转包、出租、互换、转让或者其他方式流转。"第 34 条规定："土地承包经营权流转的主体是承包方。"承包方有权依法自主决定土地承包经营权是否流转和流转的方式。土地承包经营权流转的转包费、租金、转让费等，应当由当事人双方协商确定。流转的收益归承包方所有，任何组织和个人不得擅自截留、扣缴。同年修正的《农业法》对此给予确认，该法第 10 条规定："国家实行农村土地承包经营制度，依法保障农村土地承包关系的长期稳定，保护农民对承包土地的使用权。农村土地承包经营的方式、期限、发包方和承包方的权利义务、土地承包经营权的保护和流转等，适用《土地管理法》和《农村土地承包法》。"2004 年 3 月，土地承包经营权流转得到宪法的确认和保护。同年 4 月，国务院《关于妥善解决当前农村土地承包纠纷的紧急通知》指出："流转土地承包经营权是农民享有的法定权利，任何组织和个人不得侵犯和剥夺，要尊重外出务工农民的土地承包权和经营权。"2005 年农业部在《农村土地承包经营权流转管理办法》中指出："土地流转遵循平等协商、依法、自愿、有偿的原则，可以采取转包、出租、互换、转让或者其他符合有关法律和国家政策规定的方式流转。"一系列法律法规的颁布实施，对流转方式、流转合同的签订以及土地流转管理作出详细明确的规定。同时，各地都根据自身的实际情况制定了符合自身发展情况的土地流转制度。至此，农地承包经营流转制度体系基本形成。

第二，从法律上确认土地承包经营权的物权性质。《物权法》(2007) 第 11 章规定："土地承包经营权人依法对其承包经营的耕地、林地、草地等享有占有、使用和收益的权利，有权从事种植业、林业、畜牧业等农业生产。"土地承包经营权人"有权将土地承包经营权采取转包、互换、转让等方式流转"。"承包期内发包人不得收回和调整承包地。""土地承包经营权可以转让、入股、抵押或者以其他方式流转。"首次将土地承包经营权确定为物权，从法律上确认了土地承包者对土地的直接利益主体的法律地位，明确了土地承包者对土地拥有占有权、使用权和收益权。

5. 政策推广阶段

土地流转是现阶段农业和农村发展的必由之路。这一新认识促使党和国家政府主动放开并鼓励推广土地流转。《关于切实加强农业基础建设　进一步促进农业发展农民增收的若干意见》(2008.1) 指出，要"按照依法自愿有偿原则，健全土地承包经营权流转市场。加强土地流转中介服务，培育发展多种形式适度规模经营的市场环境。"十七届三中全会强调："加强土地承包经营权流转管理和服务，建立健全土地承包经营权流转市场，按照依法自愿有偿原则，允许农民以转包、出租、互换、转让、股份合作等形式流转土地承包经营权，发展多种形式的适度规模经营。有条件的地方可以发展专业大户、家庭农场、农民专业合作社等规模经营主体。"[1] 在中央政策的引导下，全国各地都在进行土地流转的实践和创新。

---

① 《十七大以来重要文献选编》(上)，中央文献出版社 2009 年版，第 674—675 页。

随后，2009 年中央 1 号文件《促进农业稳定发展农民持续增收的若干意见》强调农民的土地流转主体地位，鼓励有条件的地方发展流转服务组织，为流转双方提供法规咨询、信息沟通、价格评估、合同签订、纠纷调处等服务。2010 年中央 1 号文件《加大统筹城乡发展力度 进一步夯实农业农村发展基础的若干意见》提出进一步健全流转市场、加强流转管理，在依法自愿有偿流转土地的基础上发展多种形式的土地适度规模经营。党的十八大强调："发展多种形式规模经营，构建集约化、专业化、组织化、社会化相结合的新型农业经营体系。"党的十八届三中全会进一步强调在新一轮农村改革中，必须"赋予农民对承包地占有、使用、收益、流转及承包经营权抵押、担保权能，允许农民以承包经营权入股发展农业产业化经营。鼓励承包经营权在公开市场上向专业大户、家庭农场、农民合作社、农业企业流转，发展多种形式规模经营"①。这为探索农地有效流转提出了新的要求。

（二）农地流转制度的内容

1. 农地流转的基本原则

中央相关文件和法律法规均强调农村土地承包经营权流转的基本原则。《关于农业和农村工作若干重大问题的决定》明确指出："土地使用权的合理流转，要坚持自愿、有偿的原则依法进行，不得以任何理由强制农户转让。"② 同时，国务院在 1995 年中央 7 号文件《国务院批转农业部〈关于稳定和完善土地承包关系的意见〉的通知》中指出："土地承包经营权流转的形式、经济补偿，应由双方协商，签订书面合同，并报发包方和农业承包合同管理机关备案。"③2001 年中央 18 号文件《关于做好农户承包地使用权流转工作的通知》进一步强调了农地承

---

① 《中共中央关于全面深化改革若干重大问题的决定》，《人民日报》2013 年 11 月 16 日。
② 《十五大以来重要文献选编》（上），人民出版社 2000 年版，第 562 页。
③ 《十四大以来重要文献选编》（中），人民出版社 1997 年版，第 1327—1328 页。

包经营权的流转要在"自愿、有偿"基础上，由农户自主进行。《农村土地承包法》第33条规定："土地承包经营权流转应当遵循以下原则：(1) 平等协商、自愿、有偿，任何组织和个人不得强迫或者阻碍承包方进行土地承包经营权流转；(2) 不得改变土地的所有权性质和农业用途；(3) 流转的期限不得超过承包期的剩余期限；(4) 受让方须有农业经营能力；(5) 在同等条件下，本集体经济组织成员享有优先权。"其中，"平等协商、自愿、有偿"是土地承包经营权流转的基本原则。

首先，平等协商原则是指土地流转的双方或多方当事人应当在平等的基础上协商确定流转的具体方式、内容、条件、费用及期限等，任何一方不得将自己的意志强加给另一方。在这里，平等协商是指土地承包经营权人与流转的相对方之间的平等协商，而不是发包方与土地承包经营权流转的相对方之间的平等协商。因此，发包方不得越过承包方的自由意志而代替其决定流转事宜。

其次，自愿原则是指在土地流转过程中，承包方具有完全的自主决定权，《农村土地承包法》第54条将发包方"假借少数服从多数强迫承包方放弃或者变更土地承包经营权而进行土地承包经营权流转"的行为认定为侵权行为，须承担相应的侵权损害赔偿责任。

最后，有偿原则是指土地流转的相对方须向承包方支付一定的对价，主要以转让费、转包费、租金等形式体现。土地承包经营权作为一项重要的用益物权，具有财产权的基本属性。为发挥土地的财产价值，实现资源的优化配置，法律规定，土地承包经营权流转原则上应遵循等价有偿原则。当然，法律并不禁止在某些情况下的无偿流转，即当事人的约定可以例外。

2. 农地流转的限制

法律对农地流转的限制主要包括流转的期限、流转后土地的用途、流转的当事人、流转合同的成立条件、流转的方式等几个方面。

对流转期限及土地用途的限制。《物权法》第128条第2款规定：

"土地承包经营权流转的期限不得超过承包期的剩余期限。未经依法批准，不得将承包地用于非农建设。"《农村土地承包法》第33条规定："土地承包经营权流转不得改变土地所有权的性质和土地的农业用途；流转的期限不得超过承包期的剩余期限；受让方须有农业经营能力。"流转必须以承包期的剩余期限为最大期限。流转的相对方只能在土地承包经营权的权能内容范围内从事农、林、牧、渔等农业生产活动，不得改变承包地的农业用途。

对流转当事人的限制。根据《农村土地承包法》规定可见，这里主要是指法律对土地家庭承包经营权的转让和互换这两种流转方式的相对人作出限制。土地承包经营权的互换只能在同一集体经济组织的成员之间进行。土地承包经营权转让的双方当事人必须符合以下条件：第一，出让方须具有稳定的非农职业或者有稳定的收入来源。第二，受让方必须是从事农业生产经营的农户。

对流转合同成立条件的限制。根据《农村土地承包法》第37条的规定，为了明确双方的权利义务，减少纠纷，土地承包经营权流转合同应当以采取"书面形式"，否则合同不成立。可见，土地承包经营权流转合同属于正式合同。

对流转方式的限制主要是指立法禁止以土地家庭承包经营权进行抵押。根据《物权法》及《农村土地承包法》的规定，以其他方式取得的"四荒地"的土地承包经营权除外。

3. 农地流转的方式

我国现行法律的相关规定不尽相同。《农村土地承包法》第32条规定："通过家庭承包取得的土地承包经营权可以依法采取转包、出租、互换、转让或者其他方式流转。"该法第42条规定："承包方之间为发展农业经济，可以自愿联合将土地承包经营权入股，从事农业合作生产。"该法第49条规定："通过招标、拍卖、公开协商等方式承包农村土地，经依法登记取得土地承包经营权证或者林权证等证书的，其土地承包经营权可以依法采取转让、出租、入股、抵押或者其他方式流转。"
从这些法律条款可以看出,《农村土地承包法》一共规定了转包、互换、
转让、出租、入股、抵押六种土地承包经营权流转方式。其中,出租和
转让是通过家庭承包和通过"其他方式承包"取得的土地承包经营权均
可以采用的流转方式,但是《农村土地承包法》并没有明确入股和抵押
为家庭承包取得的土地承包经营权可以采用的流转方式。[①]

　　农地流转是农民群众的又一创举,是工业化和城镇化的大势所趋。
农地流转制度是家庭承包制的补充。它的不断完善将有力地推进城乡协
调发展的实现和小康社会的全面建成。

四、农地征收征用制度

　　农地征收征用制度是为规范农地征收征用而形成的各种经济关系
的制度的总和。随着我国工业化和城镇化进程的推进,各地对土地的需
求与日俱增。征地已经成为各级地方政府的一项重要工作。农用地转为
工商业和城市建设用地直接造成人均耕地减少和失地农民的增加。如何
开发土地、保护耕地和解决好被征地农民的生存与发展的问题,是当前
征地制度建设所面临的重大问题。

　　(一) 农地征收的概念和特征

　　《宪法》和《土地管理法》都明确规定:"国家为了公共利益的需
要,可以依照法律规定对土地实行征收或者征用并给予补偿。"[②]《土地
管理法》第 2 条还明确规定:"国家依法实行国有土地有偿使用制度。
但是,国家在法律规定的范围内划拨国有土地使用权的除外。"《物权
法》第 24 条规定:"为了公共利益的需要,依照法律规定的权限和程
序可以征收集体所有的土地和单位、个人的房屋及其他不动产"。这就

---

① 参见杨光:《我国农村土地承包经营权流转法律问题研究》,博士学位论文,吉林大
　　学, 2013 年, 第 36 页。

② 《十六大以来重要文献选编》(上),中央文献出版社 2005 年版, 第 890 页。

从法律上赋予国家土地征收（包括征收和征用）权，确立了土地征收制度。

土地征收和土地征用是两个既相近又有区别的概念。土地征收是国家根据公共利益需要而行使公权力，按照法律规定的批准权限（土地征收权力范围）和程序批准（土地征收审批程序），以补偿为条件，强制将农民集体所有的土地转为国有土地，并对被征地的农村集体和个人依法给予补偿和安置的法律行为。我国土地为国家所有制与集体所有制的二元结构，土地征收实质上是国家对集体的土地征收[1]，将待征土地的集体所有权转变为国有土地所有权的过程。[2] 尽管对征地的范围存在很大的争议，但在我国现阶段，各项公共利益需要的土地，主要来源于对国有土地的分配调整，但由于国有土地不足或其他原因需要使用集体土地时，就需要有一种使集体所有的土地转为国有的合法取得制度。土地征用是指国家根据公共利益强制取得民事主体土地使用权的行为。土地征收与土地征用二者之间有突出的共同点，又有明显的区别。土地征收与土地征用的共同之处在于以下三点：主体都是国家；都具有法律上的强制性和经济上的补偿性；都属于国家行政行为。但二者在土地权属是否变化、征收征用对象和补偿依据三个方面存在明显的区别。

表3–2　土地征收与土地征用的区别

	土地征收	土地征用
土地权属	集体所有变为国家所有，没有返还性	土地权属不变，具有返还性
对象	集体所有的土地	国有土地或集体所有的土地
补偿依据	根据具体情况给予一定的补偿	按法定标准给予补偿

资料来源：杨双玉、赵仕玲、伍艳：《论土地征收中农民利益的法律保护》，《资源与产业》2008年第1期。

---

[1]　参见宋文霞：《我国农村土地征收补偿法律问题研究》，《农村经济》2008年第4期。
[2]　王佳、杨百计：《我国土地征收补偿制度存在的问题及其改革探讨》，《国土资源》2008年增刊1。

（二）征地制度的历史演进

1. 20 世纪 90 年代中期以前征地制度的演进

新中国的征地制度肇始于 1950 年。《铁路留用地办法》和《城市郊区土地改革条例》规定，国家为建设及其他需要可以收买或征购土地。征用私人所有的农业土地须给予适当代价，或以相等之国有土地调换之；对耕地农民亦给予适当的安置；土地上的生产、投资及其他损失，予以公平合理的补偿。1954 年和 1957 年《宪法》均规定："国家为了公共利益的需要，可以依照法律规定的条件，对城乡土地和其他生产资料实行征购、征用或收归国有。"1958 年《国家建设征用土地办法》下放了审批权限，明确了补偿标准。规定私营企业与民办事业需要用地，不再"由国家代为征用"。一般土地征用的补偿标准由原来的年产值的3—5 倍减为 2—4 倍，但在下列特殊情况下不予补偿：征用农业生产合作社的土地，如果社员认为对生活没有影响，不需要补偿，经当地县级人民委员会同意，可以不补偿；征用非社员的土地，如果土地所有人不以土地和农业收入为生，经本人同意可以不补偿。

1982 年《国家建设征用土地条例》上收了征地审批权限，强化了征地的强制性，细化了补偿项目，提高了补偿标准。规定补偿费包括土地补偿费、青苗补偿费、土地附着物补偿费和安置补助费四项，以耕地前 3 年年均产值倍数为基准。征地补偿费为耕地年产值的 3—6 倍，安置补助费最高为 10 倍，土地补偿费和安置补助费的总和最高为 20 倍。1986 年《土地管理法》对征地制度作了总的规定，成为征地的基本法律依据。该法将土地补偿费和安置补助费的总和最高标准从 20 倍提高到 30 倍。

计划经济时期，国家征地补偿费用不高，但失地农民由国家予以安置。具体措施，一是"农转非"，农业户籍转为城市户籍；二是把农业劳动力安排到城市企事业单位就业，成为职工。这个时期的征地是"既要地也要人"，失地农民在一定程度上分享土地改变用途后产生的增值收益，因而社会矛盾并不突出，多数农民甚至把国家征地当作改变命运的机遇。

2. 20 世纪 90 年代中期以后征地制度的改革

进入 20 世纪 90 年代以后，我国社会主义市场经济体制逐步建立起来，国家安置可能性很小。非公有制企业的用工自主，国有企事业单位改制，对失地农民国家已经无力安置。征地变成了"只要地不要人"，农民即使完全失去土地，也不能参与城市化，不能分享土地增值收益。进入 21 世纪，很多地方的大肆圈地"批次征地"，特别是大量豪华娱乐设施的涌现更令国人怀疑这般"城镇化"的"公共利益"取向。农民土地财产意识的觉醒使抵制和抗拒政府征地的极端事件愈演愈烈。这一时期的征地制度改革可以分为以下三个阶段。

第一阶段，肇始于经济较为发达地区的多种补偿安置模式的探索（20 世纪 90 年代后期）。1998 年《土地管理法》对原征地制度作了较大修改，上收了审批权限，增加了公告程序，提高了补偿标准，但仍然没有从根本上改变计划经济时期的低标准补偿模式。该法主要包括以下内容：第一，实行土地用途管制制度，将土地分为农用地、建设用地和未利用地，用地单位和个人必须严格按已确定的用途用地。第二，要求各级政府编制土地利用总体规划和年度计划，严格控制建设用地总量。第三，设立农用地转非的审批制度，严格控制耕地转非，并实施耕地占补平衡制度。第四，将征地审批权收归国务院和省级政府。第五，确定了"两公告一登记制度"。在公告期限内，被征地的所有权人、使用权人持土地权属证书到当地人民政府地政部门办理征地补偿登记。第六，提高了补偿标准，土地补偿费由原来的 3—6 倍提高到 6—10 倍；安置补助费由原来的 2—3 倍提高到 4—6 倍，最高可达 15 倍；土地补偿费和安置补助费的总和不超过 30 倍。第七，规定了非法征地用地给当事人造成损失的赔偿责任。《土地管理法实施条例》（1998）对《土地管理法》做了进一步的细化。

第二阶段，提高补偿标准，实行征地区片价及统一年产值的探索（2004—2010）。针对国内存在的圈占土地、乱占滥用耕地等突出问题，2004年《宪法》修正案第10条中关于土地征用的条款修正为："国家为了公共利益的需要，可以依照法律规定对土地实行征收或者征用并给予补偿"。同年8月，《土地管理法》中关于土地征用的条款也做了相应的修改。同年10月，国务院下发了28号文件《关于深化改革严格土地管理的决定》，提出了要把基础性、公益性用地与经营性用地加以区分；提出了要保证被征地农民生活水平不降低，长远生计有保障；提出了提高补偿标准，建立了被征地农民的社会保障制度；要求省级政府制定并公布各市县征地的统一年产值标准或区片综合地价，征地补偿坚持同地同价原则；取消了国家重点项目征地补偿费包干的做法；增加了征地批前的告知、确认和听证等程序。

从此，征地制度改革的主要任务就是全面推行征地区片价和统一年产值。2005年国土资源部144号文件《关于开展制订征地统一年产值标准和征地区片综合地价工作的通知》，要求各地在征地中，必须按照征地统一年产值标准和征地区片综合地价对农民补偿。文件突破补偿倍数限制的办法，但仍未触及征地制度的实质性改革。

第三阶段，缩小征地范围的探索（2010—　　）

2003年党的十六届三中全会提出，"按照保障农民权益、控制征地规模的原则，改革征地制度，完善征地程序。严格界定公益性和经营性建设用地，征地时必须符合土地利用总体规划和用途管制，及时给予农民合理补偿。"此后，中央文件多次强调"控制征地规模、完善补偿办法、拓展安置途径、规范征地程序"。直到2008年党的十七届三中全会才正式把缩小征地范围提到日程上来。会议提出，"在土地利用规划确定的城镇建设用地范围外，经批准占用农村集体土地建设非公益项目，允许农民依法通过多种方式参与开发经营并保障农民合法权益。"以此为起点，开始进行缩小征地范围的试点，主要内容包括三个方面，一是区分公益性和非公益性用地，缩小征地范围，二是完善征地补偿安置机制，三是改进农用地转用与征收审批方式。国土资源部《关于开展征地制度改革试点工作的指导意见》把经依法批准建设的旅游娱乐、商业服务、工业仓储等类型界定为非公益用地项目。确定了缩小征地范围的区域：在土地利用总体规划确定的城镇建设用地范围内，除法律规定可使用农民集体土地外，建设用地涉及农村集体土地的原则上予以征收；在此范围外，非公益性用地退出征地范围，经批准以其他方式取得农村集体土地。十七届三中全会鼓励农村土地（建设用地）流转、限制强制征地等政策方针却未能得到有效实施。

这一阶段缩小征地范围的改革终于触及征地制度的实质，虽然由于时间短，试点范围小，未见成效，但其方向是正确的。党的十八届三中全会《决定》进一步提出"缩小征地范围，规范征地程序，完善对被征地农民合理、规范、多元保障机制。"《决定》最大限度地缩减政府强制征地的规模和数量，同时允许退出征地范围的非农建设用地通过入市流转实现农民完整的土地权益。缩小征地范围有望突破，但依然存在法律、政策、产权、市场、金融、财税等多重掣肘，有待通过深化改革加以解决。

（三）征地补偿制度

征地补偿制度是指国家因公共利益依照法定的程序与合理的补偿而取得土地的一种制度。我国的征地补偿制度伴随着先后 4 部《宪法》的颁布和修改逐渐建立和完善。我国《宪法》第四次修正案规定："国家为了公共利益的需要，可以依照法律规定对土地实行征收或者征用并给予补偿。"这次宪法修改最明显的变化之一就是提出了土地有偿使用，这较 1982 年的《宪法》及其后的 3 次修正案有了重大飞跃，为我国实行土地征收补偿制度提供了宪法依据。①

---

① 参见金红梅：《我国土地征收补偿制度中存在的问题及其对策》，《延边大学学报》（社会科学版）2008 年第 4 期。

《物权法》第 24 条规定："征收集体所有的土地，应当依法足额支付土地补偿费、安置补助费、地上附着物和青苗的补偿费等费用，安排被征地农民的社会保障费用，保障被征地农民的生活，维护被征地农民的合法权益"。"任何单位和个人不得贪污、挪用、私分、截留、拖欠征收补偿费等费用"。《土地管理法》第 2 条第 4 款规定："国家为了公共利益的需要，可以依法对土地实行征收或者征用并给予补偿。"《农村土地承包法》第 61 条第 2 款规定，承包方"承包地被依法征收、占用的，有权依法获得相应的补偿"。

我国的土地征收补偿制度体现了以下几个特征：第一，征收主体的国家性。土地征收为国家凭借公权力对集体土地所有权予以强制剥夺，不以集体土地所有权人的同意为必要条件，强制性和补偿性是土地征收的两个基本特征。第二，征收目的的公益性。土地征收目的必须是公共利益。《宪法》、《土地管理法》和《物权法》都明确规定了土地征收必须是"为了公共利益的需要"。公共利益的需要是土地征收的前提条件。第三，补偿的程序性。土地补偿以正当程序为保障。要保证土地补偿及时、充分，正当程序必不可少，特别是要完善公共利益的认定、补偿标准的评估、听证、裁决以及救济等基本的补偿程序制度。[①] 第四，补偿方式的多样性。

根据现行《土地管理法》第 47 条的规定，土地征收补偿只规定货币补偿的方式，根据第 50 条规定，地方各级政府应支持农村集体经济组织和农民进行开发经营，兴办企业。据此可见，土地征收补偿形式法律只规定了货币补偿、政府有责任支持第三产业的发展等单一的方式。但是目前货币补偿标准低，即使按照统一年产值标准和综合区片地价标准进行补偿，还是未能体现土地等价交换的价值，因此实践中地方政府积极探索更多的安置途径，包括留地安置、集体土地使用股权入

---

① 参见宋文霞：《我国农村土地征收补偿法律问题研究》，《农村经济》2008 年第 4 期。

股、农业生产安置、异地移民安置、住房安置、组织就业培训、鼓励农民自主创业、用地单位招工、社会保障安置等。农业生产安置重新调整耕地还给农民，并没有改变农民的生活状态；农民自主创业、用地单位招工、组织就业培训等安置方式与政府的政策、市场的投资环境、企业用人制度以及农民自身素质等多方面因素有关，具有不稳定性；异地移民征地成本高是迫不得已才实行的安置方式。因此，在各种安置方式中，能给农民长远生计带来经济效益或者保障的，是以下的三种安置方式。

国家法律对土地征收的程序、补偿的办法等具体问题，作出了明确的规定。为了维护集体土地所有权人的合法权益，国家的土地征收权不得滥用，必须依据法定的条件和程序行使。对地方政府来讲，征地要做到程序合法、按标准公平合理地补偿和妥善处理被征地农民的就业安置、社会保障等问题，确保被征地农民生活水平不降低、长远生计有保障。关于征地补偿费用，《土地管理法》第47条规定，征收耕地的土地补偿费用包括土地补偿费、安置补助费以及地上附着物和青苗的补偿费，征收耕地的土地补偿费为该耕地被征收前3年平均年产值的6—10倍；征收耕地的安置补助费，按照需要安置的农业人口数计算，每一个需要安置的农业人口的安置补助费标准为耕地被征收前3年平均年产值的4—6倍，每公顷被征收耕地的安置补助费最高不超过耕地被征收前3年的平均年产值的15倍；按规定支付土地补偿费和安置补助费后尚不能使需要安置的农民保持原有的生活水平的，经省级人民政府批准，可以增加安置补助费，但土地补偿费和安置补助费的总和不得超过土地被征收前3年年产值的30倍。同时，我国《物权法》第42条规定，征收集体所有的土地，应当依法足额支付土地补偿费、安置补助费、地上附着物和青苗的补偿费等费用，安排被征地农民的社会保障费用，保证被征地农民的生活，维护被征地农民的合法权益。征收单位、个人的房屋及其他不动产，应当依法给予拆迁补偿，维护被征收人的合法权益；征收个人住宅的，还应当保障被征人的居住条件。建立征地补偿安置争议裁决制度的主要依据是《土地管理法实施条例》第25条。这一条第3款规定，"对补偿标准有争议的，由县级以上地方人民政府协调；协调不成的，由批准征用土地的人民政府裁决。征地补偿、安置争议不影响征用土地方案的实施"。

国土资源部2010年7月发出《关于进一步做好征地管理工作的通知》提出："全面实行征地统一年产值标准和区片综合地价。"新标准的实施改变了以往按被征耕地具体地块的年产值测算征地补偿标准的方式。其中，征地统一年产值是综合考虑一定区域内农用地的年产值来测算征地补偿标准；征地区片综合地价是综合考虑一定区片范围内土地类型、产值、土地区位、当地经济发展水平和城镇居民最低生活保障水平等多方面因素测算的征地补偿标准。

但是，货币安置难以弥补农村集体对土地所有权的让渡以及农民土地使用权的丧失，补偿再多也不足以维持长远生计。各地征地制度改革探索出更多的安置方式，如社保安置、留地安置、择业安置、入股安置、农业安置和移民安置等，这些方式因受地区和个体差别影响而显示出不同的适用性。多种补偿安置方式并用才能让被征地农民分享土地增值收益，确保发展成果共享，长远生计无忧。这些较为成功的探索经验都将为征地制度深化改革提供有益启示。

第四节　农地制度改革的主要特点

家庭承包制作为一项制度创新，除了具有土地制度的一般，还具有鲜明的特征：在改革主体上，以农民为改革主体和政府引导相结合；在改革程序上，分省改革，"自下而上"与"自上而下"相结合；在改革方式上，增量调整与边际创新相结合；在改革顺序上，先易后难，先试点后推广，先经济体制改革后政治体制改革相结合，从外围向核心突破相结合；在改革动因上，内部诱致性与强制性制度变迁交替作用。总结农地制度改革的特点，主要有以下三个方面：

一、诱致性与强制性的结合

制度变迁是制度替代、转换与交易的过程。其核心问题是权利的重新界定和利益的相应调整，其实质是外部利润内在化。最早提出制度变迁模式的是戴维斯和诺斯。他们认为，制度安排的形式，从纯粹自愿的形式到完全由政府控制和经营的形式都有可能。在这两个极端之间存在着广泛的半自愿半政府结构。[①] 二者之间的差别在于这种制度安排是否有选择权和退出权。拉坦深入分析了自愿的诱致性制度变迁。[②] 林毅夫进一步分析了国家主导的以制定法律、实施法律来推行强制性变迁模型。[③]

我国农地制度演进是在诱致性制度变迁和强制性制度变迁这两种形式的交替作用下实现的。新中国农地制度经历了三次重大变迁。前两次是政府主导式的强制性制度变迁。第一次制度变迁（土地改革）既有符合大多数农民经济利益和自愿的诱致因素，更有国家权力和意识形态的强制性因素。其结果是将农地的地主所有制变为农民所有制，实现农地私有私营；第二次制度变迁（合作化）在初期仍有些许自愿诱致因素，后来则成为完全的强制性变迁。其结果则是将农地的农民所有制变为集体所有制，实现农地公有公营。两次制度变迁的产权结构和制度绩效都截然不同。与前两次不同，第三次制度变迁（家庭承包制）则是属于诱致性制度变迁，而且主动进行制度配合和意识形态微调。农民凭借

---

① 参见 [美] L. E. 戴维斯、D. C. 诺斯：《制度创新的理论：描述、类推与说明》，载《财产权利与制度变迁》，上海三联出版社 1994 年版。

② 参见 [美] V. W. 拉坦：《诱致性制度变迁理论》，《财产权利与制度变迁》，上海三联出版社 1994 年版。

③ 林毅夫：《关于制度变迁的经济学理论》，《于财产权利与制度变迁》，上海三联出版社 1994 年版。

自己的智慧选择土地使用方式。这使改革初期具有浓厚的民间自发变迁和需求诱致性制度变迁的色彩。允许农民的自主制度创新则是尊重人民群众创新精神的表现。农民的生存压力与国家顺应民意的强力共同推动了第三次制度创新，体现了自下而上的诱致性制度变迁和自上而下的强制性制度变迁的有机结合。

农民生存压力是农地制度变革的第一推动力。人民公社体制的弊端，加上十年"文化大革命"的破坏，农村经济发展滞缓，农民普遍困顿。1957 年，我国人均占有粮、棉、油分别为 318.7 公斤、2.3 公斤和 5.1 公斤，到 1978 年，粮食只增加了 12.7 公斤，而棉花和油料反倒分别减少了 11.5% 和 16.6%。人均收入由 1957 年的 40.5 元增加到 1978 年的 73.8 元，20 年间，来自集体分配的人均收入只增加了 33.3 元，年均只增加了 1.17 元。[①] 农村处在绝对贫困线以下的人口达 2.5 亿之多，农民再也"活不下去"了。

农地制度改革的成就是农民自主制度创新的结果。包产到户是农民智慧和勇气的结晶。早在 1956 年下半年就出现在浙江永嘉，目的是抵制高级社出工不出力的"大锅饭"。1959—1961 年间，包产到户出现在饥荒严重的省份，其中仅安徽一省就扩展到 40% 的生产队。农民发明了这套增产的办法，但他们并不能确保这套办法得到官方的认可。当时是中央集权的政治体制：任何经济组织、生产方式的变动，都被看成关乎社会主义的大事，都必须由中央决定。而毛泽东对包产到户却深怀偏见。虽然饥荒也曾逼迫他默许包产到户，但只要"权宜之计"产生了效果，经济困难有所缓解，他就再次高举阶级斗争和路线斗争的大旗予以无情打击。在整个毛泽东时代，包产到户屡起屡背。

自发的包产到户让农民尝到了甜头，但因为没有得到法律的承认

---

① 参见王景新：《中国农村土地制度变迁 30 年：回眸与瞻望》，《现代经济探讨》2008 年第 6 期。

和保护，不稳定的预期降低了农户的生产和投资（农地保护和改良）的积极性并减损了生产效率。① 邓小平肯定并推动了包产到户，把国家政策的方向转移到对促进生产力的自发合约提供合法承认与保护。早在1962 年邓小平就谈到，"生产关系究竟以什么形式为最好，恐怕要采取这样一种态度，就是哪种形式在哪个地方能够比较容易比较快地恢复和发展农业生产，就采取哪种形式；群众愿意采取哪种形式，就应该采取哪种形式，不合法的使它合法起来"②。由此可见，邓小平早就理解"合法承认"对农民制度创新的意义。农村改革的里程碑是安徽凤阳小岗村的创举。18 户农民签订协议书率先把土地包给各个农户，实行"大包干"。人民公社体制被撕开了，以此启动新一轮农地制度改革。在这个过程中，中央政府的态度经历了一个逐渐转变的过程：从反对到默许再到全面积极支持。在这个转变过程中起关键作用的是邓小平。他肯定了农民和基层创造的家庭承包制。可以说，尽管正如邓小平所说的那样，"农村搞家庭联产承包，这个发明权是农民的。农村改革中的好多东西，都是基层创造出来"③，但是，面对来自"左"倾势力和"文化大革命"遗毒的影响，而且在人们习惯于自上而下的制度变迁方式的背景下，如果没有邓小平的远见卓识和强力支持，家庭承包制就很有可能胎死腹中，或者被推迟。改革开放以来，在邓小平农业发展"第二次飞跃"理论的指引下，农业经济得到了长足的发展。

从中国农村 30 多年变迁的历程看，政治权衡和改革结果的不确定性以及人民公社体制因素对农地制度变革的强大约束力，农民自发的制度创新必然遭遇极大阻力和风险。当年永嘉县委书记李云河曾因此而被革职、遣返老家务农长达 21 年之久。农民甘冒风险私自分田单干的行

---

① 参见姚洋：《集体决策下的诱导性制度变迁——中国农村地权稳定性演化的实证分析》，《中国农村观察》2000 年第 2 期。
② 《邓小平文选》第一卷，人民出版社 1994 年版，第 323 页。
③ 《邓小平文选》第三卷，人民出版社 1993 年版，第 382 页。

为，诠释了农民自发的制度创新曲折历程。政府审时度势，关注民生，尊重农民的选择，重视农村经济发展和社会稳定，强力推动农地制度的改革。1982年开始的中央5个1号文件逐步对包产到户进行规范，铺就"党的农村政策的基石"。这是执政党思想解放和国家适势引导的最好证明。"上面放，下面望，中间有根顶门杠"的时政民谣，以及"辛辛苦苦几十年，一夜回到解放前"的抱怨，反映了当时的社会阻力和政府主导的强制性制度变迁的必要性。

当代中国农地制度改革的实践证明，凡是农民自主选择的，符合农民自身利益的土地制度，因为得到农民的拥护而生机勃发；由政府供给制度的制度变革行为，必须经过实践检验，看看是否得到农民的拥护，是否符合农民的利益，是否有利于提高农村生产力。改革初期属于诱致性制度变迁。1982年以后开始进入政府主导的以引入法令和法规为特征的"规范、稳定、完善"阶段，这个阶段在很大程度上是强制性制度变迁。今后，农地制度改革越是向前发展，越要依靠法律予以规范，强制性制度变迁的特征将更突出。因此，深化农地制度改革应超越"摸着石头过河"的传统模式，把握农民意愿和国家意志的协调性，按照社会主义新农村的发展要求推进制度创新。

二、国家意识形态和农民认知的互动

在新制度经济学家诺斯看来，意识形态与制度变量、交易成本等都是经济分析的工具。意识形态包括强意识形态和弱意识形态两种结构类型。民众认知系统服从归属于国家意志的为强意识形态结构，独立游离于国家意志的则为弱意识形态结构。强意识形态能够统一民众意志，降低决策执行费用。可以说，意识形态也是一种能创造外部效应的人力资本。因此，各国政府都投资意识形态教育以增强个人意识形态资本积累。

马克思主义认为，国家意识形态就是统治阶级的社会意识，从根

本上说是代表和维护统治阶级的特殊利益，具有鲜明的阶级性和狭隘性；但是，国家意识形态也在不同程度上代表和保护社会所有成员的共同利益，具有一定的全民性、社会性和普遍性。在我国，工人阶级是统治阶级，工农联盟是我国的政权基础。作为工人阶级的先锋队，中国共产党始终代表着最广大人民的根本利益，其宗旨是全心全意为人民服务。因此，中国共产党也是中国农民利益的真正代表。改革开放以来，国家意识形态和农民认知的互动共进推动我国意识形态结构实现了从弱至强的演变，从而推动农地制度的变迁。

农民自发冒险进行"大包干"试验的出发点首先是吃饱饭，解决生存问题；然后才是增产增收，最大化自身利益。① 农民对于家庭式自主分散经营的偏好，是我国传统农耕方式的延续。在解放区土改和新中国土改中又得到了强化，具有深厚的认知基础。农民基于正确认知所进行的制度创新，取得了显著的制度绩效，对党和政府的认知结构产生了重大影响。"用包产到户取代人民公社，乃是群众和领导机关经过长期博弈之后相互妥协的产物。"② 在农民首创并有全面推动的情势下，中央政府决策层终于顺势而为，逐步实现了从反对、不反对、部分支持到全面支持的态度转变，推动解决农业生产激励不足的问题。在改革成本最小化的前提下，保持集体所有制不变并推行家庭承包制就成为决策层推动农村改革的首选方案。这个方案既弘扬了中国几千年的农耕传统，又保持了基本农地制度的稳定。家庭经营以其结构稳定决策灵活、自我激励明显、交易成本低、生产效率高的特质凸显其作为决策、生产和收益分配的基本经济单位的优势。

从意识形态的视角考察新时期农地制度的变迁，可以清楚地看到国家意识形态和农民认知的互动共进的轨迹。人民公社时期，由国家政

---

① 杜润生自述：《中国农村体制变革重大决策纪实》，人民出版社 2005 年版，第 83 页。

② 杜润生：《中国农村制度变迁》，四川人民出版社 2003 年版，第 151 页。

治权力强制维持的制度安排长期不具有制度效率，人们的经济理性终归选择用脚投票。意识形态貌似强大实则弱小且遭遇深刻的危机，这促使中央政府决策层自我反省。邓小平的复出为意识形态扭转弱势东山再起提供了条件。首先是真理标准大讨论，然后是对"两个凡是"的清理，后来是"解放思想，实事求是"思想路线的确立，再后来还有"先富带动后富，实现共同富裕"等论断，终于冲破了意识形态的樊篱。家庭承包制的巨大成功使得意识形态进一步放宽，最终使政策层面对家庭承包制完全承认，甚至将之上升到新的意识形态的层次。在新的发展阶段，国家意识形态也及时回应来自实践的新的诉求。面对家庭承包制边际效应下降的问题，邓小平提出了"两个飞跃"思想；面对城乡发展的不平衡等问题，胡锦涛提出了"两个趋势"（在工业化初始阶段，农业支持工业、为工业提供积累是带有普遍性的趋向；在工业化达到相当程度以后，工业反哺农业、城市支持农村，实现工业与农业、城市与农村协调发展，也是带有普遍性的趋向）、"新农村建设"以及"构建社会主义和谐社会"等理论，促进农地制度建设的发展和完善。

国家意识形态和农民认知互动共进贯穿于新时期农地制度变迁之中。农民基于实践所产生的认知体系及其行为模式，为国家意识形态更新注入了充满活力的新元素；国家政府依据新意识形态通过国家权力强制性地推进制度变革，把国家意志上升为普遍的社会意志；农民群众对新意识形态的认可和顺应使变革过程水到渠成并达到预期政策效果。国家意识形态和农民的认知两者的互动共进以及对外部环境变化的不断调适，汇集成了农地制度变迁的强大动力，加速农地制度改革的发展进程，使其更适合农业农村生产力的发展水平从而促进了生产力的发展。

三、渐进式的制度变迁

一个正确认识的贯彻与落实，需要一个渐进的过程。它是一种突破而非突变。我国农地制度改革也不例外。这是符合认识论的。因为

"一个正确的认识，往往需要经过由物质到精神，由精神到物质，即由实践到认识，由认识到实践这样多次的反复，才能够完成"①。我国农地制度改革具有明显的变通性，它在维持既有的主导性意识形态和政体的延续性的前提下推进正式制度的变迁。也就是说，农地制度改革的发生和发展以一种"换药不换汤"的方式推进，其结果是"汤药并换"，而达成这一结果的过程却是"润物细无声"。这种制度变迁规避了改革的政治风险，避免了社会动荡。

新时期我国农地制度改革以渐进方式演变至今。改革首先在不改变人民公社体制的前提下对旧体制进行修补。但是，当旧体制被农民群众冲破之后，其制度绩效明显优于旧体制。② 改革从局部引入"包产到户"这一特殊政策。随着"包产到户"的扩展，其增产的有效性被实践所证明以后，这个特殊政策才逐步得到稳定化、法制化。

我国农地制度的变迁遵循的是"渐进式"的改良路线，从不联产到联产、从联产到组到联产到劳到户、从包产到包干、从群众到干部、从队到县……逐步推进。1984 年以前的包产到户改革还没有顾及土地权利制度问题，早期的土地承包，只涉及农户的耕作权。其他土地权利，包括种什么和种多少的决定权、农产品的市场交易权、承包土地的流转权等，都是后来"改革深化"的结果。农民的土地使用权的获得是在此后才随着农村问题的凸显而逐渐实现的，因为在很长一段时间里，农民没有获得明确土地使用权以降低自己利用土地的成本的预期。这个过程顺应了农民的意愿，也维护了农村的稳定。

四、效率与公平的博弈

从宏观层面看，家庭承包制产生于排斥市场、排斥竞争和缺乏效

---

① 《建国以来重要文献选编》第 20 册，中央文献出版社 1998 年版，第 283 页。

② 参见许经勇：《中国农村经济制度变迁六十年》，厦门大学出版社 2009 年版，第 205 页。

率的计划经济时代。大多数生产经营的组织机构因缺乏激励、市场和竞争而缺乏效率，导致资源得不到合理利用，潜能得不到充分发掘，市场供应无从改善，收入无从提高。其结果只能是共同贫困。家庭承包制的产生是向贫困和计划宣战。其产生和迅速扩展是符合经济社会的进步潮流的。从制度经济学的层面看，改革开放前，政府依靠行政命令、通过政治手段获得在全国范围内的垄断地位，用计划体制取代了市场竞争，效率低下可以想见。家庭承包制通过明确农户在耕地上的使用权和收益权而获得激励从而刺激效率的提升。这样，农户就成功地实现了"通过提高组织内部效率而取代市场"的过程。[①] 更重要的是，从制度、社会层面看，家庭承包制在营造市场的同时又使农户在未来的市场竞争中立于不败之地，延缓了农村人口迅速"城市化"的市场进程，避免了拉美式的城市"贫民窟"在中国的泛滥，也为政府解决公平问题赢得了时间。

从微观层面看，土地承包制的发包方式坚持的是"公平优先、兼顾效率"而不是相反。"耕者有其田"是历代农民的夙愿。满足农民诉求不仅是经济发展的内驱力，而且是民心趋向的重要条件，因此历代统治者都非常重视农地问题。"均贫富"反映在土地占有关系上就是"均田地"，"强制掠夺"与"抑制兼并"折射着封建王朝的治乱更替。因此，处理当代中国农民土地权利问题仍然必须秉承"公平优先于效率"的价值取向。但是，农地制度改革从恢复农业生产责任制起步，联产承包经营的最初含义是将农产品生产任务按田亩和劳动力分解"包产到户"，因而要"按劳动力分配责任田"，同时兼顾人口对土地的平均需要。这样一来，"按人劳比例"分配责任田便成为农地制度变革起步阶段的最好选择。[②] 当土地承包期限不断延长，且与粮食等必需农产品的

---

① 参见谢培秀：《农村家庭承包制是制度创新之举》，《中国乡村发现》2007 年第 10 期。

② 参见《农业集体化重要文件汇编（1949—1957）》，《农业集体化重要文件汇编（1958—1981）》，中共中央党校出版社 1981 年版。

生产任务脱钩以后，集体成员平均分配集体土地才成为必然。

　　"起点公平与使用效率"是农地产权制度改革的基本原则。我国土地资源的分布极不均衡。新中国土地改革的农地平分运动必然形成小农经济格局。毛泽东早在 1943 年就发现，"在农民群众方面，几千年来都是个体经济，一家一户就是一个生产单位，这种分散的个体生产，就是封建统治的经济基础，而使农民陷于永远的贫苦"[①]。尽管后来掀起了农业集体化政治运动，强行把原先由农民个人所有、分户经营的农地制度变成由集体所有、统一经营的"大锅饭"模式，但其实质仍然是农民在集体内部不断地平分土地。因为农地集体所有制中隐含着"农民成员权"的问题，它意味着新增农业人口有权利从集体耕地中随时分得一份，适龄青年也可以随时参与集体劳动以获取土地报酬。其结果是直接刺激农村人口高速增长，加剧人地矛盾，反过来又造成土地报酬递减和边际效益下降。到了人民公社的晚期，全国平均每个社员从集体收入中分得实物是现金收入的 3 倍。[②] 这样，"按劳分配"就变成了平均主义（即"穷过渡"）。而平均主义又消解了农民的劳动积极性，随着"集体偷懒"和"搭便车"行为日渐增多，人民公社体制也就寿终正寝了。

　　从"大包干"直到第二轮土地承包，农民一直沿用新中国成立初期搞土改时的老办法来平分土地。这一时期全国农民人均耕地面积已经低于 2 亩，与 20 世纪 50 年代初期相比减少一倍左右。它意味着农民在原先狭小的自然村落内部平分土地已经无法满足"起点公平"的要求，只能以行政村为单位，由集体组织出面统一协调，只有这样才能显得相对公平一点。在 1996—1999 年进行第二轮土地承包时，农民实际上是"以行政村为单位"平分土地。尽管如此，各地农民在人均土地数量和农业技术水平、管理经验、资本积累及其价值取向、心理需求等方面也

---

① 《毛泽东选集》第三卷，人民出版社 1991 年版，第 931 页。

② 曹锦清、张乐天、陈中亚：《当代浙北乡村的社会文化变迁》，上海远东出版社 2001 年版，第 179—185 页。

是各不一样的，因此要求土地产权在农户之间、乡村之间甚至是地区之间进行自由的流转。而我国又几乎剥夺了农民的土地财产权，法律也禁止农地产权进行交易，这样就使农户超小型的土地经营规模被长期固化了。[①] 近几年国家开始提倡农民的家庭承包地使用权可以流转，但因政府垄断农地市场的制度约束而难以操作。根据农业部有关部门最新统计的结果，目前全国各地以各种形式流转的耕地面积平均为 5%—6%，并且多数发生在东南沿海的经济发达地区，在中西部大约只占 1%—2%。面对这种局面，徐小青、张红宇却认为，目前的农地使用权在家庭之间流转问题不算太大，即使不解决农民的土地财产权问题，也可以把农户承包地发挥得淋漓尽致。迟福林、王景新等学者甚至主张，要继续坚持以"起点公平"的土地分配原则和"赋予农民长期而有保障的土地使用权"为立足点和出发点，将农村集体土地按照一定时限（比如从第二轮土地承包算起）由集体成员平均承包。整个农村改革和政策制定到现在为止，可以说好改的基本改完了，剩下几块"骨头"不啃，也很难前进了。陈锡文主张，一定要从我国的现状出发，积极地推进农地制度改革；但在研究方案、提出政策建议时又必须牢记党和国家的性质，农地产权制度改革要促进农村经济发展而不能引起社会动荡，这才是最重要的。由此可见，我国目前的农地产权制度改革仍然没有摆脱以往的政治意识形态影响，"特别是国家意志对制度变迁有深刻影响，主流意识形态决定了变迁的基本方向"[②]。其实，从根本上讲经济合理性才是衡量农地所有权与使用权相分离的理论依据。一般农民家庭只要三代人同时使用一块土地（通常周期为 25—30 年），就应当把它确定为个人的私有财产权，而不能误认为是永久使用权或永佃权。从实践上看，我国在 20 世纪 80 年代以前，人地比率下降主要是由人口快速增长所致，即由人

---

① 张新光：《中国农地产权制度改革实践中的几个理论问题》，《山西师大学报》（社会科学版）2004 年第 4 期。

② 张红宇：《中国农村的土地制度变迁》，中国农业出版社 2002 年版，第 40 页。

口增长所引起的人地比率下降份额占 91.83%，由耕地减少所引起的人地比率下降份额只占 8.17%；而到了 20 世纪 80 年代以后则相反，即人口增长的作用已降到 17.24%，耕地减少的作用上升为 82.76%。[①] 这说明我国自 20 世纪 50 年代初期以来，"平分土地"政策始终发挥着主导作用，由此造成农地尤其是耕地细碎化经营的历史起点与逻辑演进方向是高度一致的。它实质上是传统的小农制经营方式的延续，既没有从根本上解决各地农民人均占有土地上的"公平"问题，又没有实现农地使用的"效率"问题。这种一味主张农民的土地分配要"起点公平"的论调，不仅违背了中国历史与现实的客观情况，而且延缓了农业的现代化。

---

① 朱国宏：《人地关系论》，复旦大学出版社 1996 年版，第 114—119 页。

第四章 广东省揭阳市农地制度改革的实证研究

前文主要从理论上阐述了新时期农地制度改革的背景、条件、演进、内容和特点，并对其绩效进行评价，对其创新作出展望。为了充分论证这些理论观点，本书选择广东省揭阳市这个沿海欠发达地区作为调查研究区域，以样本农户数据为依据展开相应的实证研究，对当地的农地制度实施状况作了广泛而深入细致的调查研究分析。对农地产权的调研，重点关注农民对农地产权的认知与意愿，以及这种认知状况背后的内在原因；对农地流转的调研，重点研究农地流转的现实需求和实际操作，揭示农地流转不畅的深层原因和策略选择；对农地征收的调研，重点研究当地的征地现状以及农户所受的影响及其感受，探寻被征地农户的生计途径。通过这三个方面的调研分析，揭示我国沿海欠发达地区农地制度的现状和出路。

第一节 对调研情况的说明

本研究重点调查的四个县（区、市）——揭东区、揭西县、普宁市和惠来县都是揭阳市有代表性的农业县（区、市），覆盖了当地的大部分农区。既有普通农区，又有城镇近郊农区；既有山区又有沿海。本节就调研的基本情况作简要的描述。

一、调研区域概况

(一) 揭阳市的经济发展和农地概况

揭阳市位于广东省东南部潮汕平原西北部，北靠梅州，南濒南海，东邻汕头、潮州，西接汕尾，是侨乡潮汕地区一个拥有 2200 多年历史的古邑。1991 年 12 月 7 日由国务院批准成立为地级市。建市以来，揭阳市经济持续快速发展，产业规模迅速壮大。2011 年第一产业增加值 128.70 亿元，为 1992 年 26.18 亿元的 3.92 倍，年均增长 8.74%；2011 年第二产业增加值 734.96 亿元，为 1992 年 21.74 亿元的 32.81 倍，年均增长 20.36%；2011 年第三产业增加值 362.21 亿元，为 1992 年 14.73 亿元的 23.59 倍，年均增长 18.36%。(见表 4-1) 20 年来，揭阳市三次产业不仅实现了数量的快速增长，而且实现了结构的持续优化，三次产业结构已由 1992 年的 41.79∶34.70∶23.51 调整为 2011 年的 10.50∶59.95∶29.55，其中第二产业比重上升了 25.25 个百分点，实现产业结构由以第一产业为主导向以第二产业为主导转变。(见表 4-2)

表 4-1　广东省揭阳市三次产业增加值变化一览表

项目	1992 年 (亿元)	2011 年 (亿元)	增长倍数	年均增长
生产总值	62.65	1225.86	18.57	16.94%
第一产业	26.18	128.70	3.92	8.74%
第二产业	21.74	734.96	32.81	20.36%
第三产业	14.73	362.21	23.59	18.36%

资料来源：《2012 年年鉴：历年综合市情市力主要经济指标》，揭阳统计信息网，2013 年 1 月 23 日。

近年来，揭阳市虽然取得了较快的发展，但社会经济发展水平依然落后于全省平均水平，仍然属于广东省内经济欠发达地区。2011 年生产总值 1225.86 亿元，其中第一产业占 10.50%，与全国平均水平

表4-2　广东省揭阳市三次产业结构变化对比

（单位：%）

项目	第一产业	第二产业	第三产业
1992 年	41.79	34.70	23.51
2011 年	10.50	59.95	29.55
变化	−31.29	+25.25	+6.04

资料来源：《2012 年年鉴：历年综合市情市力主要经济指标》，揭阳统计信息网，2013 年 1 月 23 日。

（10.0%）接近，比全省平均水平（5.0%）高 5.5 个百分点。由于城镇化进程的加速推进，工业和建设用地的较快增长，耕地面积和粮食总产量呈逐年下降趋势，油料、糖蔗等经济作物从 2000 年以后也开始逐年减产，而肉类、水产品等养殖业产量则逐年有所增长。（见表4-3）全市农村居民人均纯收入 6993 元，只及全省平均水平 9371.73 元的 74.62%。近年来，第二、三产业有了相应的发展，逐渐成为农民就业和收入的主要渠道。

揭阳市境内地势自西向东倾斜，低山高丘与谷地平原交错相间。全市国土总面积 5240.5 平方公里，山地、丘陵、平地各占土地总面积的 20%、40%、40%。西北部和西南部多为丘陵、山地。中部、南部和东南部是肥沃的榕江冲积平原和滨海沉积平原，素有"鱼米之乡"之美誉。耕地 185.84 万亩（水田 103.04 万亩，水浇地 1.95 万亩），山地面积 425 万亩，总人口 669.28 万人①，是粤东地区面积最大、人口最多、以传统农业精耕细作著称的农业大市。"养儿防老"、"传宗接代"、"多子多福"的生育观念和"多生超生"的生育行为，使揭阳市乃至整个潮汕地区的人地矛盾尤为突出。我国人均耕地面积 1.35 亩，只有世界的 1/4。而揭阳市的人均耕地面积又远低于全国的平均水平，甚至低于联

———————

① 广东省揭阳市统计局：《2012 年揭阳统计年鉴》2013 年。

合国粮农组织提出的人均占有耕地 0.05 公顷（合 0.75 亩）的最低界限。全市人均耕地面积 0.42 亩。[①] 如果考虑外来人口，则人均耕地量更少。各样本县市的人均耕地面积都不超过 0.6 亩。普宁市最低，仅为 0.30 亩。（见表 4—4）而且土地后备资源有限，耕地保护责任目标和新增建设用地占补平衡、耕地总量动态平衡目标面临的工作压力大。

表 4—3   揭阳市农业生产主要指标变化一览表

年份	粮食播种面积（万亩）	粮食产量（万吨）	油料产量（万吨）	肉类产量（万吨）	水产品产量（万吨）
1992	299.82	117.26	3.28	9.46	8.67
1997	285.17	128.43	3.49	14.11	13.01
2002	239.97	103.01	3.21	16.47	13.36
2007	203.93	82.29	3.14	16.06	13.39
2011	205.11	86.24	3.02	17.70	14.80

资料来源：广东省揭阳市统计局：《2012 年揭阳统计年鉴：历年综合市情市力主要经济指标》，揭阳市统计局 2013 年 1 月 23 日。

表 4—4   样本区域人口和耕地情况

行政区划	农业人口（万人）	耕地面积（万亩）	其中：水田（万亩）	水浇地（万亩）	人均耕地面积（亩）
揭阳市	443.56	185.84	103.04	1.95	0.42
揭东区	94.00	47.29	20.14	0.11	0.50
揭西县	72.90	40.62	22.99	0.08	0.56
普宁市	166.68	49.82	32.50	1.12	0.30
惠来县	97.85	44.29	25.59	0.35	0.45

资料来源：《2012 年年鉴：历年综合市情市力主要经济指标》，揭阳统计信息网，2013 年 1 月 23 日。

---

① 广东省政协人口资源环境委员会专题调研组调研结果显示，揭阳市人均耕地仅为 0.31 亩，参见《潮汕人口密度是全省 3.3 倍 7 个县区人口超百万》，《南方日报》2011 年 2 月 16 日。

　　（二）样本县（区、市）概况

　　揭阳市现辖榕城区、揭东区、揭西县、惠来县，代管普宁市（县级）。四个样本县市中，揭西、普宁是山区农业县，惠来是沿海农业县。揭东区和普宁市发展较快。毗邻揭阳市区的揭东发展得最好，人均生产总值24542元，居四县市之首。工业比较发达，占比达63.43%，但商业水平仍比较低，仅为24.81%。普宁市是20世纪八九十年代发展起来的商贸名城，服务业占比29.19%，居四县市之首。工业占比63.25%，也直追揭东区。农业占比已经降低到7.56%，居四县市最低位。揭西县和惠来仍然比较落后。揭西县的服务业比较发达，占比29.19%，但农业占比仍然高达17.75%。惠来的各项指标都处于劣势。农业占比最高，达到24.76%。第二、三产业占比分别是52.01%、23.22%，人均生产总值仅有14179元，皆为四县区末位。（见表4-5）

表4-5　样本区域生产总值和产业结构情况表

行政区划	生产总值（亿元）	人均生产总值（元）	第一产业（%）	第二产业（%）	第三产业（%）
揭阳市	1225.86	20780	10.50	59.95	29.55
揭东区	285.17	24542	11.72	63.43	24.81
揭西县	141.85	17124	17.75	54.20	28.04
普宁市	368.16	17934	7.56	63.25	29.19
惠来县	153.94	14179	24.76	52.01	23.22

数据来源：《2012年年鉴：历年综合市情市力主要经济指标》，揭阳统计信息网，2013年1月23日。

　　揭东区地处揭阳、汕头、潮州三市交会处，是揭阳潮汕机场所在地。地势自西向东倾斜。低山高丘与谷地平原交错相间，分布不均，西北部和西南部多为丘陵、山地。中部、南部和东南部都是平原。揭东是以农业经济为主体的传统农业大区。2011年全区粮食作物播种面积50.76万亩，粮食总产量25.71万吨。

揭西县地处粤东大北山南麓，潮汕平原西北部。地势自西北向东南逐渐倾斜，西北部高山，中部为丘陵，东南部为平原。全县总面积1365平方公里，山地（含丘陵在内）占全县总面积的84.9%，25度以下可开发利用的山坡地近30万亩。森林覆盖率达59.9%，被授予"国家生态示范区建设县"、"广东绿色名县"、"林业生态县"等称号。揭西县山多水丰耕地少，全县人均耕地仅有0.56亩，自古有"七山二水一分田"的说法。

普宁市南部为山地，西南部为丘陵，东北部为低矮丘陵，中部为平原，在平原与丘陵之间有台地分布。山区面积占全市面积的六成，是全省50个山区县之一。普宁市是中国内地第一人口大县，2011年全市户籍人口235.02万，区域总面积1620平方公里，人口密度1450.74人/平方公里，远高于全国人口密度130人/平方公里和广东人口密度520人/平方公里。人多地少的特征尤为突出，人均仅有0.30亩耕地。

惠来县陆地面积1253平方公里，海域面积7689平方公里，海岸线长109.5公里（大陆海岸线长82公里），是揭阳市重要的海上交通门户。土地资源相对充裕，用地存量大。沿海地貌以疏残林和沙地、小丘陵为主，大量成片土地仍处于原生态，村庄分布、建筑物、耕地、农作物较少，开发成本低。

二、调研样本概况

2013年7月16日至8月24日，笔者利用暑假，对揭阳市揭东区、揭西县、惠来县和普宁市的农户进行随机抽样入户调查。揭东区选取了曲溪镇路篦村，锡场镇锡西村，玉湖镇湖岗村，玉滘镇大窖村，云路镇田东村；揭西县选取了东园镇古福村，南山镇前锋村，金和镇仙坡村，坪上镇五星村，五经富镇新和村、联和村、龙山村、营盘村、朝阳村、建二村；普宁市选取了高城镇大道营村，马鞍山农场汉塘村，梅林镇永兰村，南溪镇下尾王村，麒麟镇奇美村；惠来县选取了惠城镇东郊村、西一村、西二村、西三村、英内村，隆江镇桥埔村、赤坭山村和竹老村。调查足迹遍布4个县（区、市），17个乡（镇），28个行政村，500个农户。（见表4-6）本研究主要采用上述四县区农户调研数据，研究我国农地制度在揭阳市的实施状况及四县区农户的农地制度观。

表4-6　调研时间和有效样本分布情况①

县（区、市）	乡镇	村	调查日期	有效样本数
揭东区	曲溪镇	路篦村	2013.7.23	20
	锡场镇	锡西村	2013.7.23	20
	玉湖镇	湖岗村	2013.7.30	20
	玉滘镇	大窖村	2013.7.22	20
	云路镇	田东村	2013.7.24	20
揭西县	东园镇	古福村	2013.7.19	20
	南山镇	前锋村	2013.7.18—19	20
	金和镇	仙坡村	2013.7.22	20
	坪上镇	五星村	2013.7.22	20
	五经富镇	新和村	2013.7.22	6
		联和村	2013.7.22	4
		龙山村	2013.7.22	4
		营盘村	2013.7.23	3
		朝阳村	2013.7.22	2
		建二村	2013.7.23	1
普宁市	高城镇	大道营村	2013.8.22	20
	马鞍山农场	汉塘村	2013.8.21	20
	梅林镇	永兰村	2013.8.22	20
	南溪镇	下尾王村	2013.8.23	20
	麒麟镇	奇美村	2013.8.24	20

① 本章图表资料来源，除标明出处外，均根据调研数据整理。

县（区、市）	乡镇	村	调查日期	有效样本数
惠来县	惠城镇	东郊村	2013.8.20	20
		西一村	2013.8.20	20
		西二村	2013.8.20	20
		西三村	2013.8.19	20
		英内村	2013.8.20	20
	隆江镇	桥埔村	2013.7.16	13
		赤坭山村	2013.7.21	2
		竹老村	2013.7.21	1
总计	17	28		416

三、样本农户基本情况

本研究整理分析了各样本农户的家庭基本特征，包括家庭人口数量、户主年龄、户主受教育程度、家庭劳动力比例、家庭成员是否担任村干部、家庭人均耕地面积等情况。

样本农户的家庭人口规模平均为 4.82 人，其中普宁最高，达到 5.18 人，揭东最小，只有 4.12 人。样本农户的户主平均年龄为 52.15 岁，揭西最高，达到 53.80 岁，普宁最低，为 50.18 岁。各县（区、市）样本农户户主的文化程度也存在差别，普宁的户主平均受教育年限为 7.30 年，而揭西仅为 5.81 年。在家庭劳动力比例方面，各县（区、市）也有所不同。惠来的家庭平均劳动力比例高达 72.41%。因为家庭经济的原因，部分老年人（60 周岁以上的男性，55 周岁以上的女性）仍然参加劳动，个别低于 16 周岁的家庭成员过早加入劳动大军，都推高了这一比例。（见表 4–7）中国人民大学老年学研究所 2013 年 10 月 12 日发布的对中国老年人状况的调查数据显示，老年人口中有 30% 的人还在劳动，在农村这一数据达到 40%。笔者的调查也印证了上述现象。我们在访谈中了解到，不足龄劳动力的增加除了家庭经济原因，还跟近年来的教育成本飙升而大学毕业生就业难度提高有关。

表 4-7　样本农户家庭基本特征

项目	揭东	揭西	普宁	惠来	合计
户均人口数量（人）	4.12	5.09	5.18	4.86	4.82
户主平均年龄（年）	50.89	53.80	50.18	53.35	52.15
户主平均受教育年限（年）	6.92	5.81	7.30	7.14	6.84
家庭平均劳动力比例（%）	58.91	54.76	66.99	72.41	64.28
家庭成员担任村干部比例（%）	8	6	4	12.68	8.14
家庭人均耕地面积（亩 / 人）	4.45	2.39	1.67	0.93	2.22
户均地块数量（块）	2.58	4.93	3.33	2.18	3.01

人多地少是样本区的基本特征。但从数据上看，无论是各样本县（区、市）还是样本总体情况，家庭人均耕地面积均高于所在县（区、市）的人均耕地面积，这主要归因于部分样本农户流入了耕地。可见，农地流转在样本区域也是比较活跃的。

在考察样本农户家庭基本特征的同时，本研究还统计了各样本农户的家庭人均年总收入、人均农业收入、人均种植业收入、人均非农业收入，全面把握样本农户的家庭收入结构状况。（见表 4-8）

表 4-8　样本农户家庭收入状况

项目	揭东	揭西	普宁	惠来	样本总计
人均年总收入（元）	9490	10693	12443	8756	10254
人均农业收入（元）	3499	3214	3055	1132	2547
占人均年总收入比例（%）	36.9	30.1	24.5	12.9	24.8
其中：人均种植业收入（元）	1296	838	1352	785	1033
占人均农业收入比例（%）	37.0	26.1	44.3	69.35	40.6

项目	揭东	揭西	普宁	惠来	样本总计
人均非农业收入（元）	5991	7479	9389	7624	7707
占人均年总收入比例（%）	63.1	69.9	75.5	87.1	75.2

第二节　农地制度问题的实证研究

本研究根据研究目的要求对揭阳市农地制度进行了深入细致的调研，重点考察了样本县（市、区）的农地制度实施状况和域内农村居民的做法及其基本看法。在与农民和村干部的交谈中，收集了 500 个农户的调查问卷，在此基础上，对农地产权、农地流转、农地征收三个方面进行了调查分析，期望对揭阳市以及其他同类地区的农地制度创新有借鉴意义。

一、关于农地产权的实证研究

产权制度是农地制度的核心内容。本研究首先考察了样本农户对当前我国农地产权制度安排的认知与意愿，探寻其现状背后的深层原因，探讨思考问题的出路，为农地产权制度创新奠定了现实基础。

（一）调查结果及分析

1. 样本农户对农地产权的认知

（1）对土地私有权和发包方的认知

承包土地的所有权究竟属于谁？样本农户对农地所有权主体的认知各异。7.9% 的农户认为承包土地的所有权属于个人（家庭），70.2% 认为土地归集体所有，14.3% 认为土地归国家所有。（见表 4-9）这种状况反映了农地制度实施过程中，各级政府对农地产权的干预过度，从而使农地产权主体被架空。

表4-9　样本农户对农地所有权的认知

您所承包土地的所有权属于谁？		
选项	人数	比例（%）
属于个人（家庭）所有	31	7.9
属于集体所有	275	70.2
其中：属于村民小组（生产队）	10	2.6
属于村集体经济组织（大队）	216	55.1
属于村委会	49	12.5
属于国家所有	56	14.3
其中：属于国家	25	6.4
属于政府	21	5.4
属于共产党	10	2.6
不知道	30	7.7
合计	392	100.0

　　对所承包土地的发包方的认知。对"您在承包土地时所签订的承包合同中，发包方是谁"的回答，在391个有效样本中，79.8%的农户认为发包方是村集体。但对"谁是村集体的代表"的认识却存在分歧。44.0%的农户认为是村集体经济组织（大队），23.0%的农户认为是村委会，6.9%的农户认为是村合作经济组织，5.9%的农户认为是村民小组（生产队）。这种分歧源于我国当前的农地法律对农地产权主体规定的模糊性。它也影响了农地承包合同的规范和统一，减弱了农地承包权的法律保障。（见表4-10）

表4-10　样本农户对农地发包方的认知

您在承包土地时所签订的承包合同中，发包方是谁？		
选项	人数	比例（%）
集体	312	79.8

您在承包土地时所签订的承包合同中，发包方是谁？		
选项	人数	比例（%）
其中：村民小组（生产队）	23	5.9
村集体经济组织（大队）	172	44.0
村合作经济组织	27	6.9
村委会	90	23.0
乡政府	15	3.8
没有承包合同	18	4.6
不知道	46	11.8
合计	391	100.0

（2）对所承包土地的权利的认知

第一，农地转让（转包）权。

在农地流转（包括转让、转包、出租）问题上，对"所承包土地可否拥有私下流转的权利"的回答，66.8%的样本农户表示肯定，33.2%的样本农户表示否定。在表示肯定的样本农户中，又有13.6%的农户认为这种转让（转包）权是有条件限制的，只能转让（转包）给本村或本村民小组。认为经过村集体同意后可以进行流转的农户的比例比认可私下流转的农户的比例竟然高出25.3个百分点，达到92.1%。由此可以看出，村集体在农地流转上存在一定的实际控制权。当问及"土地使用权是否可以进入土地市场交易"，只有22.4%的样本农户持肯定回答，持否定答案的样本农户比例竟高达55.5%。（见表4-11）这种情况说明了即使在市场经济发育比较充分的广东，农地市场的发育也处于起步阶段，明显滞后于其他要素市场。因此，推进农地流转，首先必须提高对农民农地流转政策的认知程度。

表 4-11 样本农户对农地转让（转包）权的认知

承包土地后是否拥有以下权利：私下进行转让、转包、出租		
选项	人数	比例（%）
可以	261	66.8
其中：可以	208	53.2
给本村的可以，外村的不可以	39	10.0
给本村民小组的可以，其他人的不可以	14	3.6
不可以	130	33.2
合计	391	100.0

承包土地后是否拥有以下权利：经村集体同意后，进行转让、转包、出租		
选项	人数	比例（%）
可以	339	92.1
其中：可以	279	75.8
给本村的可以，外村的不可以	42	11.4
给本村民小组的可以，其他人的不可以	18	4.9
不可以	29	7.9
合计	368	100.0

承包土地后是否拥有以下权利：土地使用权进入土地市场交易		
选项	人数	比例（%）
可以	83	22.4
不可以	206	55.5
不知道	82	22.1
合计	371	100.0

第二，农地抵押权。

承包土地是否具有抵押权？可不可以把土地使用权进行抵押？对这一问题的回答，25.9%的样本农户认为可以，49.6%认为不可以。对有无这项权利不明确的农户竟然高达 24.5%。认为可以抵押的比例远远低于肯定可以转让、转包与出租的比例。（见表 4–12）

第三，农地入股经营权。

对"是否可以把承包土地经营权折价入股，进行土地股份合作"的调查表明，52.8% 的样本农户认为可以，15.1% 的样本农户认为不可以。而回答不知道的样本农户比例高达 32.1%（见表 4–13），这说明样本农户对农地股份合作制的了解仍然比较缺乏。

表 4–12　样本农户对农地抵押权的认知

选项	可以	不可以	不知道	合计
人数	97	186	92	375
比例（%）	25.9	49.6	24.5	100

表 4–13　样本农户对农地入股权的认知

选项	可以	不可以	不知道	合计
人数	196	56	119	371
比例（%）	52.8	15.1	32.1	100

第四，农地抛荒权。

对"如果自己不想种，是否可以把承包土地抛荒"的回答，26.4% 认为可以，64.7% 认为不可以，8.9% 表示不知道。（见表 4–14）30.0% 的样本农户抛荒过土地，70.0% 的样本农户从未抛荒过土地。26.2% 的样本农户对种不种土地已经无所谓，只是因为不愿意土地抛荒而仍然耕种土地。

表 4–14　样本农户对农地抛荒权的认知

选项	可以	不可以	不知道	合计
人数	98	240	33	371
比例（%）	26.4	64.7	8.9	100

第五，放弃农地承包权。

对"如果自己不经营，是否可以放弃农地承包权"的回答，49.3%的样本农户表示可以，37.3%的样本农户表示不可以。（见表4-15）农地承包权之所以不可以放弃是因为，在不少农户眼中，农地承包权本身是一种集体成员权，据此承包的土地就是属于自家的财产。

表4-15　样本农户对承包土地放弃权的认知

选项	可以	不可以	不知道	合计
人数	184	139	50	373
比例（%）	49.3	37.3	13.4	100

第六，农地继承权。

对"承包土地是否可以由子女继承"的回答，83.3%的样本农户认为可以，9.7%的样本农户认为不可以，7.0%的样本农户选择不知道（见表4-16）。《农村土地承包法》第50条规定："土地承包经营权通过招标、拍卖、公开协商等方式取得的，该承包人死亡，其应取得的承包收益依照《继承法》的规定继承；在承包期内，其继承人可以继续承包。"而最高人民法院关于农地承包纠纷案件的司法解释则进一步明确，承包方的继承人或者权利义务承受者请求在承包期内继续承包的，应予支持。因此，根据现行的法律及司法解释规定，在承包期内，子女有权继续承包土地。认为不可继承的农户对继承权的理解更多是从成员权的角度出发，认为人一旦死亡，农地承包权也随之终结。

表4-16　样本农户对承包土地继承权的认知

选项	可以	不可以	不知道	合计
人数	310	36	26	372
比例（%）	83.3	9.7	7.0	100

第七，农地合同履行权。

对"户口变化后是否可以继续耕种土地"的回答，62.2%的样本农户认为可以，23.4%的样本农户认为不可以，14.4%的样本农户选择不知道。（见表4-17）《农村土地承包法》第26条规定："承包期内，发包方不得收回承包地。承包期内，承包方全家迁入小城镇落户的，应当按照承包方的意愿，保留其土地承包经营权或者允许其依法进行土地承包经营权流转。承包期内，承包方全家迁入设区的市，转为非农业户口的，应当将承包的耕地和草地交回发包方。承包方不交回的，发包方可以收回承包的耕地和草地。"按上述规定，只要农民的户口不是迁入设区的市，即使全家转为非农户口，村里也不能收回承包土地。

表4-17　样本农户对承包土地合同履行权的认知

选项	可以	不可以	不知道	合计
人数	229	86	53	368
比例（%）	62.2	23.4	14.4	100

第八，对农地私有化的取向。

对"您是否赞成农地私有化"的调查统计显示，农户对农地私有化具有不同的取向。34.0%的样本农户赞成私有化，44.8%的样本农户不赞成私有化，21.5%的样本农户认为"无所谓"。（见表4-18）而对这一问题的看法，村干部赞成的占23.07%，不赞成的占42.31%。与农户相比，赞成的比例下降了近11个百分点。这主要是不同行为主体之间的目标和制约条件差异使然。

表4-18　样本农户对农地私有化的认知

选项	赞成	不赞成	无所谓	合计
人数	120	157	76	353
比例（%）	34.0	44.5	21.5	100

34.0% 的样本农户希望拥有自己的土地，支持"农地私有化"。其中，明确表示"可以变成资产、财产"的比例为 42.6%，可见农户非常看重土地的物权；明确表示"便于自主经营，提高积极性，稳定耕种，保障收益"的比例达到 32.8%。可见，在实践中，农户的土地使用权得不到长期稳定的保障，因而不能形成稳定的预期。假如农户能够拥有自己的土地，他们做事就会"更有底气"。（见表 4–19）

表 4–19　样本农户赞成土地私有化的理由

选项	人数	比例（%）
土地就是自己的	9	14.8
可以把土地变成资产、财产	26	42.6
便于自主经营，提高积极性	16	26.2
稳定耕种，保障收益	4	6.6
做事更有底气	2	3.3
合理，可以	3	4.9
不知道	1	1.6
合计	61	100.0

调查结果显示，反对私有化的比例更高，达到 44.8%。样本农户不赞成土地私有化，这里又有多种观点。其中，25.0% 的农户认为土地是国家（或集体）的，13.6% 的农户认为土地由国家统一管理更好，2.3% 的农户认为"不担心村干部贪污"。更多的农户则是从土地私有化的严重后果来看问题（占回答该问题农户的 54.5%）。他们认为土地私有化必然导致农用土地被蚕食鲸吞，造成耕地流失，面积减少（占 34.1%），农民失地，贫富悬殊，部分人生活困难（占 11.4%），土地占有不均，不利于稳定（占 9.0%）。（见表 4–20）

表 4–20   样本农户反对土地私有化的理由

选项	人数	比例（%）
土地国家所有	13	29.5
国家管理更好，有扶持政策，有保障	6	13.6
不担心村干部贪污	1	2.3
土地集体所有	5	11.4
私有化导致不良后果	24	54.5
耕地流失，面积减少	15	34.1
农民失地，贫富悬殊，部分人生活困难	5	11.4
土地占有不均	2	4.5
不利于稳定	2	4.5
不知道	2	4.5
合计	44	100.0

2. 关于农地调整的调查

（1）集体承包土地的分配标准

对"集体承包土地的分配标准"的调查，85.0% 的农户认为是以"按人口数量"为标准，15.0% 的农户认为是"综合考虑人口数量和劳动力数量"，没有农户认为是"按劳动力数量"为标准。（见表 4–21）

（2）集体承包土地的调整次数

关于承包土地的调整次数，在 324 个有效样本中，94.4% 的农户反映当地曾经进行过土地调整。反映调整 1 次的占 5.2%，反映调整 2 次的占 41%，反映调整 3 次的占 34.3%，反映调整 4 次的占 6.8%，反映调整 5 次及以上的占 7.1%。（见表 4–22）其中，大调整以 1—2 次居多，小调整亦然。这反映了过去两轮农地承包并没有保证在承包期内不调整承包关系，土地承包权并不太稳定。但相对于"三年一小调，五年一大调"的普遍现象，揭阳市的土地调整次数并不太频繁。土地细碎化现状并非源于土地调整，而是源于地形地貌以及土地优劣搭配，特别是源于人地矛盾。

表 4-21　集体承包土地的分配标准

承包土地分配标准	按人口数量	按劳动力数量	综合考虑人口和劳力	合计
人数	324	0	57	381
比例（%）	85.0	0	15.0	100

表 4-22　农地调整的次数

次数	0	1	2	3	4	≥ 5	合计
人数	18	17	133	111	22	23	324
比例（%）	5.6	5.2	41	34.3	6.8	7.1	100

（3）对农地调整的预期

对"今后 30 年内是否还会进行土地调整"的回答，4.2% 的农户认为肯定不会调整土地，47.3% 的农户认为可能还会调整土地，29.5% 的农户认为肯定会调整土地。调查结果显示，认为土地会调整的农户比例高达 76.8%（见表 4-23），这说明农民对国家稳定农地承包关系的政策信心不足。赵阳认为，调地频率的上升在一定程度上损害了农民的利益，引起了农民的不满，主要表现为农民对土地承包权的感受不踏实，主要担心政策有变化，而这种担心会直接影响到对土地的投入和保护。[①]白斯理（Besley）指出，不稳定的地权如同对土地投资征收一项随机税，会降低农民的投资积极性。[②] 此外，雅可比等学者则发现，土地调整的频

[①] 参见赵阳：《共有与私用——中国农地制度的经济学分析》，生活·读书·新知三联书店 2007 年版，第 7 页。

[②] Besley T., "Property Rights and investment Incentives：Theory and Evidence from Ghana", *Journal of Political Economy*，1995，103：903-937.

率对绿肥的施用量在统计意义上有明显的负面影响。[1]

表 4-23　样本农户对农地调整的预期

选项	肯定不会	可能还会有调整	肯定会	不知道	合计
人数	14	157	98	63	332
比例（%）	4.2	47.3	29.5	19.0	100

（4）对农地调整的认可程度

对"今后30年内是否应该进行土地调整"的调查显示，68.9%的农户认为应该进行调整，2.3%的农户认为不应该进行调整，28.8%的农户认为无所谓。（见表4-24）接近七成的农户明确主张土地调整。对"增人不增地，减人不减地"政策，17.8%的农户"不太赞成"，8.2%的农户"坚决反对"。

表 4-24　样本农户对农地调整的认可程度

选项	应该进行调整	应该进行局部调整	不应该进行调整	无所谓	合计
人数	93	51	8	102	354
比例（%）	54.5	14.4	2.3	28.8	100

当被问及"多少年调整一次土地比较合适"，33.0%的农户认为1—5年内调整一次土地比较合适，14.1%的农户认为6—10年内调整一次土地比较合适，7.6%的农户认为14—15年内调整一次土地比较合适，24.9%的农户认为20年调整一次土地比较合适，20.5%的农户认为30年调整一次土地比较合适。观察数据可知，认同以5年、10年、15年、20年和30年为最佳调整周期的农户比较集中，共占71.3%。其中，认

---

[1]　Jacoby H.，"GLi and Rozelle.Hazards of Expropriation：Tenure Insecurity and investment in Rural China"，*American Economic Review*，2002，5：1420-1447.

同以 15 年、20 年和 30 年为调整周期的农户所占比例超过一半，高达 51.8%（见表 4–25）。可见，农户更重视长久耕种，稳定生产，稳定民心，因为这样才更有长期投入的信心和积极性。

值得注意的是，主张调整周期在 1—5 年内的农户仍达 33.0%，说明相当比例的农户仍然期望农地均分到人，这意味着村民对农地承包权的关注仍然集中在集体土地的成员权上。村民追求平均分配土地资源是对未来不确定的农地政策最好的预期，这也反映出农民追求土地分配中平等和公平的欲望普遍高于对效率目标的追求。

表 4–25　样本农户对农地调整频度的认可程度

周期（年）	1—4	5	6—9	10	14	15	20	30	合计
人数	39	22	12	14	2	12	46	38	185
比例（%）	21.1	11.9	6.5	7.6	1.1	6.5	24.8	20.5	100

在农户认为应该调整土地的主要理由中，"人口变动"是土地调整的第一动因，占 51.5%；其次是"平衡村民之间、村民与集体的利益关系"，占 21.2%。此外，认为应该先观察试验再看看效果、确保农民收益、避免土地浪费、社会形势变化节奏快、重新规划的观点也占一定的比例。（见表 4–26）这里面也涵盖了公共利益，比如"重新规划"，但更多的是农地收益的个人算计。农民对农地集体成员权的关注即是对农地保障功能的重视。

表 4–26　样本农户认为应该调整土地的主要理由

选项	人数	比例（%）
人口变动	34	51.5
平衡村民之间、村民与集体的关系	14	21.2
观察试验效果	8	12.1
确保农民收益	3	4.5

选项	人数	比例（%）
避免土地浪费	3	4.5
社会形势变化节奏快	3	4.5
重新规划	1	1.5
合计	66	100.0

（二）基本结论和政策建议

本研究对揭阳市四县（区）作了调查和统计分析，对样本农户的土地权利的现实状况及其相关意愿归纳如下：（1）农民作为承包土地的经营主体的地位得到巩固和强化，其承包权获得了一定的制度保障。（2）对农地产权，农民更多地关注集体土地的成员权。农地权利束中的其他方面，比如市场交易权、抵押权、入股经营权、合同履行权等权利则仍未受到重视。（3）农户对农地转让（转包）、出租权和继承权有较高的认同度。可见，当地的农地流转并不太活跃。这与非农产业的发展和信息支持等因素有关。（4）农户对未来30年农地调整的普遍预期和认同反映了农户对土地保障功能的偏好。不少农户认为应对人口变动、平衡利益关系的农地调整更能体现公平。

在农地产权方面，以下问题需要给予关注并妥善解决：（1）作为农地产权主体的"集体"仍是一个模糊的概念。到底是村委会、村集体经济组织（大队）还是村民小组（生产队）？需要进一步明确。否则，一系列问题——土地权属纠纷、征地补偿费用不规范、不合理分配、农民的权益等问题都将得不到解决。（2）农地的权利和义务在国家、地方各级政府、农村集体和农户之间如何分割？（3）国家稳定农地关系的政策如何与农户的集体成员权诉求相对接？

二、关于农地流转的实证研究

农地流转是农业现代化的重要环节。但我国目前的农地流转制度却滞后于社会主义市场经济建设，妨碍了农地资源的合理配置。而揭阳市的农地流转更是明显落后于广东省内的其他地区。原因和出路何在？这是我们急需考察和思索的问题。

(一) 样本区域农地流转态势

农地流转是农村经济发展的必然趋势，也是进行农地适度规模经营的现实前提。地处改革开放前沿的广东，农地承包经营权流转的实践起步较早，流转规模较大。广东农地流转始于第一轮土地承包期。早在20世纪90年代，农地流转就已经在珠江三角洲地区得到尝试。有些地方的农民将土地出租给他人创办企业。但是，在1997年农地第二轮承包之前，农地流转只是个别现象，此后才呈现出较大的规模。据广东省农业厅调查，1997年广东省全省农地流转面积3万公顷，占家庭承包耕地总数的2%。[①]

广东农地流转涵盖了入股、租赁、转包、转让、互换等基本形式。截至2007年年底，土地入股占据最大比例，流转面积为151万亩，占流转总面积的35.9%；而租赁则成为各区域农地流转中较为常见的形式，占流转总面积的29.5%。[②]从区域来看，不同地区农地流转主要形式略有差异，珠江三角洲以入股、转包、租赁为序，沿海以转包、租赁、转让为序，山区以租赁、转包为序。珠江三角洲农地流转形式以入股为主，这是从20世纪90年代以来，该地区逐步推行农地股份合作制改革所致。广东省佛山市入股形式占土地流转面积97%以上，若排除佛山的影响，珠江三角洲地区主要流转形式也是租赁和转包，合计占78%以上。

广东省内区域之间农地流转存在着明显的差异性，发展不平衡。

---

① 广东省农办经管处：《延长土地承包期情况调查分析》，《南方农村》1998年第3期。

② 邹锡兰、许社功：《广东：土地流转早已"市场化"》，《中国经济周刊》2008年第47期。

其中，珠江三角洲地区是全省农地流转最活跃的地区。① 无论是农地流转面积及其占全省土地流转面积的比例，还是农地流转涉及农户的数量和占比，都高于东西两翼沿海经济次发达地区和山区经济欠发达地区。（见表4–27）② 目前，在广东佛山、中山等地的一些村庄，农地流转的获益已成为农民增收的重要来源之一。

表 4–27　广东全省及三大区域农户土地承包经营权流转情况表

项目	土地流转面积（万公顷）	占全省土地流转面积的比例（%）	土地流转涉及农户数量（万户）	占承包总户数比例（%）
珠三角	17.6	48.8	86.1	35.8
沿海	11.2	31.0	78.9	16.3
山区	7.3	20.2	27.5	7.8
全省	36.1	100	192.5	17.8

资料来源：广东省农业厅 2005 年底统计数据（不包括深圳）。

广东省揭阳市地处粤东沿海经济次发达地区。虽然农地流转的规模远不及珠江三角洲地区，且进展缓慢，但近年来的农地流转也有所改观。四县区调查的有效农户数据为 416 户，揭东区、揭西县和普宁市各100 户，惠来县 116 户。从表 4–28 中可以看出，土地流转规模与区域经济发展水平成正比。经济发展较快的县区土地流转的比例较高。四县区农地流转活跃程度以普宁市、揭西县、揭东区、惠来县为序，流转土地农户（包括流入户和流出户）占样本农户的比例依次为 52%、45%、27% 和 3.31%。普宁市、揭东区、揭西县三县区的农地流转相对活跃。

---

① 参见张德扬（2004）依据土地资源的类型、特点和经济发展状况，把广东全省 21个市归为三个区域——珠江三角洲经济发达地区、东西两翼沿海经济次发达地区、山区经济欠发达地区。

② 参见傅晨、刘梦琴、周灿芳：《广东城乡统筹推进农村土地承包经营权流转研究》，《南方农村》2007 年第 5 期。

其中尤以普宁市居首位。而与其他三县区相比,惠来县的农地流转率明显落后。

表4–28　样本农户土地流转分布情况表

县区	样本户数	流出户		流入户		未流转户	
		户数	占比(%)	户数	占比(%)	户数	占比(%)
揭东	100	8	8	19	19	73	73
揭西	100	26	26	19	19	55	55
普宁	100	30	30	22	22	48	48
惠来	116	2	1.72	3	2.59	111	95.69
合计	416	66	15.87	63	15.14	287	68.99

(二)调查结果及分析

1. 样本农户户主的文化程度

关于户主文化程度的调查结果显示,流入户户主平均受教育年限为6.40年,低于未流转户和流出户,后两者分别为7.03年和6.89年;而在受教育年限在9年以上的农户占比一项中,流入户占比为16.95%,高于未流转户和流出户,后二者分别为13.33%和13.11%。可见,农地承包经营权更多向低学历劳动者流转。(见表4–29)农户受教育年限的长短对于提升个体的人力资本有着正面的影响。农户受教育年限越高,非农就业能力越高、机会越多,流入农地的比例越低。

2. 样本农户户主的村干部身份

户主村干部身份流出户的占比为3.08%,明显低于未流转户和流入户,后二者分别为10.03%和8.06%。(见表4–29)由此可见,村干部流出土地的积极性并不高。村干部一般具备一定经济基础,可以动用相应的社会资源,其非农就业机会相对较多,这些人可能更倾向于将农地承包经营权转让出去。但事实上,不少村干部并没有流出土地,因为当地的商业和轻工业比较活跃，并提供了更多在乡兼业的机会，况且农忙时节可以雇请外地农民帮工。

表 4–29　农地流转下的户主文化程度和干部身份状况

项目	户主平均受教育年限（年）	户主受教育年限≥9 年的比例（%）	样本户中村干部的比例（%）
流转户	6.87	15	5.51
其中：流出户	6.89	13.11	3.08
流入户	6.40	16.95	8.06
未流转户	7.03	13.33	10.03

3. 样本农户农地经营规模状况

我国是人地矛盾突出的国家。在家庭承包制下，农地按照集体成员权依据土地质量优劣进行均分，形成了细碎分散的农地经营格局。从农地资源的角度看，揭阳市人口严重超载。人均农地过少，导致家庭农业规模过小，农业难以实现规模经营效益，农民增收乏力。农户通过土地承包经营权流转，逐步扩大农地经营面积，逐渐降低农地细碎化程度。四个县区的调研数据，恰恰反映了这一趋势。

对未参与农地流转的样本农户而言，四县区的农地经营规模仍然普遍细碎分散。揭东区样本农户农地的规模：户均 0.85 亩，劳均 0.34 亩，人均 0.20 亩，块均 0.33 亩。揭西县、普宁市和惠来县的农地规模同样细碎。揭西县户均 2.13 亩，劳均 0.77 亩，人均 0.42 亩，块均 0.51 亩。普宁市户均 1.62 亩，劳均 0.18 亩，人均 0.35 亩，块均 0.55 亩。惠来县户均 0.91 亩，劳均 0.27 亩，人均 0.18 亩，块均 0.50 亩。而在参与农地流转的样本农户中，农地规模明显增加。揭东区的农地经营规模各项指标都有显著的改善，户均增加 19.14 亩，劳均增加 8.7 亩，人均增加 2.12 亩，块均增加 6.83 亩。惠来和揭西二县次之。惠来县户均增加 3.09 亩，劳均增加 0.82 亩，人均增加 0.62 亩，块均增加 0.50 亩。揭西县户均增加 2.45 亩，劳均增加 0.84 亩，人均增加 0.46 亩，块均增加 0.41 亩。普宁市农地规模最小，户均、劳均分别仅为 0.86 亩和 0.23 亩。人均、块均增加值更低，仅为 0.11 亩。（见表 4–30）

表 4–30　流入户和未流转户经营土地规模比较表

（单位：亩）

类别	县（区、市）	户均规模	劳均规模	人均规模	块均规模
流入户	揭东	19.99	9.04	4.32	7.16
	揭西	4.58	1.61	0.88	0.92
	普宁	2.48	0.7	0.46	0.66
	惠来	4	1.09	0.8	1
未流转户	揭东	0.85	0.34	0.20	0.33
	揭西	2.13	0.77	0.42	0.51
	普宁	1.62	0.47	0.35	0.55
	惠来	0.91	0.27	0.18	0.50
土地规模增加水平	揭东	19.14	8.7	2.12	6.83
	揭西	2.45	0.84	0.46	0.41
	普宁	0.86	0.23	0.11	0.11
	惠来	3.09	0.82	0.62	0.50

　　农地流转有效地扩大了农地经营规模，降低了农地细碎化程度。这是学者们的普遍看法。但在对四县区的调研中，本项研究发现，样本区域的农地规模变化与这一结论并不一致。未流转户土地平均被分割为 2.77 块，1—4 块的农户占比高达 91%，5 块以上的农户占比只有 9%。（见图 4–1）流入户土地平均被分割为 3.61 块，1—4 块的农户占比为 80%，5 块以上的农户占 20%。（见图 4–2）从两图土地分割情况的数据对比可以观察到，1—4 块的农户占比下降了 11%，5 块以上的农户占比上升了 11%。可见，土地流转以后，不仅没有扩大土地规模，反而加剧了土地的细碎化程度。尽管未流转户分割最多的农户家庭达到 17 块

之多，而流入户分割最多的农户家庭只达到 12 块。块均规模略有扩大，但土地块数没有相应减少，这与当地地形条件以及土地因被分割而不连片有关。

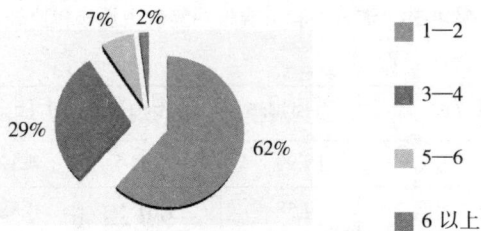

图 4-1 未流转户农地块数分布图

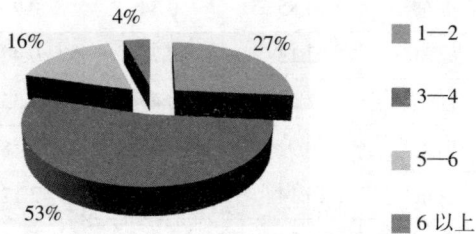

图 4-2 流入户农地块数分布图

4. 样本农户家庭土地经营规模分布

不同土地经营规模农户的分布有突出的特点。从户数分布来看，未流转土地农户的土地经营规模非常小，均在 5 亩以下，并且绝大多数在 4 亩以下。其中，2 亩以下的占大多数，达到 85.26%；2—4 亩的占 14.04%，两项合计占比达 99.3%。土地流转明显改变了不同土地经营规模农户的分布状况。土地在 5 亩以下的农户比例已经下降了 18 个百分点，为 67.19%。此外，土地在 5—10 亩、10—15 亩和 20—25 亩之间这三个区域的农户也占一定的比例。有的农户的土地经营已经初具规模，有 4 户达到 30 亩以上，其中 1 户超过 50 亩。（见表 4-31）这种集中在人多地少的潮汕地区是难能可贵的。

表 4-31 不同土地经营规模农户分布情况

	规模（亩）	0—5	5—10	10—15	15—20	20—25	25—30	> 30
未流转户	户数（户）	285	0	0	0	0	0	0
	占比（%）	100	0	0	0	0	0	0
流入户	户数（户）	43	8	3	1	4	1	4
	占比（%）	67.19	12.50	4.69	1.56	6.25	1.56	6.25

5. 农地流转的动因分析

哪些因素促成了农地流转？对 88 个有效样本农户的数据统计显示，样本农户流出土地的主要原因依次是，种地太辛苦，缺乏劳动力，自己种地效益低，离家太远耕种不便，转让所得收益比自己耕种更高。此外，越来越多从事非农产业的农户逐步让出土地经营权，安心务工经商或外出打工。而 53 个有效样本农户的数据统计显示，流入土地的主要原因依次是，能够明显增加收入，种地仍然有利可图，有多余劳动力，帮忙亲友，自己没有外出务工。（见表 4-32）

表 4-32 样本农户土地流转的原因

农户流出土地的原因			农户流入土地的原因		
选项	频数	比例（%）	选项	频数	比例（%）
种地太辛苦	33	37.5	能够明显增加收入	19	35.85
缺乏劳动力	25	28.41	种地仍然有利可图	14	26.42
自己种地效益低	23	26.14	有多余劳动力	11	20.75
离家太远，耕种不便	4	4.55	帮忙亲友	8	15.10
外出务工	2	2.27	自己没有外出务工	1	1.89
转让所得收益更高	1	1.14			
合计	88	100	合计	53	100

样本农户未流出（或流入）土地，又有哪些原因？本项调查统计发现，样本农户没有把土地转让给他人的原因主要包括以下五个方面：一是想转包，但没人愿意接收，或者土地流出的价格太低；二是种地不需太多劳动力，自己完全有能力耕种；三是担心转包后，自己需要用地时难以收回，或者是自己的收益得不到保障；四是土地仍是部分农民的生计；五是想转包，但村集体组织不同意。（见表4-33）

表4-33　样本农户未流出土地的原因

选项	频数	比例（%）
想转包，但没人愿意要或出价太低	132	26.4
种地不需太多劳动力，自己完全有能力耕种	100	20
担心转包后，自己想种时难以收回	84	16.8
担心转包后，收益得不到保证	73	14.6
除了务农，没有其他活可干	44	8.8
转包收入比自己种地收入低，不愿转包	44	8.8
想转包，但村集体组织不同意	23	4.6
合计	500	100

农户未流入土地扩大生产规模也存在多方面的因素：一是农业比较效益低下，增地不增收；二是劳动力的非农转移导致务农劳力不足；三是缺乏好的生产项目；四是土地转入价格过高而收益得不到保证。五是没人愿意转让。（见表4-34）有人想扩大农地规模，但没人愿意转让。有人想转包，没人愿意要。供需脱节源于双方的信息不对称。这需要政府和农民专业合作社提供信息服务，解决信息不对称问题，使潜在的流入户和流出户得以实现农地流转。

表4-34　样本农户未流入土地的原因

选项	频数	比例（%）
种地效益太低，增地对增收贡献不大	116	27.88
担心承包他人土地后，收益得不到保证	96	23.08
缺乏更多的劳动力	73	17.55
缺乏好的生产项目	73	17.55
转让价格太高	44	10.58
没人愿意转让	14	3.37
合计	416	100

（三）土地流转对农民收入影响的实证研究

1.土地流转对农民收入影响的理论分析

长期以来，农业收入一直是农民收入的主要来源。但是随着我国城市化、工业化进程的加速和社会经济的发展，很多农民选择外出务工以获取比务农更高的非农业收入。此时，其承包地因没有充足的劳动力来耕种而被闲置甚至被荒废。对他们而言，如果能够将这些耕地流转出去就能够获取定额土地租金和收益分成。于是便产生了土地流转的供给方。然而，外出务工虽然可以给农民带来收益更高的非农业收入，但是也存在门槛限制。有些农民的文化水平过低，只有小学文凭，甚至基本没有上过学，这使得他们难以外出务工或者外出务工的收入不高，对他们而言，如果能够耕种更多土地就可以增加收入。于是产生了土地流入的需求方。这样，通过农地流转实现农地规模经营从而提高农民收入的条件就具备了。

2.土地流转对农民收入影响的实证分析

上文分析了土地流转会增加农民收入，本节我们将就土地流转对农民收入的影响进行量化研究。为了研究土地流转对农民收入的影响程度，我们需要将其他影响农民收入的变量进行控制。目前农民的收入可以分为两个方面：一是农业收入，二是非农业收入；从样本调查中笔者了解到农业收入主要来自种植业生产，非农业收入主要来自外出务工和经商等。

（1）变量的选择

为了研究土地流转对农民收入的影响，笔者首先研究农民收入的影响因素。首先，在农业生产方面。对于农业生产产生影响的主要因素有三个：第一，生产技术；第二，资金投入；第三，劳动投入。目前我国农村农业生产技术水平仍然较低，资金投入也普遍不足，本次调研对这两方面的调查也不够翔实。因此影响农业生产的主要因素就选择劳动力。农民在从事农业生产时其劳动效率主要来自经验和体力，有关农作物生长、发育和种植的知识经验通常通过长期从事农业生产劳动习得，而这可能与从事劳动时间或者学习能力相关。体力通常与农民年龄相关，年轻时体力旺盛，年老时体力下降。因此，我们选择年龄、受教育程度和劳动力数量来解释农民的农业收入。其次，在非农业收入方面。农民外出打工基本上依赖工资。通常工人的基本工资与学历相关，高中文凭的农民可能比初中文凭的农民获得更多的收入。而工人的生产效率越高，其收入也会随之增加，这可能来自加班费、奖励等。因此我们选择年龄、受教育程度和劳动力数量来解释农民的非农业收入。最后，土地作为农民的财富来源也应该作为农民收入的解释变量。综上所述，我们选择年龄、受教育程度、家庭劳动力数量和土地作为控制变量，研究土地流转对农民收入的影响。

（2）描述性统计（见表4-35）

表4-35　描述性统计量

变量	观察数	均值	标准差	最小值	最大值
户主年龄	408	52.09069	9.127764	28	79
户主受教育年限	403	6.985112	2.1774	4	16
家庭劳动力	409	3.036675	1.165738	1	6

变量	观察数	均值	标准差	最小值	最大值
总收入	411	4.990389	2.998778	1	30
农业收入	411	1.27236	1.279191	0.6	15
非农业收入	412	3.703665	3.005388	0	30
耕种田	412	2.434175	5.232758	0	50.65
分配田	412	2.111214	0.9550142	0	6.16
虚拟变量	412	0.368932	0.4831021	0	1

注：其中虚拟变量是取值 0 和 1 的变量，表示农民是否为土地流转户，0 表示农民未流转土地，1 表示农民流转了土地（他可能是土地流出户、土地流入户或者兼而有之）。

　　户主文化程度。衡量户主文化程度有两个变量：一是户主的文凭学历，一是户主的受教育年限。一般农民务工的工资用文化程度来衡量需要一个证明，而这个证明就是学历，至于你究竟学习多少年并不是区分的标准。因此本研究以户主的学历来表示受教育程度。然而，户主文化程度并不能完全代表家庭劳动力的文化程度。本研究暂且以户主的学历水平来代表劳动力文化程度。（见表 4–36、表 4–37）

　　耕种土地。农民耕种土地来源有两种形式：第一，按家庭人口从集体承包而来；第二，从土地流转中获得。在流转户中，这两种形式都存在。但是对于土地没有流转的家庭则没有反映。实际耕种土地与我们的虚拟变量存在一定的相关性。因此本研究认为使用承包地作为农民收入的解释变量可能效果更好。

表 4–36　户主学历

学历	本科	大专	中专	高中	初中	小学及以下	Total
频数	1	4	1	54	199	147	406
百分比	0.25	0.99	0.25	13.30	49.01	36.21	100
累计百分比	0.25	1.24	1.48	14.78	63.79	100	

表 4–37　户主受教育年限

edu1	Freq.	Percent	Cum.
4	51	12.66	12.66
5	70	17.37	30.02
6	65	16.13	46.15
7	35	8.68	54.84
8	120	29.78	84.62
9	14	3.47	88.09
10	8	1.99	90.07
11	29	7.20	97.27
12	7	1.74	99.01
13	1	0.25	99.26
14	2	0.50	99.75
16	1	0.25	100.00
Total	403	100.00	

（3）实证模型

本研究的实证模型如下：

$$Income = a_0 + a_1 * age + a_2 * edu + a_3 * farmer + a_4 * land + a_5 * dummy + \varepsilon$$

本研究分别建立农民总收入、农业收入和非农业收入作为回归模型的被解释变量（方程左边 $Income$ 就是被解释变量）。根据上文的分析，分别采用不同的受教育程度解释变量和耕种土地进行回归分析。

第一，总收入。

模型一：

$$Income = a_0 + a_1 * age + a_2 * edu1 + a_3 * farmer + a_4 * land1 + a_5 * dummy + \varepsilon$$

其中 $Income$ 表示农民收入，age 表示户主年龄，$edu1$ 表示户主受教育年限，$farmer$ 表示家庭劳动力数量，$land1$ 表示实际耕种土地，$dummy$ 表示土地流转状况，ε 表示扰动项。

表 4–38　回归结果

revenue	Coef.	Std.Err.	t	P>t	[95% Conf.	Interval]
age	− .0115726	.0143705	− 0.81	0.421	− .0398256	.0166805
edu1	− .0338321	.0586939	− 0.58	0.565	− .1492271	.081563
farmer	1.077581	.1069282	10.08	0.000	.8673549	1.287807
land1	.0201943	.0253239	0.80	0.426	− .0295938	.0699823
dummy	.9878453	.2609256	3.79	0.000	.4748525	1.500838
_cons	2.105524	.9799959	2.15	0.032	.1788037	4.032245

从表 4–38 回归结果可以看到，土地流转对农民收入影响是显著的（p = 0.000。p 值小于 0.05 就表明系数估计是显著的），土地流转使农民收入增加了 0.9878453 万元。家庭劳动力数量对农民收入影响显著，每增加一个劳动力可以使家庭收入增加 1 万元。年龄和受教育程度对农民收入影响不显著。实际耕种土地对农民收入影响也不显著。

模型二：

使用承包地作为土地解释变量。

$Income = a_0 + a_1 * age + a_2 * edu1 + a_3 * farmer + a_4 * land2 + a_5 * dummy + \varepsilon$

表 4–39　回归结果

revenue	Coef.	Std.Err.	t	P>t	[95% Conf.	Interval]
age	− .0057431	.0140442	− 0.41	0.683	− .0333547	.0218686
edu1	.0107942	.0578775	0.19	0.852	− .1029958	.1245841
farmer	.8723074	.1117504	7.81	0.000	.6526007	1.092014
land2	.6674648	.1420343	4.70	0.000	.3882183	.9467113
dummy	.7244752	.2565494	2.82	0.005	.2200864	1.228864
_cons	.8522827	.9910318	0.86	0.390	− 1.096135	2.8007

改变土地变量之后，土地对农民收入影响显著了。因此，我们认为应该使用承包地作为解释变量。（见表 4–39）

模型三：

使用户主学历衡量文化程度。

$$Income = a_0 + a_1 * age + a_2 * edu2 + a_3 * farmer + a_4 * land1 + a_5 * dummy + \varepsilon$$

表 4-40 回归结果

revenue	Coef.	Std.Err.	t	P>t	[95% Conf.	Interval]
age	−.0113281	.0142657	−0.79	0.428	−.039375	.0167188
edu2	−.0982458	.1787427	−0.55	0.583	−.4496601	.2531685
farmer	1.077802	.1067299	10.10	0.000	.8679669	1.287636
land1	.020419	.0252981	0.81	0.420	−.029318	.070156
dummy	.9820584	.2599553	3.78	0.000	.4709774	1.493139
_cons	2.032165	.9108946	2.23	0.026	.2413147	3.823014

由表 4-40 回归结果可以看出，户主学历对农民收入影响依然不显著。

第二，农业收入。

模型一：

$$farmIncome = a_0 + a_1 * age + a_2 * edu1 + a_3 * farmer + a_4 * land1 + a_5 * dummy + \varepsilon$$

表 4-41 回归结果

farmIncome	Coef.	Std.Err.	t	P>t	[95% Conf.	Interval]
age	−.0234948	.0066465	−3.53	0.000	−.0365621	−.0104274
edu1	−.1975468	.0271465	−7.28	0.000	−.2509182	−.1441754
farmer	.11366	.0494554	2.30	0.022	.0164283	.2108918
land1	.0948939	.0117126	8.10	0.000	.0718664	.1179214
dummy	−.1090166	.1206808	−0.90	0.367	−.3462811	.1282478
_cons	3.342269	.4532583	7.37	0.000	2.451141	4.233398

从表 4–41 回归结果看到，年龄、户主受教育程度、家庭劳动力数量、土地耕种面积对农业收入影响显著，而土地流转影响不显著。

模型二：

改变土地变量。

$$farmIncome = a_0 + a_1*age + a_2*edu1 + a_3*farmer + a_4*land2 + a_5*dummy + \varepsilon$$

表 4–42　回归结果

farmIncome	Coef.	Std.Err.	t	P>t	[95% Conf.	Interval]
age	−.0234963	.0071072	−3.31	0.001	−.0374694	−.0095233
edu1	−.176432	.0292892	−6.02	0.000	−.234016	−.1188481
farmer	.0026638	.0565518	0.05	0.962	−.1085199	.1138475
land2	.2418884	.0718772	3.37	0.001	.1005742	.3832025
dummy	−.0086349	.1298281	−0.07	0.947	−.2638835	.2466136
_cons	3.20847	.5015167	6.40	0.000	2.222463	4.194477

从表 4–42 回归结果看到，改变土地变量之后土地流转对农业收入影响依然不显著。

模型三：

改变教育变量。

$$farmIncome = a_0 + a_1*age + a_2*edu2 + a_3*farmer + a_4*land1 + a_5*dummy + \varepsilon$$

表 4–43　回归结果

farmIncome	Coef.	Std.Err.	t	P>t	[95% Conf.	Interval]
age	−.0202231	.0067452	−3.00	0.003	−.0334843	−.0069619
edu2	−.5089756	.0845136	−6.02	0.000	−.6751321	−.342819
farmer	.1223193	.0504643	2.42	0.016	.0231048	.2215339

farmIncome	Coef.	Std.Err.	t	P>t	[95% Conf.	Interval]
land1	.0949821	.0119615	7.94	0.000	.0714653	.1184989
dummy	− .1086858	.1229127	− 0.88	0.377	− .3503364	.1329647
_cons	2.683257	.4306915	6.23	0.000	1.836503	3.530011

由表 4-43 回归结果可以看出，改变教育变量之后土地流转对农业收入影响依然不显著。

第三，非农业收入。

模型一：

$$otherIncome = a_0 + a_1 * age + a_2 * edu1 + a_3 * farmer + a_4 * land1 + a_5 * dummy + \varepsilon$$

表 4-44　回归结果

otherIncome	Coef.	Std.Err.	t	P>t	[95% Conf.	Interval]
age	.0087331	.0141023	0.62	0.536	− .0189925	.0364586
edu1	.1526625	.0575999	2.65	0.008	.0394191	.2659059
farmer	.9669836	.1047907	9.23	0.000	.7609616	1.173006
land1	− .0798008	.0248431	− 3.21	0.001	− .1286432	− .0309583
dummy	1.057553	.255384	4.14	0.000	.5554594	1.559647
_cons	− .9912025	.9618345	− 1.03	0.303	− 2.882202	.8997969

从表 4-44 回归结果可以看到，土地流转对农民非农业收入影响显著。土地流转使农民非农业收入增加约 1 万元。实际耕种土地对农民非农业收入影响为负。受教育程度对农民的非农业收入影响为正。农民受教育年限增加一年，农民非农业收入相应增加 0.15 万元。

模型二：

改变土地变量。

$$otherIncome = a_0 + a_1 * age + a_2 * edu1 + a_3 * farmer + a_4 * land2 +$$

$a_5 * dummy + \varepsilon$

表 4–45　回归结果

otherIncome	Coef.	Std.Err.	t	P>t	[95% Conf.	Interval]
age	.0150579	.01416	1.06	0.288	− .0127812	.042897
edu1	.1773118	.0583311	3.04	0.003	.0626309	.2919928
farmer	.8646674	.11266	7.68	0.000	.6431739	1.086161
land2	.4535574	.1428008	3.18	0.002	.1728061	.7343087
dummy	.6755291	.2577138	2.62	0.009	.168855	1.182203
_cons	− 2.181944	.9988418	− 2.18	0.030	− 4.145702	− .2181874

表 4–45 回归结果显示，改变土地变量之后，土地流转对农民非农业收入的影响降低了，而土地对农民非农业收入却为正的。

模型三：

改变教育变量。

$otherIncome = a_0 + a_1 * age + a_2 * edu2 + a_3 * farmer + a_4 * land2 + a_5 * dummy + \varepsilon$

表 4–46　回归结果

otherIncome	Coef.	Std.Err.	t	P>t	[95% Conf.	Interval]
age	.0117694	.0141166	0.83	0.405	− .0159841	.0395229
edu2	.4445998	.1786224	2.49	0.013	.0934247	.7957748
farmer	.858233	.1129543	7.60	0.000	.6361627	1.080303
land2	.4504178	.1432312	3.14	0.002	.1688226	.7320131
dummy	.6742633	.2577235	2.62	0.009	.1675741	1.180952
_cons	− 1.548491	.9345076	− 1.66	0.098	− 3.385751	.2887681

表 4–46 回归结果显示，农民学历提升一个档次，其非农业收入增加 0.44 万元。我们知道初中文化比小学文化多 3 年，高中文化比初中

文化多 3 年，这里不考虑留级和学制变动因素。对比受教育年限每增加一年，农民非农业收入增加 0.15 万元，这里正好是其 3 倍。

3. 实证分析

综合以上回归分析，我们发现，年龄只对农民的农业收入有负的影响，受教育程度对农民的非农业收入存在正的影响，家庭劳动力数量对农民的收入，包括农业收入和非农业收入，都存在正的影响。耕种土地对农民的农业收入存在正的影响，对非农业收入存在负的影响。土地流转对农民收入存在正的影响。

（1）土地流转对农民收入的影响

从农业收入的实证研究结果可以看到，土地流转对农业收入的影响为负值，这说明从整个样本中可以看到，农民将土地流转出去进而减少了土地的耕种，最后减少了农业收入。而从非农业收入的实证研究结果发现，土地流转对非农业收入的影响是正的，这说明农民将土地流转出去之后可以更多地从事收入更高的非农业收入，增加非农业收入。最后从农民的总收入实证研究结果发现，土地流转对农民的总收入的影响是正的，这说明土地流转后农民增加的非农业收入大于减少的非农业收入，进而使得农民的总收入增加。总体来看，土地流转可以使农民的总收入增加 0.7244752 万元。（见表 4–39）

（2）土地流转意义分析

从实证研究我们发现土地流转能够使样本中农民年收入增加0.7244752 万元。然而土地流转的意义远不止于此。在调查的样本中我们看到农民不能流转的因素包括集体阻碍、农民对流转资金的不满等诸多因素。当土地流转存在一个规范的市场时，土地流转的价格便能够合理地确定。在流转不受非货币因素干扰时，合理的土地流转价格能够促进农民手中土地的流转。同时规范的土地流转市场也是土地正常流转的保障。调查中不少农民担心土地流转出去之后不方便收回。农民收回土地的理由无非是对流转所得与自己耕种所得进行比较，规范的土地流转市场可以及时调整土地流转价格以反映土地流转的市场状况。最后，规范的土地流转市场可以为征地补偿提供借鉴。调查显示，农民对国家或者集体征地补偿普遍不够满意。农民土地价值的合理估计是国家或者集体对农民给予补偿的基础。规范的土地流转市场有助于农业生产的价值估计。因为土地流转价格的确定本身也是以农业生产的价值为基础的，以土地流转价格为基础，通过折现的方法对征地补偿进行估计能够增加农民对征地的满意度。

（四）基本结论和政策建议

广东省揭阳市农地承包经营权流转规模和进展明显低于珠江三角洲地区。但从样本户中也可见农地流转已经得到初步发展，并取得了一定成效。一是有利于减弱农地的细碎化程度。通过农地流转，土地流入户的块均经营规模得到相应地扩大。二是有利于提高农业生产要素的生产率。据调查，由于耕地不足，农村劳动力处于半失业状态情况十分严重。劳均规模的扩大，可以更充分发挥务农劳动力的作用。土地因务农劳动力不足或非农转移有可能被闲置。土地承包经营权流转有效地防止了土地抛荒，提高了土地的利用率。"有人无地种，有地无人种"的状况得以改变。土地承包者也可以因土地流转而收获租金。三是促进了农业剩余劳动力向非农产业转移。1992—2011 年全市从事农业的劳动力由 113.1690 万人下降至 93.0960 万人，减少 17.74%；全市从事农业的劳动力占社会从业人员比例由 51.67% 下降为 34.03%。①

但农户农地流转也出现一些问题，现归纳如下：（1）粤东潮汕地区人地矛盾突出和农地细碎化的特点同样体现于四县区。要改变这种状况，亟待进一步加速农地流转，提高农地经营规模。（2）土地流转不规范。农户之间的土地承包经营权流转只有 1.90% 是通过村集体转包，绝

---

① 《揭阳市 2012 年年鉴》，2013 年 1 月 23 日，http：//www.gdjystats.gov.cn/Article/ShowInfo.asp? ID＝6394。

大多数为农民自发在私下进行，有 8.57% 是托付耕种，随意性和不稳定性强。在流转手续和流转程序方面也存在不少隐患。例如，77.57% 的农户以口头协议方式进行私下流转，没有签订流转合同；即使少数签有合同，条款也不规范，内容过于简单，对双方权利和义务以及违约责任等缺乏明确具体的规定，一旦发生纠纷，无从入手调解。大多数镇村干部认为土地流转纯属承包户私事，对土地承包经营权流转不加过问，不加引导规范，造成土地流转行为无人监管，流转纠纷无人受理。[1] (3) 土地流转没有明显提高土地利用效率。一是土地流转的规模小、期限短。目前土地使用权流转的期限短，5 年及 5 年以下的占 33.59%，无定期和承包期限内的占 25.75%。二是土地流转规模偏小。流出土地规模均在 5 亩及 5 亩以下，流入土地规模在 5 亩及 5 亩以下的占 78.38%。因此，土地流入农户的经营规模依然很小，户均土地面积只有 8.50 亩。三是农地流入户的生产管理依然落后。机械化水平仍然偏低。没有任何机械化的农户占 70.97%，少量或部分机械化的农户占 29.03%，没有农户大部分机械化。四是不少土地使用权向低素质劳动者流转。由于农业比较效益低，农户和村集体常常以抵偿方式引进湖南等省的外来农民耕种。

在农地流转方面，当地政府和村组织应当有所作为。一是大力培育和规范农地流转市场，为农地流转提供制度保障。政府应该大力培育和规范农地流转市场，为农地流转提供协调和服务。有人想扩大农地规模，却苦于找不到流出户。有人想转包，却找不到流入户。政府要提供信息服务，解决信息不对称问题，使潜在的流入户和流出户得以实现农地流转。农民专业合作社在这方面也可以有所作为。二是坚持"依法、自愿、有偿"原则。政府要规范农地流转市场，但不能有过多的行政干预，不可以强迫命令、强制推行或强令阻止。否则会伤害农民利益与农

---

[1] 参见傅晨、范永柏：《东莞市农村土地使用权流转的现状、问题与政策建议》，《南方农村》1997 年第 2 期。

地承包权的稳定。农地流转必须执行国家法规政策，在农户自愿的基础上进行，坚持和尊重农户的主体地位。因此，不论采用何种流转方式，都应该尊重农民的选择和意愿，并要依法签订合同。同时，农地流转必须遵循价值规律，坚持有偿转让，对自愿将土地使用权交回集体另行发包的，明确原承包农民对集体土地的承包权利，保证其不变的收益权。三是要切实保障农民对土地的收益权，为农地承包权与经营权相分离创造更有利的条件，促进农地使用权在自愿有偿的基础上合理流转，促进土地向经营能手集中，提高农业经营效益；四是要完善农地转包（转让）审批制度和合同管理，进一步规范土地流转程序，进一步促进土地使用权依法有序流转。

三、关于农地征用的实证研究

征地问题是国家发展进程中不可避免的问题。当前，由于征地问题引发的矛盾和冲突，已经成为影响我国政治稳定和社会和谐的重要因素。本研究在调研中发现，揭阳在征地过程中也出现了一些亟待解决的问题。

（一）关于征地的概况

伴随着我国快速的工业化和城镇化进程，征地行为在全国已经成为一种常态。征地问题关系到社会的稳定。粮食问题关系到国家的安全。对于农民来说，土地不仅是生产资料，而且是一种社会保险手段。[①]"被征地农民"是指征地时享有农村集体土地承包权的在册农业人口，包括城市规划区内和城市规划区外被征地农民，即在城市规划区内（含县城、镇政府所在地）因征地失去二分之一以上农用地的人员；在城市规划区外经征地后，被征地农户人均耕地面积低于所在县（市、区）农业人口人均耕地面积三分之一的人员。土地被征收，失地、失

---

① 参见毕宝德：《土地经济学》，中国人民大学出版社 2001 年版。

业、失去生活保障，对于原本就弱势的农民来说，是伤筋动骨的，甚至是致命的。这就要求全社会关注土地，关注农民权益。中央政府对此尤为重视，将其提高到宪法的层面。2004 年新修订的宪法特别强调依法征地，保护农民的利益。尽管中央政府三令五申，严禁滥征耕地，大肆圈地的势头得到遏制，但违规征地仍然没有止息，严重制约了社会经济的可持续发展。中央政府要求政府征用农地时必须给予农民合理补偿和有效保障。事实上，土地被占用后，农民的合法权益并没有得到足够的维护，甚至导致一些被征地农民沦为"种田无地、就业无岗、社保无份"的弱势群体。被征地农民问题日益成为影响国民经济发展和社会安定的重要因素。如何保障被征地农民的权益，成为社会各界关注的焦点。

揭阳市的工业化和城镇化方兴未艾。近年来，揭阳市充分发挥后发优势，以"大项目带动大发展"，推动经济和社会发展的转型和升级。土地的合理规划与利用是这一进程的前提和关键。除部分未开发土地外，投资建设大型项目及工程所需用地都需要对原有利用土地进行改造，并且项目、工程耗资之大，数目之多决定了土地需求面积之广。因此，大面积征地成为必然。

城镇化的发展推动了城镇建设的扩张。最近一年，揭阳市征收土地中 95.64% 用于城镇建设。自 2012 年 12 月到 2013 年 9 月，该市征地 45 次（东山区 4 次，登岗镇 16 次，地都镇 5 次，砲台镇 20 次），涉及 15 个行政村，38 个经联社。征地面积累计达 1950.77 亩，次均征地 43.35 亩。征收耕地面积 1297.766 亩，占征地面积的 66.53%。（见表 4-47）

表 4-47　揭阳征地情况表（2012.12—2013.9）

镇 / 区	村 / 街道	征地次数	征地面积（亩）	其中：征收耕地面积	占比（%）
东山区	磐东街道	4	358.44	333.466	93.03

镇 / 区	村 / 街道	征地次数	征地面积（亩）	其中：征收耕地面积	占比（%）
登岗镇	登岗村	3	71.90	2.77	3.85
	光明村	4	85.5	76.98	90.04
	黄西村	1	93.74	53.82	57.41
	埔上村	2	33.19	32.28	97.26
	仁美村	3	66.94	65.13	97.30
	三坑村	1	22.70	0	0
	西淇村	2	83.46	69.61	83.41
地都镇	钱后村	4	492.62	168.42	34.19
	乌美村	1	10.6	10.6	100
砲台镇	埔仔村	5	162.43	157.45	96.93
	石牌村	1	19.76	1.08	5.47
	塘边村	9	310.09	242.79	78.30
	桃山村	2	107.2	54.81	51.13
	新市村	3	33.01	28.56	86.52
合计	15	45	1950.77	1297.766	66.53

资料来源：根据广东省揭阳市人民政府门户网站发布的《揭阳市人民政府征收土地公告》整理。

　　大面积的征地很可能酿发征地纠纷。征地纠纷是指在征地过程中，征地当事人对土地征用、补偿形式、补偿金额、安置方式、安置地点等经协商达不成协议而产生的争议。如果在这几个方面处理不当，容易积累社会矛盾。如果某些开发商没有严格按照国家的相关法律法规进行征地，"强征豪夺"，而个别农户为了维护自己的合法权益，采取了偏激的自卫手段，就可能导致矛盾升级，酿成悲剧。因此，如何协调征地、发展和民生之间的关系，是成长中的揭阳市必须思考的问题。只有总结经验教训，才能更好地规划未来。本项研究于 2013 年 7—8 月对样本区的农地征收状况及被征地户的满意度进行了问卷调查。本次调查覆盖了揭东区、揭西县、普宁市和惠来县四个县区，11 个镇，14 个村，共收到发生过征地的村有效问卷 143 份。

（二）调查结果及分析

1. 征地次数及时间

调查结果显示，自 1995 年第 2 轮承包以来，样本农户中有 143 户农户所在村（占样本村总数的 50%）发生过征地行为。村内征地次数从 1—11 次不等（见表 4–48），平均发生征地行为的次数为 2.64 次。其中，惠来县村内平均征地次数为 5.43 次，位居 4 个县区之最；揭东区以 5.14 次紧随其后，普宁市为 2.70 次。揭西县征地平均次数最少，为 2 次。

表 4–48　征地次数分布情况

征地次数（次）	1	2	3	5	6	7	9	11
户数（户）	49	26	6	29	12	1	1	19
占比（%）	34.27	18.18	4.20	20.28	8.39	0.70	0.70	13.29

2. 征地原因

样本村的征地数量从 0.2 亩到 2000 亩不等。在对"村内最近一次征地行为的目的"的调查资料显示，46.24% 是因为修建公路或铁路需要占用农地，15.03% 是因为修建灌溉设施，12.72% 是因为建设学校，23.70% 是为了将来的商业或工业发展，1.73% 是因为兴建开发区或工业园区，还有 0.58% 是因为城市住宅区扩建。在这个征地目的表中，公共利益目的的征地占 73.99%，非公共利益目的的征地占 26.01%。（见表 4–49）从调查结果来看，因修建公路或铁路占用农地是征地目的中最集中的原因。根据《土地管理法》规定，国家因公共利益需要可征收农村集体土地为国有土地。除了修建公路、修建灌溉设施、建设学校以外，其余征地目的均难以归为公共利益。建设经营性项目，从国家大型建设用地到小型企业用地一律动用国家征地权，开发区、商业园区的扩张等均要占用农地，征地并非纯粹为了公共利益。

表 4–49　样本农户土地被征用的原因

原因	频数	比例（%）
公共利益目的	128	73.99
其中：修建道路设施	80	46.24
修建灌溉设施	26	15.03
建设学校	22	12.72
非公共利益目的	45	26.01
其中：为了将来的商业或工业发展	41	23.70
兴建开发区或工业园区	3	1.73
城市住宅区扩建	1	0.58
合计	173	100

3. 征地数量

在本次调查中，有 8 个镇 11 个行政村发生过征地行为。自 1995 年第 2 轮承包以来，村内共被征地 3338.16 亩，平均每次征地 77.43 亩。揭东区的征地面积和每次征地面积均居首位，分别为 2036.4 亩和 169.70 亩。普宁市的征地次数最多而征地总面积最小，分别为 13 次和 70 亩。在最近一次征地行为中共征收土地 707.4 亩，每村平均一次征收土地 64.31 亩。其中，揭西县共征收土地 555 亩，每村平均征收土地 138.75 亩，数量最高的村达到 400 亩。揭东区共征收土地 113.4 亩，每村平均征地 56.7 亩，最高一次数量为 77 亩，普宁市共征收 33 亩土地，每村平均征地 8.25 亩。惠来县征收土地总量最少，为 6 亩。（见表 4–50）耕地资源本来就相当稀缺。征地无疑进一步加深了耕地资源的稀缺程度。

表 4–50　样本村征地数量

（单位：亩）

项目	揭东区	揭西县	普宁市	惠来县	合计
征地数量	2036.4	862	70	361	3329.4
征地次数	12	10	13	8	43
每次征地数量	169.70	86.20	5.38	45.13	77.43
最近一次征地数量	113.4	555	33	6	707.4
涉及村数	2	4	4	1	11
每村征地数量	56.7	138.75	8.25	6	64.31

4. 征地中的费用补偿

关于最近一次征地中的费用补偿，本次调查共涉及以下几个问题：村集体得到了多少补偿？采用何种补偿方式？是全村农民都得到了补偿还是只有被征地农户得到了补偿？被征地农户又得到了多少补偿？政府卖地的平均价格是多少？

对"村集体得到了多少补偿"的回答中，41.43% 的农户选择了村集体获得了补偿，7.86% 的农户选择了村集体没有拿到补偿（其中，6.43% 的农户选择了所有补偿直接发给农民），50.71% 的农户填写了"不清楚"。（见表 4–51）国土资源部 2010 年 7 月发出《关于进一步做好征地管理工作的通知》，要求"征地告知要切实落实到村组和农户，结合村务信息公开，采取广播、在村务公开栏和其他明显位置公告等方式，多形式、多途径告知征收土地方案"。而在调查中，超过一半的农户表示"不清楚"，这反映了在征地过程中，对补偿标准的宣传不到位，农民的知情权没有得到充分的尊重，被征地农民的土地权益没有得到有效的保障。

表 4–51　最近一次征地村集体的补偿情况

项目	获得了补偿	没有得到补偿	其中：所有补偿直接发给农民	不清楚	合计
户数（户）	58	11	9	71	140
占比（%）	41.43	7.86	6.43	50.71	100

在补偿方式的调查中，选择一次性补偿的农户占 51.09%，选择分期支付的农户占 10.37%，2.14% 的农户表示没有得到补偿，35% 的农户表示"不清楚"。12.14% 的农户表示"有补偿，但目前还没有发下来"，反映了征地过程中出现的补偿费拖欠或滞发的现象。（见表 4–52）国土资源部《关于进一步做好征地管理工作的通知》（2010）要求："征地批后实施时，市县国土资源部门要按照确定的征地补偿安置方案，及时足额支付补偿安置费用；应支付给被征地农民的，要直接支付给农民个人，防止和及时纠正截留、挪用征地补偿安置费的问题。"显然，当地没有充分落实国土资源部的要求，使被征地农民蒙受损失。

表 4–52　最近一次征地的补偿方式

项目	一次性补偿	分期支付	还没有发下来	没有补偿	不清楚	合计
户数（户）	70	1	17	3	49	140
占比（%）	50.00	0.71	12.14	2.14	35	100

在具体的征地过程中，各地的补偿标准各不相同。对明确写出的补偿数额，汇总如下。（见表 4–53）被征地农户的平均补偿价格为 14665.57 元 / 亩或 1576.6 元 / 人，政府卖地的平均价格是 102873.6 元 / 亩。其中，以修建公路、修建灌溉设施、建设学校等公共利益目的的项目，被征地农户的平均补偿价格为 14869.41 元 / 亩或 1531.11 元 / 人。（见表 4–54）

国土资源部《关于进一步做好征地管理工作的通知》提出："全面实行征地统一年产值标准和区片综合地价。"补偿标准比以往提高了20%—30%。2012年，揭阳市人民政府征收土地公告中规定了征地补偿标准按最高标准（水田）每亩6.6万元执行（计：1. 土地补偿费每亩2.2万元；2. 安置补助费每亩3.2万元；3. 留用地补贴每亩0.6万元；4. 青苗、附着物补偿费每亩0.6万元）。与之对照，被征地样本农户的平均补偿价格明显偏低，不要说完全考虑土地的市场增值，就连通知的标准都没有达到。

表 4–53　征地中的费用补偿情况

乡镇	征地原因	农户补偿份额（%）	平均补偿价格
揭东区玉滘镇	修建公路	100	24000 元/亩
揭东区曲溪街道	修建灌溉设施	100	40000 元/亩
			48000 元/亩
揭西县五经富镇	城市住宅区扩建	60	2005 元/亩
	修建灌溉设施	100	5000 元/人
	修建公路	50	5000 元/人
	修建公路	90	10000 元/亩或 10000 元/人
	修建灌溉设施	80	10000 元/亩或 30000 元/人
	兴建开发区	80	10000 元/亩或 5000 元/人
普宁市高城镇	修建公路	30	2000 元/亩或 300 元/人
普宁市马鞍山农场	建设学校	40	2400 元/亩或 300 元/人
			2500 元/亩或 400 元/人
惠来县惠城镇	修建公路	100	3500 元/亩
	兴建工业园区	100	35000 元/亩
惠来县隆江镇	为了将来的工商业发展	—	200 元/人

表 4-54　最近一次征地补偿价格和政府卖地价格

项目	农户平均补偿价格		政府卖地价格
	（元 / 亩）	（元 / 人）	（元 / 亩）
公共利益目的	14869.41	1531.11	97743.9
非公共利益目的	6002.5	2600	187000
合计	14665.57	1576.6	102873.6

　　政府低价征收土地，转手又高价转让。政府卖地的平均价格是97743.9 元 / 亩；为了将来的商业或工业发展、兴建开发区或工业园区、城市住宅区扩建等非公共利益目的的项目，被征地农户的平均补偿价格为 6002.5 元 / 亩或 2600 元 / 人，政府卖地的平均价格是 18.7 万元 / 亩。政府以低价征地，又以高出数倍的价格出让土地。这种土地财政的格局亟待改变。

　　从调查结果来看，大部分征地补偿发放到村集体和农户手中，补偿方式多为一次性补偿。但从总体来看，征地补偿的相关问题并没有为村干部和农户所广泛了解。农民对于征地补偿的相关问题，对于补偿方式、发放方式和补偿数额均不甚了解，补偿价格是否合理也太不清楚。

　　5. 被征地农民的再就业

　　土地被征用，农民失去了安身立命之本。但由于身体素质、文化素质等多种因素的限制，再加上每年新增劳动力的冲击、城镇下岗职工的增多，失地农民不容易找到新工作，在城市中找到"用武之地"更难。从调查结果可知，只有 28.6% 的被征地农户找到合适的工作，没有找到合适的工作的被征地农户高达 71.4%。没有找到合适的工作的原因，58.2% 的被征地农户是因为没有专业技能，41.8% 的被征地农户是因为年龄偏大。被征地后，农户从事的主要工作按比例高低依次是自我就业（38.21%）、工厂工人（30.08%）、建筑装修（15.45%）、短工（10.57%）、保安（4.07%）、服务员（0.81%）、销售（0.81%）。（见表

4–55）这些工作大多数的技术要求并不太高。

表 4–55 样本农户被征地后从事的主要工作

项目	自我就业	工厂工人	建筑装修	短工	保安	销售	服务员	合计
户数	47	37	19	13	5	1	1	123
占比（%）	38.21	30.08	15.45	10.57	4.07	0.81	0.81	100

既失地又无业，失地农民家庭生活将会陷入困境。因此，大多数被征地农户希望政府提供就业机会和就业技能的培训。调查结果显示，59.60%的被征地户希望政府安置就业，33.77%的被征地户希望被征地单位安排就业，自谋职业或自主创业的只占6.62%。（见表4–56）对于"在土地被征用后，政府有没有提供就业技能培训"的回答，89%的被征地户表示政府没有提供就业技能的培训，只有10.6%的被征地户持肯定回答。

表 4–56 被征地农户希望的就业安排形式

项目	政府安置就业	被征地单位安排就业	自谋职业或自主创业	合计
频次	90	51	10	151
占比（%）	59.60	33.78	6.62	100

6. 农户对征地行为的满意度

调查结果显示，对于最近的一次征地行为，农户的满意度不容乐观，表示满意的农户只有27.54%。5.80%的农户非常不满意，44.20%的农户不太满意，22.46%的农户表示"不清楚"，没有农户表示"非常满意"。（见表4–57）

表 4–57 样本农户对征地的满意度

规模（亩）	非常满意	满意	不太满意	非常不满意	不清楚	合计
户数（户）	0	38	61	8	31	138

规模（亩）	非常满意	满意	不太满意	非常不满意	不清楚	合计
占比（%）	0	27.54	44.20	5.80	22.46	100

从表4-58可以看出，对于不满意的原因，18.60%的农户认为补偿太低；15.55%的农户认为补偿的金额是政府单方面说了算，没有征求农民的意见；13.72%的农户认为补偿不足以维持农民长期的生活；13.41%的农户认为农民失地之后没有合适的就业机会和收入来源；11.89%的农户认为土地的市场价格或者政府转手把地卖掉的价格远远高于补偿水平；10.06%的农户认为大量的补偿被当地政府或者干部截留或者滥用掉了；9.45%的农户认为到时间应该付给农民的补偿现在仍被拖欠；7.32%的农户认为农民没有得到任何补偿。（见表4-58）

从调查结果来看，被征地农户对于村内的征地行为满意度低。这里面有诸多原因，主要是针对征地补偿。征地补偿的价格偏低，并且不能与土地价格同步增值，地上附着物补偿不合理，而且绝大部分是由政府单方面决定。补偿的费用不足以维持农户以后的生计，而政府转手卖地的价格又远高于补偿的金额。土地不仅是农业最重要的生产资料，而且是农民赖以生存的基础。被征地农民的基本权益受到了侵犯。失地农民更是"要田没有，要钱不成"，没有生活来源，基本生活保障失去了支撑，并且因生活方式改变而带来心理上的损耗。

表4-58 样本农户对征地不满意的原因

原因	频数	比例（%）
补偿太低	61	18.60
补偿的金额是政府单方面说了算，没有征求农民的意见	51	15.55
补偿不足以维持农民长期的生活	45	13.72
农民失地之后没有合适的就业机会和收入来源	44	13.41

原因	频数	比例（%）
土地的市场价格或者政府转手把地卖掉的价格远远高于补偿水平	39	11.89
大量的补偿被当地政府或者干部截留或者滥用掉了	33	10.06
到时间应该付给农民的补偿现在仍被拖欠	31	9.45
农民没有得到任何补偿	24	7.32
合计	328	100

（三）基本结论与政策建议

征地行为不规范，征地过程透明度不高。近年来，征地纠纷所造成的社会问题已成为社会的焦点。一方面，与制度层面上相关法制的不完善有关；另一方面，则是利益主体间的利益博弈问题。虽然明确以发展为目标，但是在如何征地、如何赔偿、如何安置以及如何过渡等方面没有一致规范的做法，亟待在实践中逐步完善。

农地既是农民的生产资料，也是农民的社会保障。现有的农地征用制度及土地收益分配格局不利于保障失地农民的权益，容易引发农民不满，导致群体性事件，影响社会安定。因此，必须推进征地制度改革，改变现有土地征用收益分配格局，使土地增值反哺被征地农民。

征地制度改革涉及耕地保护、城镇建设、工业发展、公益事业、农民权益、政府利益等诸多方面，只能渐进推进。近期应以修改完善征地补偿的有关法律法规条款和征地补偿费的确定办法为重点，全面推进征地制度改革。具体的政策启示如下：

第一，充分尊重农民的被征地意愿。要切实维护农民的知情权、参与权、监督权和申诉权。规范征地行为，严格执行征地告知、确认、听证、公告、登记等规定程序。认真听取农民意见，采取协商态度，绝不允许强行征地。严厉处罚违法的征地者。

第二，切实提高征地补偿标准。要适时提高征地补偿标准，除了参照物价指数、消费水平等因素，还要尊重农民的意愿，确保被征地农民生活质量不断提高和改善，至少不能下降，维护被征地农民的合法土地权益。

第三，规范补偿分配行为。应出台农地征用补偿分配条例或细则，通过民主决策程序分配征地补偿费，确保农民个体之间的分配公平。

第四，加大就业扶持力度。要多渠道拓展非农就业空间，引导机关、企事业单位优先为被征地农民提供公益岗位和服务性岗位。对招收被征地农民的企业给予补贴。发挥政府在被征地农民的职业技能培训中的主导作用，构建和完善具有被征地农民特色的职业技能培训内容体系，建立被征地农民职业技能培训的外部支持系统（包括信息服务系统和经费保障系统等）。鼓励和支持被征地农民自主创业。

第五，开展养老和医疗保障工作。农民被征地后，如果相应的社会保障没有及时跟进，其生活、生产方式和行为很难向市民转化。这将制约城乡要素流动，最终会阻碍城镇化进程。《揭阳市被征地农民养老保险实施意见》已于 2008 年出台。但在医疗保障方面仍没有为被征地农民提供专项服务。在看病难、看病贵的今天，医疗保障对于被征地农民尤为重要。因此，要积极探索建立面向被征地农民的医疗保障制度，在手续办理和缴费上给予优惠照顾，加大政策宣传力度，提高被征地农民的参保意愿。

第六，实现土地综合占补平衡。通过土地整理、土地利用用途的改变和复垦废弃土地等多种方式，增加土地资源供给。

十八届三中全会《决定》强调"缩小征地范围，规范征地程序，完善对被征地农民合理、规范、多元保障机制"，明确了深化征地制度改革的方向与重点。全会精神还需要进一步转化为可操作的法律和法规，并落实于征地实践之中，切实保障被征地农民的合法土地权益。

第五章　新时期农地制度改革的评价与对策

以 1978 年安徽省部分地区率先恢复双包制（包产到组、包产到户）等生产责任制为标志，我国农村开始尝试性地进行农地经营方式的改革，拉开了经济体制改革的帷幕。以这个"启动历史的变革"为起点，我国在市场化改革的道路上不断推进，初步确立进而逐步完善社会主义市场经济体制。在资源配置中，计划越来越多地淡出历史舞台，而市场日益成为主导手段。这种从计划到市场的根本性转变，带来了经济的持续快速增长和国家实力的迅速提升，并且改变了世界经济版图。本章对我国农地制度改革的实践绩效、成功经验和历史局限性作出概括和总结，并以此为基础，提出我国农地制度创新的原则和思路。

第一节　农地制度改革的评价

农地集体所有和集体经营带来了农地生产效率和农业经济效益难以提升等致命问题，土地所有权与使用权相分离的农地制度改革应运而生。这种改革尽管在政界、学界和农民群众中都仍存在着分歧，但由于经济效益显著，在全国各地如雨后春笋般涌现。中央政府的态度也随之转变，从明文严禁到允许试验到广泛讨论到颁发中央文件认可到形成国家法律，最后形成了中国特色农地制度。由于中国经济特别是农村经济发展水平还比较低，缺乏相应的社会保障制度，因而中国农地两权分离式的改革还是采取"公平优先、兼顾效率"的原则，穷人不仅没有受到伤害，而且还得到了相应的发展机遇。中国特色经济体制改革就是从这里起步的。

一、农地制度改革的成效

过去的 30 多年间，农地制度变革在中国经济发展中扮演着重要的角色。家庭承包制的根本创新在于实现了土地产权的所有权和使用权的分离，国家和集体拥有土地所有权，农户拥有土地使用权。集体将土地承包给农户经营，农户则以承包土地的数量为依据向集体缴纳定额的粮食和税费。农地制度变迁的实践兼顾"统分"两个维度，它一方面以土地集体产权促进农村公共事业建设，另一方面以土地农户产权唤起农民的生产热情。它扬弃了传统的合作集体生产模式，在一定程度上满足了经济主体的内在诉求，发挥了多方面的经济社会功能，为经济社会发展迎来了一个超常规增长的"黄金时期"。

（一）重构了具有效率优势的农地产权制度

家庭承包制促进了农业的发展。它解决了因公社集体化产生的监督成本问题，空前地激励了农户的生产积极性。黄宗智认为，"劳动生产率在密集化状态下保持不变，在过密状态下递减，在发展状况下扩展"①。他引入"过密型商品化"的概念描述了中国农村不同于西方的商品化过程。他认为，这种过密型的商品化不仅没有使农村解体，反而进一步强化了它。中国农村经济几百年来仅仅是没有发展的"过密型增长"。而家庭承包制的实施突破了长期束缚中国农村的"过密型增长"模式，把农业人口从单纯的农业生产中解放出来，从事工业和副业，从而促进了农村劳动生产率的提高。

---

① ［美］黄宗智：《长江三角洲小农家庭与乡村发展》，中华书局 2002 年版，第 11 页。

在人民公社时期土地公有制的框架下，农民虽然拥有集体土地中的一份但却并没有实际所指，因此他们对集体土地上的"公活"敷衍应付，而将劳动的热情全部投入"私活"——少量的自留地的经营之中。作为活动场所的集体土地，人们并不关注对它的劳动效率；作为任务式的劳动，秋后要从土地产出中获得劳动成果，尽管此成果与劳动投入不直接挂钩，但没有耕耘便没有收获，人人懈怠的结果必定是集体贫穷。基于此，每个社员在劳动过程中没有发自内心的主动性和积极性；对于生产队这一集体而言，在土地产权安排和经营管理的组织形式上，集体组织将少则十几个，多则几十个家庭以组织关系集中起来，特别是将这些家庭的劳动力集中起来，形成集体统一劳动。生产队长统一分配劳动任务，生产队会计统一计算劳动报酬，但生产队干部无法衡量社员集体劳动的质量或劳动付出的程度。甚至生产队干部自己在劳动中不负责任的现象也时有发生，因为他们兼管理者和劳动者于一身。作为管理者，他们很少管理报酬；作为劳动者，他们与普通社员均为集体一员，在分享集体分配剩余方面没有区别，劳动过程中的偷懒现象自然不排除这些没有管理报酬的农村基层干部。承包制使劳动经营组织形式发生了改变，以血缘为纽带的家庭成为生产经营单位进行生产。与生产队时期由多个家庭组成的集体经营单位相比，与同一生产队社员关系或邻里关系相比，家庭具有更强大的凝聚力和向心力。这种正能量焕发出农业生产积极性则充分洋溢于土地经营之中，劳动的第一主动性（为自己的收益预期而主动劳动）得到充分发挥。农民树立了自觉有效的劳动意识，保持一种完全自愿、全力以赴的状态，并有了对劳动成果的预期与劳动过程的享受，劳动的有效性在家庭承包地上得到了充分的体现。又因土地与农户利益紧密相连，每个家庭成员各尽所能，在土地经营管理中合理安排劳动时间和作业量，不会自己对自己偷懒，因此无须设置或计算监督成本，在农业技术的选用和劳动工具的购置上做到主动、合理与节约。而在集体统一经营时期，农民劳动的主动性消失，被动性凸显，劳动效率低下也就毫无疑义了。基于这种制度创新激发劳动积极性，在土地第一轮承包 15 年后，国家又以法律形式规定延包 30 年，这进一步增强了农民的自觉有效的劳动意识，更好地保护和发展了农民家庭经济。

1979 年以来，承包制逐渐普及，家庭逐步替代了生产队成为农业生产和收入分配的基本单位。这一制度变迁在很大程度上调动了农户的生产积极性，极大地提升了农业生产效率，给农村带来了显著的变化。土地集体统一经营时期，对于最基层的生产单位即生产队而言，所拥有的土地数量和农户数量多数是在 1959 年确定的，至 1978 年的 20 年中没有发生调整变化，但其间人口持续增长，因而单位土地面积上劳动力的供给也处于增长状态中，但土地产量增速缓慢。家庭承包经营的特征是土地规模小而分散，但家庭自主决策土地经营项目，根据经营项目和土地规模合理配置劳动力和资本等生产要素。劳动者的生产积极性高涨，劳动投入量增加，在劳动力减少的情况下，土地总产量增加，说明劳动效率提高，劳均产量增加，劳动工资增长。据统计，生产队制向家庭承包制的转变，使中国农业的生产效率平均提高了 20%。

（二）把精耕细作的传统农业生产发挥到极致，保障了国家的粮食安全

农用土地生产力持续提高。农民生产积极性空前高涨，土地投入的持续增加，最终体现为农业生产的重大进步，单位土地面积农产品产量迅速增加。我国于 1996 年实现了粮食平衡，结束了农产品长期短缺的历史。家庭承包制历史性地逐步解决了十多亿人口的吃饭问题，以较少的农田较好地养活了世界上最多的人口，基本解决了中国的粮食供给问题。

全国耕地面积和生产力水平变动情况与农地制度有着密切的相关性。总趋势是耕地面积不断减少，但生产力水平不断提高，粮食总产量于 1984 年和 1996 年分别突破 4000 万吨和 5000 万吨大关。全国耕地总量变化自 1978 年以来呈现"U"形曲线，其中 1978—1990 年下降速

度最快，12 年间耕地减少 3909 万公顷，年均减少 326 万公顷，1991—1996 年耕地面积增加了 3437 万公顷，之后又一直处于下降状态，只是降幅已明显降低。土地生产力水平处于持续提高状态，但有阶段性特征，粮食总产量出现三个大的变化阶段：1978—1984 年粮食总产量增加了 10254 万吨，年均增加 1076.0 万吨；1985—1996 年粮食总产量增加了 9723 万吨，年均增加 810 万吨；1997—2004 年粮食总产增加了 3506 万吨，年均增加 438 万吨。土地单产水平亦呈现先快后缓持续增长之势。土地生产力增长幅度变缓的原因，受自然灾害减产、农业结构调整和退耕还林还草的影响，也符合土地投入报酬先增后减的变化规律。[①]

（三）解放了农业生产力，促进了农村经济社会的快速发展

人民公社制度的体制性缺陷，加上各种政治因素的干扰，农村经济一度濒临崩溃的边缘。1977 年中国的粮食产量比 1956 年还要低。1978 年农民人均纯收入为 133.57 元，2.5 亿农民生活困顿。[②] 在人民公社体制下，农民的获利最小代价最大。农民最有压力和动力来突破传统体制以获取制度变迁的潜在利益。几十年的重工业优先发展战略并没有改变我国传统的农业生产方式，因此，农地制度的变革回归到符合我国传统农业生产方式的家庭经营模式。家庭承包制的土地制度在没有改变农地集体所有制的前提下，剩余索取权机制在土地家庭经营上得以最大限度地运作，解决了在人民公社制度下监督和激励的外部性问题。家庭承包制使生产关系适应了生产力发展的要求。农户可自主地在土地上安排经营项目，对土地的投入持续增加。制度的激励作用在土地生产力水平提高方面做出了贡献。一个在家庭责任之下的劳动者劳动激励最高，

---

① 参见许月明：《土地家庭承包经营制度绩效与创新研究》，博士学位论文，华中农业大学，2006 年，第 48—50 页。

② 参见温思美、张乐柱：《建国 60 年农村经济发展轨迹及其愿景》，《改革》2009 年第 8 期。

这不仅是因为他得到了努力的边际报酬率的全部份额，而且还因为他节约了监督费用。土地承包制迅速显示其超乎农业集体经营的巨大优越性。20 多年的农业集体经营寿终正寝。至 1983 年，几乎所有的耕地都按人口分给了农户。1980—1984 年，粮食生产年均增长率为 8.6%，农民收入水平和消费能力有了显著的提高。1978—1984 年，我国农业总产值年均增长 7.7%，1982、1984 年等年份甚至超过 10%，这与人民公社制度下的 2.9% 形成了鲜明的对比。农民生活消费年均增长 7.3%，结束了长期停滞不前甚至负增长的局面。1979—1984 年，城市居民的年均纯收入增长率为 8.7%，农村居民的年均纯收入增长率为 11%，城乡居民收入差距从 3.03∶1 缩小到 2.49∶1。城乡居民的消费差距也从 2.8∶1 缩小为 2.3∶1。①

（四）为国民经济发展作出了巨大的历史性贡献

　　改革开放以来，国民经济发展保持了强劲的高增长，GDP 年均增长率在 1979—2004 年期间达到 9.6%。② 中国在世界经济中的大国地位不断提升。2010 年成为世界第二大经济体，2013 年成为世界第一贸易大国。以汇率法衡量的人均收入水平已迈入中上等收入国家行列。这一持续快速增长的发动机就是农地制度的变革。这种变革维持农地的集体所有权，赋予农户土地使用权，形成了以家庭承包制为核心的农地制度，解决了十几亿人口的温饱问题。这种新型的农地制度为国民经济的发展提供了"四大贡献"，除了产品贡献、市场贡献和外汇贡献，还有要素贡献。农民为国民经济发展提供了资本、土地、劳动力以及农民企业家才能四大要素贡献。③ 按现价折算，仅工农产品价格剪刀差、土地、工资差和未实行社保等几项，农民为新中国工业化和城市化提供积累，

---

① 参见韩俊：《中国农村土地问题调查》，上海远东出版社 2009 年版，第 45—46 页。

② 《国家统计局年度统计公报》，http：//stats.gov.cn/tjsj/tjgb/ndtjgb/。

③ 参见王展祥：《工业化进程中的农业要素贡献研究》，博士学位论文，华中科技大学，2009 年，第 37 页。

至少 30 万亿元。①

1. 资本贡献

农业为工业化提供了巨大的资本积累，包括对农业直接征税、转移农业储蓄以及改变工农业贸易条件（即价格"剪刀差"）三种形式。②1949—2003 年全国累计征收农业税 3945.66 亿元。1983—2003 年累计征收农业特产税 1366.25 亿元。20 世纪 90 年代以来，金融体系将县乡区域农村的储蓄抽往城市和工业，总规模至少达 5 万亿元。③1978—1997 年的 20 年间，农民以工农产品价格"剪刀差"方式为国家工业化提供资金积累 9146 亿元，年均 457.3 元。④ 在农业税时代，在"三提五统"之外，农民还要承担各种名目的收费和摊派。仅中央下达的税外征收文件就多达 149 个，加上地方的土政策，最多的地区高达 260 余种。⑤

2. 土地贡献

1985—1997 年，集体建设用地每年使用量超过同期国有建设用地使用量，创造了乡镇企业异军突起的奇迹，加速了农村工业化进程。1998 年以来，土地成为中国高速工业化和城市化的发动机。各级地方政府通过低价征用农民土地，以创办园区、通过土地的协议出让（即以成本价甚至零地价）推进了工业化；利用对土地一级市场的垄断和经营

---

① 参见周天勇：《现代化要对得起为发展做出巨大贡献的农民》，《中国经济时报》2007 年 7 月 12 日。

② 参见［日］石川兹：《部门间资源流动的类型和过程：亚洲实例比较》，《发展经济学的新格局——进步与展望》（耶鲁大学经济增长中心第 25 届发展经济学年会论文精选），中国社会科学院经济研究所发展经济研究室译，经济科学出版社 1987 年版，第 73—74 页。

③ 参见周天勇：《现代化要对得起为发展做出巨大贡献的农民》，《中国经济时报》2007 年 7 月 12 日。

④ 参见孔祥智、何安华：《新中国成立 60 年来农民对国家建设的贡献分析》，《教学与研究》2009 年第 9 期。

⑤ 参见杨成林：《对破解三农"问题"的探讨与思考》，2008 年 3 月 31 日，http://www.snzg.cn/article/2008/0330/article_9704.html。

性用地的市场化出让，依靠土地出让收入和土地抵押融资推动了城市
化。同时，随着出口导向战略的实施，沿海发达地区成为中国经济高速
成长的主角。中国成为"世界工厂"，奥秘之一就是长三角和珠三角将
近一半的集体存量建设用地进入市场。

　　高速的工业化主要依赖于低廉的土地供应。而快速的城市化则主
要依托于地方政府对土地出让收入的攫取和土地抵押融资。改革开放以
来，经济、社会、生活等建设项目从农村征用了1亿多亩耕地，就是保
守地按每亩10万元计算，也高达10多万亿元，但由于征地补偿太低，
加上层层扣留，最后到农民手中的，不到7000亿元。① 特别是20世纪
90年代之后，二元土地管理征用农地增值所形成的"土地剪刀差"，其
绝对数额远超过统购统销的剪刀差。② 仅此，失地农民1年要为城市贡
献1万亿元。据有关研究，在土地增值部分的收益中，20%—30%归乡
镇和村集体，20%—30%归城市政府，40%—50%归各类房地产商，只
有5%—10%归农民。③ 政府和开发商独占农民在土地的增值收益和土
地资本化收益中应得的份额，从而降低了工业化和城市化的成本，使中
国经济在世界经济发展放缓的背景下仍保持强劲的高增长。

　　3. 劳动力贡献

　　家庭承包制在推动农业发展的同时为农村剩余劳动力的自由流动
提供了制度空间。大量农村剩余劳动力涌进城市、流入工业，以农民
工的特殊身份为经济的高速增长持续提供了充裕而廉价的劳动力。外
出就业农民工数量从1983年的约200万人④ 增加到2013年的1.66亿

① 参见周天勇：《现代化要对得起为发展做出巨大贡献的农民》，《中国经济时报》
　　2007年7月12日。
② 参见王至元：《农村土地制度改革及今后的完善思路》，《北京社会科学》2009年第
　　5期。
③ 参见丁长发：《"双失灵"下我国收入分配问题研究》，《经济学家》2010年第12期。
④ 参见陈锡文：《农民工流动为社会发展带来机遇与挑战》，http://www.hljagri.gov.cn/
　　rdgz/jgtz/200809/t20080917_214135.htm。

人①，30年增长了83倍，年均增长了17.7%。但农民工与城镇职工同工不同酬。1978—2006年，城镇职工的年均工资增长了10%左右，2006年平均工资为21001元；而农民工的年均工资增长则只有3%，2006年平均工资不到1万元。即使考虑城镇职工人力资本价值较高的因素，1.45亿农民工1年就为经济发展节省了1万亿元工资成本。②（当然，农民工的工资是由劳动力市场供求格局决定的，农村剩余劳动力太多，外出务工农民规模大，是其工资长期过低的重要成因）。另外，就是到了2006年，农民工参加社保的仍不足6%，社保成本的节约累计最少也达3万亿元。改革开放以来，通过城镇职工和农民工劳动力工资差额和没有强制规定为农民工上缴社保，为经济发展积累了最少10万亿元的资金。③

4. 农民企业家才能贡献

农民由非农就业到自主创业，脱颖而出成长为农民企业家。史来贺、吴仁宝、鲁冠球等就是这些乡土奇葩的代表。改革开放为农民企业家施展才华提供了舞台和空间。农民企业家产生于农民，又服务于农民。他们在优化配置和充分利用农村资源方面发挥着政府不可替代的作用。

（五）为我国城乡社会稳定提供了基本的社会保障

对中国农民而言，农地经营不仅是一种谋生手段，而且是一种生活方式。它涵盖了四重功能。一是收入功能。收入是农户生存的基础，它是决定农户农地经营行为的首位要素。二是就业功能。在工业化、城镇化尚不发达的情况下，农民仍以农业生产为主要就业渠道。三是预

① 《2013年全国农民工总量2.69亿人　月均收入2609元》，http://politics.people.com.cn/n/2014/0220/c1001-24416101.html。

② 参见张启良：《我国城乡收入差距持续扩大的模型解释》，《统计研究》2010年第12期。

③ 参见周天勇：《现代化要对得起为发展做出巨大贡献的农民》，《中国经济时报》2007年7月12日。

期功能。农地的承包期限和调整对农户的长期投入和积累有明显的制约，是影响预期的关键性因素。四是保障功能。在生产力还不发达的现阶段，农地既要为从事非农产业和进城的农民提供退路，又必须保障农户的基本收入和消费支出。现行农地制度具有强大的社会保障和稳定功能，它有效防止了土地兼并。农村农业剩余人口在转变为市民之前拥有土地承包经营权作为基本的经济社会保障，避免了拉美式、南亚式的失地农民大量涌进城市形成"贫民窟"的现象，维护了社会的基本稳定。在 2008 年国际金融危机的冲击下，数以千万计的农民工返回农村而没有引起混乱，正是这种保障功能的有力证明。①

30 多年来，农业、农村和农民为我国社会经济的快速发展立下了汗马功劳，为推动工业化和城镇化进程作出了巨大的奉献。一句话，没有农业、农村和农民的付出就没有中国经济社会发展的今天。因此，在经济发展、物质丰富的今天，我们绝不能忘记历史，而应感恩、关怀并回馈农业、农村和农民，通过以工促农、以城带乡，实现城乡共荣。

二、农地制度改革的经验

农地制度是农村生产关系的主要内容，牵动着整个农业、农村和农民的神经。改革开放以来，我国农地制度改革贴近基本国情，尊重农民首创精神，把解放和发展农村生产力作为第一要务，持续不断地完善农地制度，积累了一些必须长期坚持的成功经验。主要经验体现在以下五个方面。

（一）始终以发展着的马克思主义农地思想为指导

中国共产党保持马克思主义政党先进性的根本点之一是，坚持解放思想、实事求是、与时俱进，以科学态度对待马克思主义，用发展着

---

① 参见王至元：《农村土地制度改革及今后的完善思路》，《北京社会科学》2009 年第5 期。

的马克思主义指导新的实践。毛泽东思想和中国特色社会主义理论体系是中国化的马克思主义，是指导中国革命、建设、改革和发展的行动指南。新时期农地制度改革始终坚持以中国化的马克思主义农地思想为指导，解决农地制度改革实践中出现的新情况和新问题，总结党和政府领导广大农民群众开展农地制度改革创造的新鲜经验并作出新的理论概括，为科学理论永葆生命力提供了实践基础。

在邓小平理论指导下，解放思想、实事求是，农地政策从"尊重生产队自主权"开始，到"扩大生产队自主权"，到"包工到组、包产到组"，到有条件地允许"双包到户"，到"完全包产到户"，最终确立了家庭承包制。"两个飞跃"思想又为发展适度规模经营提供理论指南；在"三个代表"重要思想的指导下，农地政策通过延长承包期限使农地承包关系得到长久稳定，维护广大农民群众的根本利益。农地承包经营权流转从进一步放开到制度规范，为农业产业化经营创设了制度环境；科学发展观是坚持以人为本，全面、协调、可持续的发展观。在"两个趋势"、"新农村建设"以及"构建社会主义和谐社会"等理论的指导下，农地流转和农地征收等领域加快了法律构建的步伐，农民的土地权益得到日益健全的法律保障，城乡发展失衡的态势得到逐步的扭转。实践无止境。客观实际是不断变化发展的。条件不同，任务不同，农地政策法律也必须在中国特色社会主义理论体系指导下作出相应调整。

（二）尊重农民的首创精神，保障农民的合法权益

农民群众是农村生产力最重要、最活跃的因素，是农村物质财富和精神财富的主要创造者，是农业和农村发展的主体和基本依靠力量。尊重农民的首创精神，发挥农民的主体作用，是新时期农地制度改革顺利推进的法宝。

首先，尊重农民的首创精神。新时期农地制度创新的智慧来自基层农民群众，是他们在生产实践中首先进行试验，积累总结经验后，通过国家政策或立法在全国推广，逐步建立新的农地经营制度。包产到户

是农民群众在农地经营体制上的伟大创举，以此为基础确立起来的家庭承包制对我国农业和农村的发展起到了关键性的作用。改革开放以来，中央政府对农民群众的首创精神予以充分尊重和热情赞誉，而且将其许多创造发明上升为中央政府的方针政策和法规法律，从而促进了30多年来农村的经济发展和社会进步。

其次，发挥农民的主体作用。农民群众中蕴藏的巨大力量和智慧。邓小平提出了"鼓励试、允许看、不争论"的指示和"三个有利于"的判断标准，赋予了农民更多的人身自由和生产经营自主权，激活了农民的主体性和能动性。家庭承包制是社会主义初级阶段农地公有制的有效实现形式。它改变了集体土地、集体劳动、集体经营的体制，将土地的所有权与经营权分离，使家庭成为土地使用和经营的主体，同时也把统一经营与分散经营适当结合，既发挥了集体经济的优势，又调动了广大农民的积极性。土地等生产资料掌握在农民手中，恢复了农民在市场中的主体地位，为激发农民的劳动热情、生产潜能和创造精神提供了根本动力。尊重农民的生产经营意愿，鼓励他们因地制宜，积极开展多种经营，增加收入，有效地推进了农村改革。

最后，维护农民的土地权益。土地作为农业基本生产资料，不仅是国家粮食安全的重要保证，也是农民安身立命之本。维护和增进农民利益是农地制度改革的出发点和落脚点。党的十一届三中全会明确提出，"必须在经济上充分关心他们的物质利益，在政治上切实保障他们的民主权利"[1]。农地制度改革不但要适应农村生产力发展的根本要求，而且要确保农民持续稳步增收。家庭承包制是在农地制度改革实践中摸索出的一种适应国情的代表最广大人民根本利益的土地产权制度安排。在土地制度变迁过程中，政府的制度设计必须注重利益的公平性和可持续性，既要考虑个体利益与整体利益的结合，又要考虑短期利益与长期

---

[1] 《十一届三中全会以来重要文献选读》（上），人民出版社1987年版，第7页。

利益的结合，当代人和后代人利益的结合。政府出台的"耕地占补平衡"的政策、"保护基本农田"的政策，都是对农民的生存和发展的有效保障。通过延长土地承包期，增加农民对土地的权属感和稳定感，推动农民对土地有计划地长期投入，克服农民对土地经营的短期行为。通过不断健全农地流转机制，促进农地经营规模的有序扩大和农村剩余劳动力向非农产业的转移，从而建立适应现代农业技术的生产方式，持续提高人民的生活水平。通过实施世界上最严格的耕地保护制度，进一步规范农地征收制度，禁止对农地承包经营权的非法侵犯，保障被征地农民得到及时合理的补偿。

继续深化农地制度改革，必须继续相信、依靠和尊重广大农民群众的首创精神，充分发挥农民群众的主动性、积极性和创造性，采取农民自发探索与政府推动上下结合、政民互动的办法，才能建立和完善一个适应时代发展的农地制度，助推中国农业现代化的早日实现。当前，要更加适应社会主义市场经济条件下农民群众的价值观念、生存方式、思维方式、行为方式和精神状态等方面发生的新变化，仍需最大限度地发挥亿万农民群众的首创精神。

（三）遵循生产关系一定要适应生产力发展的规律

生产力决定生产关系，生产关系是在一定生产力的基础上产生并服务于生产力发展。农地制度旨在调整农村人地关系，属于生产关系的范畴，必须适应农村生产力的发展要求，不断推动农村生产力的解放和发展。农地制度的发展和演变，实质上就是不断调整束缚农村生产力发展的生产关系。因此，判断一种农地制度好坏的标准，就是要看它是否具备以下特点：激发农民全力投入农地生产经营的劳动热情、激发农民采用新技术的意愿和能力、促进农业生产率的提高，实现农业的增长和发展、保障土地所有者和土地经营者的合法权益、维护社会秩序的稳定等。归根结底，就是要看它是否有利于解放和发展农村生产力。解放和发展生产力是社会主义的本质要求，更是中央政府农地制度建设的目标和归宿。

　　我国家庭承包制的确立和普及，是生产力和生产关系矛盾运动规律的必然结果。中央政府在解放思想、实事求是的思想路线指导下，纠正了过去脱离生产力发展水平、盲目追求生产关系和社会关系的变革、忽视发展生产力的错误观念和做法，在农地使用制度上彻底废除了集体统一经营模式，实行家庭承包制。这种制度安排既能传承中国几千年的农耕传统，又延续了基本农地制度的继往路径，具有独特的优势。家庭作为生产经营和收益分配的基本经济单位，结构稳定决策灵活效率显著，具有交易成本低、自我激励强的特征。首先，家庭经营具有生产决策自主权，能够根据作物成长规律对家庭成员进行合理分工，确保劳动投入，降低外部自然环境对农业生产的不利影响。其次，家庭经营决策便捷及时，家人共享决策信息，能够及时应对自然环境和市场变化，生产经营的组织成本较低。最后，家庭成员风险共担，成果共享，避免计量、结算、划分和监督等成本，劳动投入直接关联自家利益，劳动投入与劳动报酬成正激励机制，从而提高了农业生产效率。家庭承包、双层经营的制度创新赋予农民土地的自主经营权，使农民生产热情得到了释放，农村生产力得到了发展，农民生活得到了改善。20世纪80年代中期开始，针对农民对土地承包政策的稳定信心不足，中央政府通过土地延包，不断强化农户对承包经营权的完整性，确保农民对土地使用权有稳定的预期。同时，随着市场环境的变化，结合农民就业结构和收入结构的新特点，从逐步放开到立法规范并全面推广农地承包经营权流转，进一步解放和发展农村生产力。进入21世纪，随着农业发展方式、组织形式和经营模式的变化，农地制度又进一步调整和完善，规范农地流转和农地征用，从法律上切实保障农民土地权益，以激发农业生产要素内在的活力，促进农业生产力的发展。实践证明：只要农地制度真正做到了解放生产力，发展生产力，农村就稳定繁荣；农地制度忽略生产力的解放和发展，农村就会遭遇坎坷磨难。

（四）根据不同阶段的发展要求，循序渐进地推进农地制度改革

以家庭承包制为基础的农地制度改革是全新的事业。诚如邓小平所言，改革开放，"马克思没有讲过，我们的前人没有做过，其他社会主义国家也没有干过，所以，没有现成的经验可学"①。这需要我们在实践中勇于探索，"摸着石头过河"。邓小平还语重心长地指出："改革没有万无一失的方案，问题是要搞得比较稳妥一些，选择的方式和时机要恰当。"② 在这里，邓小平指出了中国改革的方式，即渐进式改革。农地制度改革是中国改革的一个重要组成部分，同样也采用了由浅入深、由易及难、由点到面、由局部到整体循环渐进模式。中央政府根据农业和农村发展不同阶段所面临的主要矛盾和问题，确定改革主线，先试点后推广，在探索中不断确立改革的目标。虽然改革在不同阶段的政策重点不同，但都一脉相承、依次递进。在农村改革的第一阶段，面对十一届三中全会前高度集中的计划经济体制和农业凋敝的现象，党的十一届三中全会提出建立农业生产责任制，开始允许包工到组，深受广大农户的欢迎。面对第二阶段所出现的城乡发展不协调，农民收入下降的现象，1998 年 10 月，党的十五届三中全会强调，"稳定完善双层经营体制，关键是稳定完善土地承包关系"。随着工业化和城镇化的快速发展，农民的土地权益被弱化以至丧失（少数开发区和特区除外），农民和农村被排除在自主城镇化之外，由此造成了乡村的衰败和农民的贫困。对此，中央政府适时提出了"以人为本""多予少取放活""工业反哺农业、城市支持农村"的新理念，制定了"城乡统筹发展""建设社会主义新农村"等一系列重大战略部署，着眼于从根本上破除城乡二元体制的障碍，切实保障农民合法的土地权益。

对于新时期农地制度改革来说，渐进式改革既是贯穿始终的一条

---

① 《邓小平文选》第三卷，人民出版社 1993 年版，第 258 页。
② 《邓小平文选》第三卷，人民出版社 1993 年版，第 267 页。

主线，也是其重要的经验总结。渐进式改革是中国农村经济改革的必然选择，它是由一系列特殊原因和农村现实复杂性等客观条件决定的。实践证明，这种渐进式改革可以把改革控制在人们可承受的范围之内，避免了农村经济和社会的大震荡，也可以减少改革的人为阻力和社会成本，在公共领域、社会领域发育不全、市场领域尚不完备的情况下，依然是贴近国情的改革方法。

三、农地制度改革的局限

我国现行的"统分结合、双层经营"的农地制度在一定时期内激发了农业劳动者的生产积极性，促进了农村经济的发展。然而，也正是因为同样的农地经营体制，中国农业发展陷入了窘境：现行农地制度的边际作用逐渐降低，家庭经营的效率削减，集体经营的公共服务萎缩。这些现象成为阻碍农民致富、农业发展和农村繁荣的发展瓶颈。对这些问题进行分析研究，可以为农地制度的改革创新提供理论和实证基础。

(一) 农地制度改革的现状

从 1985 年开始，我国农村经济出现徘徊的状态，农业生产发展的速度减慢，农民收入增长停滞，城乡差距拉大，与之相随出现了农业普遍不景气、农村土地抛荒、农田环境破坏、农民生存环境恶化等现象，并逐渐演化为"三农"问题。这些现象背后隐藏的就是农地制度问题。

1. 农地非农化进程加速，面积持续递减

改革开放以来，随着工业化和城镇化进程的加速，国民经济多元化格局已经形成，农业在国民经济中的比重迅速下降。在农村出现了农村经济多元化、经营行为多样化的新趋势，农业不再是农民增收的唯一来源。在市场机制的作用下，农业生产要素开始重新配置。受市场变化(尤其是价格波动)、技术起步、生产组织方式与农业政策制度等因素的驱动，农村的生产要素(如土地、劳动力、资金等)在不断流失。工业化和城市化的土地需求占用了大量的农业用地。1990—2000 年，城市的建成区面积从 1.22 万平方公里增长到 2.18 万平方公里，增长 78.3%；到 2010 年，这个数字达到 4.05 万平方公里，增长 85.5%。从倍数来讲，2010 年是 1990 年的两倍以上。[①] 与此相应，20 世纪 90 年代以来，耕地面积年均减少 60 万公顷，人均耕地已经降至 1—1.2 亩，仅高于国际人均耕地警戒线 0.2—0.4 亩。[②] 揭阳市的人均耕地占有量更小，仅为 0.42 亩。各样本县的人均耕地面积均低于 0.6 亩。普宁市最低，仅为 0.30 亩（见表 3–4）。

2. 农业的比较利益低，耕地撂荒严重

随着工业化和城镇化的发展，农业的效率低于工业的状况凸显出来。由于农业不能使大多数农村人口维持最低生活水平，农民必然将主要的时间和精力投入到其他兼业中。农地弃耕撂荒由点到面、从隐性到显性已经成为普遍的社会现象。截至 2004 年年底，我国已经出现弃耕撂荒并有相关研究的省区达 20 多个。[③] 家庭承包制的实行曾经释放了农民的生产热情和土地的潜能，粮食生产连年丰收。20 世纪 80 年代中期，出现了农产品相对过剩和卖粮难的现象，再加上中央出台了鼓励发展农村第二、三产业和农村剩余劳动力转移的相关政策，在安徽省合肥、巢湖、六安等地出现了少量的、短暂的土地撂荒现象。大范围的严重的土地撂荒是在 1990 年以后出现的，主要集中在两个时期：1992—1995 年和 1998—2002 年。1992 年我国粮食过剩，粮价较低，种植业效益不高。而与此同时，城市发展急骤升温，开发区迅猛发展。农民举家

---

① 参见葛江涛、吴浩、岳家琛：《中国城市扩张排行榜》，《瞭望东方周刊》2012 年第 33 期。

② 参见张世平、叶赫：《关于农村土地抛荒问题的调查与思考》，《经济界》2001 年第 5 期。

③ 参见马清欣、何三林：《对当前耕地撂荒和耕地质量下降问题的探讨》，《中国农业资源与区划》2002 年第 4 期；杨涛、朱博文、雷海章等：《对农村耕地抛荒现象的透视》，《中国人口资源与环境》2002 年第 2 期；郗鼎玖、许大文：《农村土地抛荒问题的调查与分析》，《农业经济问题》2000 年第 12 期；鲁德银：《耕地撂荒的调查与思考》，《农村经济》2002 年第 4 期。

外出打工,浙江、江苏、广东、安徽、湖北和湖南等省区都出现了耕地撂荒现象。有的地方采取了处罚措施但收效甚微。1995 年以后,受供求关系影响,粮价回升,种田效益提高,加上农地第二轮承包政策的推行,耕地撂荒现象随之消失。1997 年以来,我国农业两次连年丰收,农产品普遍供大于求,粮价下跌,农村出现增产不增收现象。大量农民弃家进城,耕地撂荒现象席卷重来,波及全国 21 个省(区、市)的 107 个县,成为我国近年来范围最广、程度最甚的耕地撂荒现象。例如,2000 年,安徽省统计的耕地撂荒面积为 9 万公顷,占总承包面积的 1.2%,江淮地区少数地方高达 5%—10%;湖北省季节性撂荒面积达 13.3 万公顷,约占总面积的 4%;江苏省撂荒面积为 4.3 万公顷,约占总面积的 2%。[1] 相当一部分县在 2000 年前后耕地的撂荒率超过 20%。例如,2000 年湖北省监利县耕地撂荒率达 23.70%,2002 年浙江省温岭市的撂荒率达 27.58%。17 个样本县平均撂荒率达 9.59%。[2] 在笔者的调查中,37.1% 的样本农户明确表示耕种土地的效益太低。当问及"如果您已经能够通过务工经商或其他工作获得了很高的、稳定的非农收入,您会选择把土地抛荒吗"时,回答"肯定会"和"可能会"的比例占 42.7%,回答"不一定"的比例占 24.9%。可见,部分农业劳动力已经流出农业领域。只有通过有效流转,才能提高其土地的利用率和生产率。

3. 大批青壮年劳动力涌入城市,农村劳动力资源严重流失[3]

农村向城市转移的劳动力分两种情况,一种是原农业劳动力向城市的转移,一种是农家子弟通过学校教育后直接进入城市。欧美发达国

---

① 参见马清欣、何三林:《对当前耕地撂荒和耕地质量下降问题的探讨》,《中国农业资源与区划》2002 年第 4 期。

② 参见刘成武:《中国农地国际化问题研究》,科学出版社 2009 年版,第 51—58 页。

③ 参见冯海发:《1979 年以来的中国农业劳动力转移》,《经济纵横》1995 年第 12 期;潘文卿:《中国农业剩余劳动力转移现状及转移效益分析》,《农业技术经济》2001 年第 3 期。

家劳动力转移初期由于当时的教育普及率低及对劳动力要求较低，多是前一种情况的转移。而日本在第二次世界大战以后多是后一种情况的转移。由于韩国工业化进程更快，其劳动力转移两种情况都有。① 在中国，由于农业的比较利益低下，辛苦劳作却依然无法满足基本生计，出路只能是消极的离乡背井进城打工。青壮年劳动力资源从农村流失尤为严重。在农村，从事农业的就只剩下"386199"部队了。这必然影响农村农业经济的持续健康发展。

（二）家庭承包制的缺陷

我国当代农地制度改革取得了成功，但这只是在极度贫困的农业社会中取得的成功，并不是整个中国农业发展的成功。家庭承包制激发了农民的生产积极性，使广大农民摆脱了极度贫困的状态，是现阶段农地制度改革取向的最佳选择。但是，作为一种制度安排在最大限度地释放制度潜能，取得举世瞩目的制度绩效的同时，其制度缺陷也开始显现。家庭承包制的产权虽然比以往有了一定的变化，但农地产权仍不完整，至少存在三个方面的欠缺，首先是农地产权的各项权能边界不清晰，主体对自己责、权、利边界模糊；其次是农地分割细碎化，不适应现代大生产，难以产生规模经济；最后是农地的不可转让性导致资源配置难以优化。

1. 农地产权主体不清晰

完整的土地产权应包括土地的所有权、使用权、收益权和转让权。完整的土地产权是农业经济绩效的保障。当前，我国农民个体对土地的产权却仍是不完整的。这与现行农地制度的产权主体不明晰有关。虽然《宪法》规定，农村土地归集体经济组织所有。而"村民委员会"又是一个基层自治组织，并不具备作为产权主体的法人资格。《土地管理法》

---

③   参见李少元：《国外农村劳动力转移教育培训的经验借鉴》，《比较教育研究》2005年第 7 期。

第 10 条也规定："农民集体所有的土地依照法律属于村农民集体所有的，由村集体经济组织或者村民委员会经营、管理"，明确规定农地归集体所有，但现行法律并没有对"集体"作出明确界定。因此，在实践中，农户的认识难免存在分歧。对"谁是村集体的代表"，是村集体经济组织（大队）？村委会？村合作经济组织？还是村民小组（生产队）？莫衷一是。这种分歧源于我国当前的农地法律对农地产权主体规定的模糊性，也影响了农地承包合同的规范和统一。（见表 4–10）这导致了责、权、利的边界不清晰。

农户对土地拥有完整的产权，农业生产相应有较高的经济绩效。相反，农业生产的绩效就会大幅降低，同时还会引发农业人口转移困难，农村社会保障负担沉重以及农村社会现代化进程缓慢等一系列社会问题。农地产权主体的虚置导致农民的土地权益受损。制度的不合理导致城乡之间土地使用权市场分割的不平等，各级政府低价征地，剥夺了农民的土地增值收益。据陈锡文测算，改革开放以来，通过低价征用农民土地，使农民至少蒙受 2 万亿元的损失。此其一。

其二，农地产权的残缺减损了农民的财产权利或资产权利，削弱了其换取消费品的能力。加上农村公共品缺乏等因素，减损了农民的人力资本的提升和运用空间，甚至是对人的权利的限制。国家对农地征用的绝对权利和对农地用途以及经营体制的管制，使农民的土地使用权受到直接或间接的影响。国家对部分农产品进行最高价限制，不仅会影响农民对农地的使用权，也限制了农民对农地的收益权。

其三，具有农村社会保障功能的农地产权，事实上已经成为离土不离乡的二元户籍制度的柱石，它限制了农民自身发展的可能性的拓展，阻碍了农民自由迁徙和生产生活空间的转换。农民的机会空间被压缩，并且阻碍了社会福利的净增长。而且，农民的人力资本产权在市场经济条件下失去了价格，农民作为劳动者的人力资本对经济增长的贡献也就被视而不见了。

还有，农地产权主体不清晰，导致农地流转困难。农民土地使用权的物权保护有限，制约了土地的流转和集中。国家对农地转让权的限制，会对农地市场的形成产生一定的障碍，同时土地作为最基本的生产要素无法实现其最高价值，农民通过土地这一要素获得收益的机制也会受到限制。农户对农地流转的预期效益不确定，导致生产和经营活动中的低效或无效。农地产权主体虚置，极易导致基层组织越位，[①]侵占甚至剥夺农民的农地承包权流转的权利。农地产权主体模糊或错位，增加了流转的交易成本。以农地家庭承包制为基础的现行农地制度事实上成为生产要素流动的双向壁垒。内部的人力资本不能流出，外部的人力资本不能进入，造成农村人力资本状况的日益恶化和生产力的日益空心化。所以，家庭承包制同样没有改变农民土地产权缺位的处境，从而最终损害了农民的整体利益，导致城乡差距的进一步拉大。

2. 土地规模与要素配置的矛盾

由于人多地少基本国情的制约，出于对"不患寡而患不均"的"公平"诉求，体现农地对农民的生存保障功能，现行农地制度采用均田承包的农地经营形式，将农地按人均分至户，兼顾农地肥力与地块位置的差异，实行农地好坏、远近搭配，形成社区内人人享有农地经营的格局。

首先，均田承包制导致农业劳动生产率低下。家庭承包制的全面推广释放了土地的生产潜力。但还有一个不能回避的事实：人多地少的现实导致农业就业比重过高，农户土地经营规模过小。一方面，我们以"世界耕地的 10% 养活世界人口的 21%"而自豪；另一方面，我们又常常忽略了"以世界 40% 的农民仅仅养活了世界上 7% 的非农民"。这种土地生产率与劳动生产率的强烈反差，严重制约了农民增收，使得农民

———————

① 参见韩冰华：《论农地流转的障碍性因素》，《商业时代·理论》2005 年第 15 期。

收入增长落后于整个社会的收入增长。① 均田承包制直接导致农地细碎化，农地细碎化又造成农业生产规模不经济，结果是农业投入只能增加生产成本而不能使农民增收。这又进一步影响农地资源的有效配置，导致农业经营效率的损失，不仅造成了农地的浪费，而且不利于农事作业和日常管理。主要表现为：一是增加了田埂和沟渠面积，减少耕地面积；二是农地的超小规模经营，阻碍了农田设施和先进机械效能的充分发挥，制约农业现代化发展。三是难以控制病虫害，更难管理和监督，潜在风险更大。曾经以小农经营见长的日本和韩国等国在土地规模化经营方面也取得了显著的进展。2010 年，日本农民的人均土地规模已经是我国的 7 倍，韩国是我国的 4 倍。我国要实现农业现代化，通过土地的规模经营提高劳动生产率是必由之路。②

其次，均田承包制把农民束缚在小块土地上，阻碍城市化和工业化的发展。农民没有土地的抵押和交易权，影响了农民的筹资再生产和城乡劳动力的流动和迁移。退出机制的缺位严重阻碍了劳动力从农业向非农产业的转移。农民被束缚在土地上，离开土地得不到任何补偿。目前我国农地是村民集体所有，家庭承包经营。"承包期内，承包方全家迁入小城镇落户的，应当按照承包方的意愿，保留其土地承包经营权或者允许其依法进行土地承包经营权流转。承包期内，承包方全家迁入设区的市，转为非农业户口的，应当将承包的耕地和草地交回发包方。承包方不交回的，发包方可以收回承包的耕地和草地。"这一制度限制了劳动力的流动。即使农村人口通过各种途径流向城市，由于其土地无偿交回，没有任何的补偿，也会影响其在城市的生活。

再次，劳动力流动不畅，反过来进一步加剧了"规模不经济"。在

② 参见李成贵：《当前农业发展面临的主要问题和政策选择》，中国社会科学院发展研究所：《中国发展研究报告 No.7》，社会科学文献出版社 2010 年版，第 35 页。
① 参见田传浩、贾生华：《地制度、地权稳定性与农地使用权市场发育：理论与来自苏浙鲁的经验》，《经济研究》2004 年第 1 期。

家庭承包制下，土地基本上实行均包制，而我国人多地少，每个农户分得的土地相当少。不单如此，土地均分不仅体现在数量上，而且体现在质量上。土地的肥瘦远近优劣搭配使农户的土地不仅面积狭小而且分散细碎。据笔者在揭阳市的调查，在未流转土地的样本农户中，85.26%的农户土地经营少于2亩，且土地细碎分散。块均规模，揭东为0.33亩，揭西为0.51亩，普宁为0.55亩。惠来为0.50亩。（见表4-30）这种小规模家庭经营的土地制度安排不仅导致农村劳动力和资金得不到充分利用，单位农产品的价格难以降低[①]，而且使农业生产难以产生规模效应，无法与变幻莫测的大市场对接。

3. 小农户与大市场的矛盾

我国农业发展面临全球化的挑战。自2001年12月起中国已经成为世界贸易组织成员国。作为加入WTO的条件，中国承诺在农产品市场准入、国内支持、出口竞争等方面进行一系列的改革，作出了多方面的让步。在农产品方面，我国必须遵循WTO农业协议关于实现全球农产品贸易自由化的规则，不断加快农业对外开放进程，并承诺不对农产品出口进行补贴，将对农民的国内支持限制在农业生产总值的8.5%。关税税率不断调低，非关税措施不允许使用。我国农业已不可避免地卷入越来越激烈的国际竞争。超小型的家庭经营，要与经营规模比我们大百倍甚至更多的、同时享受着巨额补贴的欧美大农场同台竞技，我国的农业生产面临前所未有的挑战。

加入WTO对我国农业的冲击已经逐渐显现。我国农产品对外贸易已经由长期顺差转变为连续数年的逆差，大豆和棉花受到的冲击尤甚。我国已经连续数年成为棉花净进口国，且进口数量逐年递增，2005年增加到257万吨，其中一半以上来自美国。美国棉花的出口竞争力源于

---

① 参见何格、田孟良、何训坤：《适应WTO的耕地保护对策》，《农业经济》2003年第2期。

政府对棉农的高额补贴。1999 年 8 月到 2003 年 7 月间，美国为棉农提供了 124.7 亿美元的补贴，补贴率为 89.5%。这造成了国际棉花价格的长期低迷。我国国内纺织企业大量进口美国棉花，国产棉花销售不畅。植棉收入是全国近亿棉农收入的重要来源。在棉花主产区，棉花收入占家庭现金收入的近 1/3，其中新疆农民半数以上的收入来自棉花。近年大量的棉花进口已经重创了国产棉花的生产和价格，直接影响棉农收益。[1]

随着国外农产品进入中国市场门槛的逐渐降低，廉价的国外农产品大量涌入国内市场，势必造成市场农产品价格进一步下跌，从而导致农业纯收益不断出现新低。首当其冲的是以种植业为主要收入的农户，特别是纯农户。现行农地制度与市场经济和 WTO 的要求越来越不相适应。如何利用 WTO 规则保护农业，保障国家粮食安全，稳定农村、提高农民收入的同时，利用有限的资源，通过技术革新和制度创新，提高农业生产效率，增进农产品的国际竞争力，便成为中国农业现代化的圭臬。

4. 土地制度激励功能不明显，农地经营收益低

农地频繁调整的客观性与农民对承包地稳定性的要求不相适应。稳定的土地产权不但影响农民对农业用地旨在提高土地肥力的长期性投入，而且影响其对农业用地的短期投入，而化肥的过量施用，也可能导致土地质量的下降。[2] 农民的土地承包权的不确定性和非排他性造成农民经营土地行为的短期性。由于集体分配土地，人口的变动就要求周期性的土地调整。土地的频繁调整与过短的承包期限，严重损害了土地承包经营权的稳定性。农民对土地使用权缺乏安全感，对土地的经营就难有长期打算，不愿长期投资土地，只能采取短期行为，甚至采用掠夺性

---

[1]　参见李成贵：《当前农业发展面临的主要问题和政策选择》，中国社会科学院发展研究所：《中国发展研究报告 No.7》，社会科学文献出版社 2010 年版，第 37—38 页。

[2]　参见何凌云、黄季焜：《土地使用权的稳定性与肥料使用——广东省实证研究》，《中国农村观察》2001 年第 9 期。

的经营方式，导致土地贫瘠化，不利于农业生产的可持续发展，影响农民收入的长期增长。虽然政府要求农户和集体之间签订书面的土地承包合同，但在现实中，随意解除土地承包合同、侵犯农民合法权益的现象经常发生。在不少地区，许多农民根本没有书面的土地承包合同。

5. 土地收益分配关系模糊

"交够国家的，留足集体的，剩下的都是自己的"是农民在"大包干"中创造的国民收入分配原则。但是，什么是"交够"，什么算"留足"，缺乏客观标准，没有明确的比例，导致了国家、集体与农民三者的权利义务关系不明晰，这就为后来一些地方集体单方面撕毁与农户的土地承包合同，随意向农民伸手、摊派留下了制度性缺陷和隐患。[①]20世纪90年代开始实行的"分灶吃饭"以及1994年开始实行的"分税制"改革，导致了财权的上移和事权的下移，上级政府与基层政府之间展开了动态的博弈。处于中国政府序列最末端的乡镇政府，为了完成上级压力性目标政绩考核指标任务并利及本级财政，只能在税之外设立"费"，向农民进行涸泽而渔式的汲取，最终出现了"费大于税"的"三乱"局面。面对愈演愈烈的农民负担问题，甚至在一些农村地区出现严重的治理性危机，上级继而以农村税费改革来解决农民负担问题，从制度上以法律明确和规范国家、集体和农民之间的权利义务关系，真正实现"交够国家的"、切实规范"留足集体的"，最终确保"剩下的全是自己的"。但在基层政府的互动下，这种"倒逼"却演化为"三农"问题，上层只有再一次作出回应，将"三农"问题摆上政府重要的议事日程，承担改革农村、提供公共产品的责任。[②]

家庭承包制的内在缺陷导致了农民收入偏低、农村劳动力富余、

---

① 参见《深化农村税费改革的全局意义》，山东农业网，http：//www.sdny.gov.cn/art/2004/2/18/art_1794_30458.html。

② 参见李芝兰、吴理财：《"倒逼"还是"反倒逼"——农村税费改革前后中央与地方之间的互动》，《社会学研究》2005年第4期。

农业用地锐减、农业现代化滞后，这些情况表明了农村资源配置和使用的不合理性。如果没有对现行农地制度进行改革创新，"三农"问题就难以得到有效解决，最终必然会影响我国的现代化建设进程。

第二节　农地制度创新的对策

20 世纪 80 年代，中央政府提高农产品价格、发展乡镇企业等传统方法对推动农村经济发展曾经得心应手，但进入 20 世纪 90 年代以来就显得力不从心。尽管中央政府已经启动了税费改革和农业产业化经营的农业新政，但是仍然没有实现农业预期的持续快速增长。其根源就在于农地制度的创新不足。农地制度创新是当前和今后一个时期内我国农村工作面临的重要课题，也是建设社会主义新农村的关键所在。

一、农地使用模式的探索

改革开放以来，我国农地制度显著地促进了农业和农村社会经济的发展。然而，随着改革的深化和农村社会经济的发展，这一制度的弊端也日益显露，如土地产权主体模糊、土地经营效率低下等，农地问题日益受到关注。在保持农地集体所有制的前提下，各地通过适当延长土地承包期，或采取土地使用权入股、抵押、租赁、拍卖等措施来稳定和完善现行的农地制度，探索新的农地模式。

（一）土地集体所有，农民永佃

有学者认为，应坚持土地集体所有、农民永业、允许转让、长期不变为核心的土地使用制度。[1] 这种微观农地制度创新，对于把现行家庭承包制及其政策法律化、制度化十分必要。[2] 还有学者对人民公社的

---

[1]　参见白志全：《农民永久占有和使用土地的制度设计》，《农业经济问题》1993 年第 4 期。

[2]　参见杨经伦：《农村土地制度的变革与创新》，《农业经济问题》1987 年第 7 期。

产权制度进行分析后认为，生产队的产权是一种受到严格限制的产权，因产权的弱化所引致的剩余合约和剩余享益缺乏激励，才是人民公社失败的决定性因素。今后农村改革的方向是进一步消除国家对土地产权排他性的限制，明确土地制度的永佃制。①

（二）两田制

1984 年创始于山东省平度市的两田制是一种将农地分为口粮田和责任田的土地承包使用方式。其制度创新表现在将家庭承包制下土地的经济发展和社会保障功能进行了分离，按 1∶3 划分为口粮田和责任田。口粮田作为生活保障用地，根据公平原则，按人口均分。只负担农业税，不缴纳承包费，一般不负担国家定购任务，体现土地的社会福利功能；责任田则根据效率原则，采取按人承包、按劳承包和招标承包三种方式承包经营。要向国家缴纳农业税，向集体缴纳土地承包费，承担国家粮食定购任务。责任田承包在一定程度上弥补了均田承包的效率损失，土地效率有所提高，制度安排绩效比较明显。②

有学者认为，两田制形成了土地和劳动力合理结合和优化配置的机制。③ 有学者认为，口粮田满足了农民稳定占有土地的心理，而责任田的设计，则满足了政府和社区的利益，从而减少了在均田制下的不确定性和多余的交易费用，其制度绩效远大于其制度缺陷，在一定程度上实现了"帕累托改进"。④ 两田制的实质是两种不同机制配置土地资源，即口粮田是行政手段配置农地资源，而责任田则是市场机制配置土地资源，因而两田制是适应社会主义市场经济要求的过渡性制度

---

① 参见陈剑波：《人民公社的产权制度》，《经济研究》1994 年第 7 期。
② 参见张红宇：《中国农村土地产权政策：持续创新——对农地使用制度变革的重新评判》，《管理世界》1998 年第 6 期。
③ 参见周诚：《略论现阶段我国农村土地制度建设》，载《土地经济研究》，中国大地出版社 1996 年版。
④ 参见骆友生、张红宇：《家庭承包责任制后的农地制度创新》，《经济研究》1995 年第 1 期。

安排。① 还有学者认为，随着生产力的发展，诸如两田制的土地的小规模分散化经营，终将逐步向适度规模的专业化经营转变；全部农村劳动力经营土地，也逐步向部分劳动力经营土地转变。两田制是这个转变过程中承前启后的过渡性制度。按人承包的均田制→两田制→专业承包的一田制，可能是走向农业专业化生产的发展过程。② 有学者主张从两田制着手推进土地适度规模经营。③ 也有学者认为两田制只能适用于农地资源相对充裕的地区，对于那些土地稀缺的地区则意义不大。④

（三）农地股份合作制

有学者认为，农地股份合作制是我国农业集体经济在劳动群众集体所有制自身范围内的扬弃，即集体成员对集体土地资产的平等无差异共同占有转变为股份式有差别的共同占有，标志着劳动群众集体所有制找到了适应市场经济要求的实现形式。⑤ 有学者认为，在坚持土地权属公有制的前提下，将土地的实物形态和价值形态剥离，土地的物权归农民集体所有，股权归农户所有。其中，集体持有的土地物权是不可分割的集体所有权，是所有权的物质内容和基础；农民个人持有的股权是可以分割的土地的价值所有权。⑥

还有学者将土地股份合作制与两田制、规模经营等土地制度形式进行比较之后认为，土地股份合作制实质上是对农户私有土地产权的承认与落实。这种深层次的产权结构建设不仅是必要的，而且是可行

---

⑤　参见盖国强：《土地资源优化配置的积极探索》，《大众日报》1997 年 2 月 18 日。

①　参见王西玉、马苏元：《均田到两田：农村土地制度建设的生长点——关于两田制问题的思考》，《农业经济问题》1990 年第 2 期。

②　参见蒋海根：《从两田制着手推进土地适度规模经营》，《吴中学刊》1996 年第 2 期。

③　参见孔泾源：《中国农村土地制度变迁过程的实证分析》，《经济研究》1993 年第 2 期。

④　参见靳相木：《论五十年代初级农业生产合作社的产权制度》，《经济科学》1995 年第 6 期。

⑤　参见徐锋：《股份合作与农业土地制度改革》，《农业经济问题》1998 年第 5 期。

的。① 对于在一些发达地区出现的土地股份合作制，有学者认为这一制度安排建立起了集体土地权益由集体与农户共享的土地产权制度，是农地制度改革的最优选择。②

还有学者针对这一新型农地制度，提出土地股份经营可采取以下几种载体：土地股份经营公司、土地股份经营联合体（或称合作社）、集体导向下土地股份经营的家庭农场。③ 此外还有学者运用西方新制度经济学和产权学派的理论，建构了一个以工分制为收入分配方式的生产队模型，在模型中引入了监督和监督费用。其研究结论是，由于在农业生产中提供密切监督的费用极高，生产队对劳动的监督效率低下；而在家庭农作制下，劳动者享有剩余索取权，因而也就无须对劳动进行监督和计量了。同时，他认为这是中国农村改革获得成功的根本原因。④

（四）多层次的土地所有制

关于多层次的土地所有制，目前主要有三种观点。观点一，认为将农地的单一集体所有制改为土地的集体、个人两层次所有制。即凡已经明确归国家所有的那些土地的权属不变，而原来归集体所有的土地分为三部分——用地、荒地和耕地，前两部分仍归集体所有，土地改制所涉及的只是耕地。⑤ 观点二，认为我国农村应建立部分土地由国家所有，部分土地由集体所有，部分土地由个体所有的国家、集体、个体多层次土地所有制。它更多地强调多种所有制的并存。⑥ 观点三，主张土地国

---

⑥　参见綦好东：《我国现行农地产权结构的缺陷及重构的实证分析》，《农业经济问题》1998 年第 1 期。

①　参见蒋励：《股份合作制：农村土地制度改革的最优选择》，《农业经济问题》1994 年第 12 期。

②　参见张柏齐：《土地股份经营的形式及应注意的问题》，《农村经济》1989 年第 4 期。

③　参见林毅夫：《制度、技术与中国农业发展》，上海三联书店 1992 年版。

④　参见李庆曾：《谈我国农村土地所有制结构改革》，《农业经济问题》1986 年第 4 期。

⑤　参见罗必良、王玉蓉：《农村土地制度改革的思考与选择》，《农业现代化研究》1993 年第 2 期。

有基础上的个人占有制。占有的含义是指农民可以使用、出租、出卖和继承土地。土地可以出卖，但不能出卖给非农业使用者；农民无权将土地租、卖给外国人，以此体现国家对土地的最终占有。①

（五）"四荒"使用权拍卖制

其基本特征是在"四荒"所有权集体所有不变的前提下，将"四荒"使用权一次性长期拍卖给农民，由农民自主经营。对在经济比较落后的西北黄土高原等边缘地带率先发生，尔后在全国范围内稳步推开的"四荒地"（荒山、荒坡、荒地、荒滩等）使用权拍卖，厉以宁在进行个案研究后得出结论：同样是荒山，同样是这些农户，承包来的不治，购买来的治，"白"给的不治，花了钱的治，一个村治不好的，一个户可以治好。因此，"四荒地"使用权拍卖，有学者认为是农地制度改革的深化，也是农地承包制的继续与发展。② 也有学者强调，由于"四荒地"使用权拍卖是一次性买断、长期性开发受益，因此在考虑效率优先的同时，应注意社区成员的平等权利，确保农户参与拍卖的广泛性与公平性。③

（六）三元导向租赁制

"三元"是指在土地所有权上实行国家所有、集体所有、农民私有三种形式，在经营使用权上实行联产承包、租赁经营、土地股份合作经营等形式。"导向"是指在土地所有制方面必须坚持社会主义方向，执行党和国家的方针、政策和法律、法令。"租赁"是指土地所有者把土地出租给土地经营者经营，从而收取一定的地租。老少边穷地区视其经济发展状况，可以将全部土地归属私人所有，属集体的土地由集体采取不同形式经营，属于私人所有的土地由私人自主经营或采用其他形式经

---

① 参见厉以宁：《土地国有基础上的个人占有制》，《理论信息报》1998 年 12 月 19 日。

② 参见厉以宁：《土地国有基础上的个人占有制》，《理论信息报》1998 年 12 月 19 日。

③ 参见王西玉：《山地开发中的制度、政策和农户行为》，《中国土地科学》1994 年第 6 期。

营，但不准买卖、兼并、侵占土地。①

（七）土地集体所有，农户租赁经营制

有学者提出把租赁分为两种形式：一是集体组织将土地租赁给农户，另一种是农民把土地承包经营权租赁给其他农户。农户将原承包的土地转包给新承包人以后，由新承包人履行承包合同所规定的各项权利和义务。②

（八）国家与集体双重所有制

在农地国家所有制的前提下，集体对农地也拥有部分所有权。这就构成了农地的双重所有权主体。在这种制度下，国家所有权是终极所有权，集体所有权则是初始所有权，是一种不完全的所有权，其性质受到国家所有权的制约。③

（九）国家所有、集体占有、农户经营的三级土地体制

国家有权对土地进行规划、保护和管理，任何组织和个人不得干涉。集体占有土地，负责处理农户和土地的关系，代表国家行使各种职能，根据对土地的占有权，对农民使用土地进行监督和管理。在国家所有和集体占有的前提下，农户通过承包经营，拥有土地的使用权，也可以暂时有偿转让。④

（十）公有制为主体、部分土地归农户所有

把部分土地出售给农民，承认这部分土地属于农户所有，农户对土地的所有权及继承权有法律上的保障。集体剩余的土地按照有偿使用的原则，进行招标承包和租赁经营，把竞争机制引入土地承包中，实现

---

④ 参见罗继瑜：《土地所有制改革初探》，《农业经济问题》1987年第7期。

① 参见田千禧：《农村土地承包经营权的法律性质及实现形式的创新》，《农业经济问题》2000年第7期。

② 参见潘华顺、臧武芳：《关于农村土地双重所有制的理论探讨》，《中国软科学》2000年第7期。

③ 参见余陶生：《试论我国农村土地制度的改革》，《武汉大学学报》（社会科学版）1989年第6期。

土地向种田能手集中。①

(十一) 土地股份投包制

土地股份投包制包括两个基本方面：第一，改土地集体所有制为社区农民土地股份共有制；第二，在土地股份共有制的基础上，实行农民对土地的投包经营。土地股份投包制的理论设计与土地股份合作制理论与实践相比，二者在最主要的方面是一致的，都主张将传统的土地集体所有制转变为土地股份共有制，并把股份共有制视为集体所有制的新型实现形式。土地股份投包制的突出特点，是试图使家庭经营方式在土地产权清晰、土地配置规模合理的基础上继续成为农业持续增长和农业现代化实现的制度性保证。②

(十二) 集体所有制占主体、主导的同时，允许部分土地国有，荒地私有

现阶段的耕地，既不能一概国有化，也不能一概私有化，只适宜集体所有制占主体、主导的同时，允许部分土地国有，荒地私有，形成集体所有制占主体、主导的多种土地所有制形式并存的土地所有制结构。③

(十三) 农业车间制

学术界对在一些城郊和乡镇工业相对发达的地区重新出现的农业集体土地经营现象做了分析后认为，自原集体经济母体衍生而来的集体农场制和农业车间制存在集体经济本身固有的弊端。这种经营制度的出现使农户向社区转移了"弱质产业"，社区代替了政府承担了更多的区域农业支持。尽管有明显的规模效益，但它充其量是经济发达地区理性

---

① 参见杨晓群：《谈土地制度改革的思路》，《农业经济问题》1988 年第 8 期。

② 参见郭剑雄：《农业现代转型过程中的土地制度调整》，《人文杂志》2000 年第 3 期；郭剑雄、苏全义：《从家庭承包制到土地股份投包制——我国新型土地制度的建构》，《中国农村经济》2000 年第 7 期。

③ 参见连玉新、张存刚：《关于土地国有与私有思路评析》，《西北民族学院学报》(哲学社会科学版) 1999 年第 3 期。

的制度安排，不可能在全国范围内推广。[①]

　　在农地集体所有制下的诸种农地使用制度的创新模式的探索中，各地积累了丰富的经验，为农地制度的深化改革奠定了坚实的实践基础。

二、农地制度创新的原则

　　农地制度创新关系到我国的经济发展和社会稳定，必须肩负起政治、经济和社会责任，保障农民和国家的利益。21世纪上半叶农村发展的首要任务是构建新型的以土地关系为核心的农村生产关系，以市场化为价值取向、以法制化为载体、以现代化为目标、以社会主义新农村建设为契机，按照"多予、少取、放活"的方针，统筹城乡发展，实现共同富裕。农地制度创新主要围绕下列基本原则进行。

（一）农地集体所有原则

　　土地作为一种特殊的公共物品，公共性是其基本特性。[②] 土地出现增值，这是整个社会经济发展的产物。显然，这种增值原则上应该归社会全民公有。土地公有制是我国现阶段土地制度的基础和核心。新中国成立以后，我国逐渐形成了社会主义国家所有制和社会主义劳动群众集体所有制为主要内容的"二元公有"的土地社会主义公有制。不管是公社化运动的功与过，还是家庭承包制的得与失，都不是社会主义公有制本身的问题。问题的关键是如何在这一前提下完善各种微观机制，达到对劳动者的监督和激励，以促进生产的持续发展。

　　农地制度创新不能离开维护和巩固土地社会主义公有制这个根本原则。我们要在坚持农地集体所有制的前提下探索农地制度的崭新的实

---

①　参见孔泾源：《中国农村土地制度：变迁过程的实证分析》，《经济研究》1993年第2期；骆友生、张红宇：《家庭承包责任制后的农地制度创新》，《经济研究》1995年第1期。

②　参见陈刚华、徐海港：《土地制度改革中的"公有"思想原则》，《经济体制改革》2009年第6期。

现形式。农地私有化行不通。因为农地私有制必然带来农地的畸形集中，拉大贫富差距，影响社会稳定。农地公有化也不能重走计划经济的老路。因为高度的计划经济体制，不仅没能实现社会的平等，反而降低了国民生产的劳动欲望，造成了生产效率的低下。同时计划经济体制下，国家的全面管理需要高昂的管理成本，并且会形成庞大的官僚阶层，引发管理层和被管理层之间的支配现象。坚持农地集体所有制，是社会主义基本经济制度的要求，符合我国的基本国情，既有利于巩固社会主义公有制的主体地位，也有利于减小农地制度变革对农村社会的影响，避免农村社会的两极分化，维护农村社会的稳定，同时，也是改革成本最小的一种选择。农地制度的选择，不能仅仅考虑经济效益，政治稳定和社会和谐也是其题中之义。

因此，农地制度创新要在农地集体所有的前提下，在法律上更加明确界定国家拥有土地的公权力，在明晰土地产权的同时细化和扩大农民对于土地的使用权，这是中国社会主义农地制度改革的基本原则。

（二）依法治地原则

农地制度是一项基本社会经济制度，其改革创新应该全面考量影响其有效运作的诸多因素，特别是各种制度和体制。我国当代的农地制度变迁更多是一种渐进式的政策性改革，虽然可以降低制度变迁的社会成本。但是，由于没有从根本上解决"三农"问题背后的根本问题，因而很难提高社会整体效益。同时，用政策或文件替代法律制度，也弱化了"依法治国"，甚至不能降低社会运行的整体成本。

我国农地制度的立法仍然整体滞后于农地改革实践。比如，《农村土地承包法》中与促进土地流转相关的法规限制性太强，没有为后续的农地立法留下回旋的空间，特别是对自愿性的谈判协调机制和利益激励机制缺乏法律上的规定或者引导，限制了农地的灵活流转，压缩了优化农地资源配置、提高个人和社会福利的空间。总的来看，目前关于农地制度的立法，第一是不完备，第二是有缺陷，第三是法律的引导功能不足。当然，这与我们国家还处于社会主义初级阶段有关，制度建设仍然处于完善中甚至在探索中。

农地制度创新必须在法律制度层面进行制度建设，建立和健全农村土地使用和管理的法律法规，加强国家对土地使用的直接调控，用法律来规范农地的归属、土地的使用方向、土地流转路径等，构建高效的交易秩序和运行秩序，以期实现农民的预期利益和国家的和谐发展。国家立法供给制度可以从两方面进行：第一，归属性法律制度供给，即将现行的、成功的农地制度创新实践提升到法律的层面或是以法律制度巩固现有的事实秩序。第二，创造性法律制度供给，即国家根据社会经济发展的现实需要修改现行法律或直接立法来改变当下的土地占有和使用关系。通过健全法律体系，规范农地的所有权和使用权、处分权和收益权等权利，明确和保护农地所有者和经营者的合法权益，调节和仲裁各类土地纠纷，从而使农民对农业有明确的预期，加大对农地的投入，提高农地经济效益。

（三）公平与效率兼顾原则

效率高低和社会公平是决定农地制度变迁的两个重要变量。农地资源是稀缺资源。农地制度创新的出发点和归宿是寻求一种最有利于实现农地资源配置的高效而公平的土地制度。当前我国农村社会保障体系尚未健全完善，绝大部分农村地区尚处于温饱阶段，仍没有其他手段可以有效替代土地作为农民的基本生活保障，土地仍然是农民的命根子，是绝大多数农民保障就业和基本生活来源的最主要的生产资料。均分土地和稳定农地的承包经营权凸显了土地的社会保障功能，有助于社会的稳定和谐。这种普惠式的"均田制"更多地关注公平。它虽然有悖于效率原则，会降低农地使用效率，但在我国社会主义制度下，决不能完全为了效率而牺牲公平。因为公平是社会主义的本质要求，是社会主义和谐社会的价值准则。农民放弃土地的前提条件就是要有固定的职业和稳定的收入来源。在农民没有得到长期稳定可靠的非农收入之前，决不能强迫他们放弃土地。随着我国农村工业化和城镇化进程的加速，农地制度创新无疑应突出土地的生产要素功能，把提高效率置于优先地位，核心是实现农民土地权益的最大化。但必须掌握在可控的范围之内，否则将会对整个社会的稳定和谐产生负面影响。应通过发展第二、三产业、发展小城镇逐步减少农业人口，引导农民运用市场机制使土地等生产要素流动起来，实现农地规模化经营，优化农地资源的配置效率。通过全社会经济和整个农村经济的发展逐步将农民吸引出土地。这一切都必须以农民自愿为原则，在保证公平的前提下进行。一句话，农地制度创新必须继续坚持公平与效率并重，并努力寻求二者的最佳结合点和平衡点。

（四）善待农民原则

我国农地制度现代化的历史性任务是善待农民，提高农民的经济地位和社会地位①。提高农民的经济地位，首先要提高农民的收入水平，使之获得与其他产业从业人员同等的生活水平；提高农民的社会地位，主要是实现农民的国民待遇。善待农民，具体表现在以下四个方面。

1. 提升农民的素质

要提高农民的地位，必须提高农民的主体作用。提高农民的主体作用，必须提高农民的整体素质，培养新型的农民。而提高农民的文化素质和参政能力是必不可少的、现实的路径选择。首先是提高农民的文化素质。农民文化素质整体不高造成主体能力弱化，严重影响了农民主体作用的发挥。中国农民的整体素质不容乐观。由于农村的长期落后和农民收入的低迷，农民受教育程度普遍较低。这种现状如不加以改变，即使广大农民愿意发挥自身主体作用，也会力不从心。其次是提高农民的参政能力。经济发展和政治参与呈正相关的关系。一个群体的政治参

---

① 参见汪先平：《当代中国农村土地制度研究》，博士学位论文，南京师范大学，2007年，第 102—103 页。

与水平与其经济发展程度紧密相关。农村经济的相对落后严重制约着农民的政治参与。大多数农民忙于生计而无暇关注政治。整个群体在我国政治结构中仍处于绝对弱势。政治参与能力的不足使其合法权益得不到保障，进而压抑了主体作用的发挥。要阻断这个逆循环，一方面，要切实给予农民的"国民待遇"，保障农民的各种合法权利，农民的主体作用才有可能得到发挥；另一方面，农民只有实现持续稳定增收，具备政治参与的经济基础，才能成为具有博弈实力的政治主体，才能有效地表达和维护自身的权益。

2. 保障农民的地权

农民的土地权利是农地制度创新的基础和前提。从土地生产要素方面来看，农业用地最好保护和最有效的使用是来自土地的所有者，国家可以赋予农民土地所有权。土地是农民福利的根本，土地改革的目标是产权的明晰，让土地拥有者可以占有、使用、受益、转让、抵押、继承，建立排他性的产权。同时，应当保护土地所有者的权益，鼓励其对土地进行投资。从农业生产者方面，农民与土地关系密切程度影响着农业生产监督成本和总效益。这是提高农业生产者经济地位和社会地位的基本经济制度建设，也是传统土地公有制向现代土地公有制转型的标志之一。

3. 维护农民的利益

农地制度创新尊重农民的合理诉求，维护农民的经济利益，一方面要开源，增加农民收入。提高农民的农业经营收入和非农收入，特别是完善以民主法制保障的农地制度，有效维护农民的正当土地权益不受各级地方政府、集体组织等利益主体的违法行政行为的侵犯。比如对基本农田提供更高的补贴，可以在提高农民收入的同时加强农民保护耕地和环境的意识和热情。又如，在农地流转中要充分保障农民对农地的使用权和受益权。另一方面要节流，减少农民支出。城市公共品主要由国家提供，农村公共品主要由农民支付。加强社会建设，提高农民的国民待遇，减少农民在公共品方面的替代支出。改革户籍制度，保护农民自由迁徙，打破城乡二元结构；改革教育体制，保障城乡教育公平。只有通过一系列综合改革，给予农民国民待遇，"三农"问题才能得到根本解决。

4. 尊重农民的选择

农地制度改革，农民最有发言权，谁也不可能比农民自己更了解农民。因此，深化农地制度改革要积极听取农民群众的意见，尤其要重视利益相关农民群体的意见。尊重农民的首创精神和公共选择的智慧，让农民自己探索适合农村发展的经济组织形式和合作方式，适应不同层次的生产力水平需要。

（五）农地农用原则

我国农业基础还很薄弱，解决 13 亿中国人的吃饭问题始终是头等大事，任何时候都不能掉以轻心。确保国家粮食安全的前提是始终坚持农地农用原则。21 世纪上半叶是国家现代化建设加速发展的战略机遇时期，工业化和城市化的发展需要建设用地。国家人口将继续攀升并达历史最高纪录，新增人口也需要粮食生产用地。可以说这一时期是建设用地和粮产用地矛盾尖锐期。其次，农民生产粮食的成本增加而回报减少，农民生产的积极性下降，导致粮食供给减少而危及粮食安全。根据国务院发展研究中心农村经济研究部徐小青的调研报告显示，2004年农用生产资料价格至少上涨 30%，而 2005 年又上涨了十几个百分点，2005 年夏粮产量同比增长了 5.1%，农民陷入了增产不增收的状态。2007 年以来国际市场粮食价格持续攀升，一些发展中国家出现了严重的粮食危机，也说明粮食安全问题并非杞人忧天。再次，中国是人口大国，粮食日消耗量相当于许多小国的年产量。粮食问题是经济问题，更是政治问题。中国粮食进口量不能超过国内粮食需求的 10%，以免因国际市场粮食价格大幅度上涨陷于被动，同时也可以避免受制于世界粮食输出大国。因此，解决中国粮食问题只能以国内生产为主，国际市场调节为辅。

　　围绕粮食安全战略，国家已经开始执行世界上最严格的土地管理制度，通过一系列的经济政策，如确保耕地 18 亿亩红线不能超越，取消了农业税和农业特产税，增加种粮补贴等，确保粮食自给。但是目前的状况并不乐观。比如，在土地承包经营权流转实践中出现非粮化、非农化，讲求高效而转变耕地用途的现象时有发生，有的省份为了发展旅游业及规模化的养殖业，在一些流转后的土地上开发"农家乐"或修建圈养牲畜房舍。因此，《物权法》、《土地管理法》、《土地承包经营法》以及党的十·七届三中全会决定都明确指出，"土地承包经营权流转，不得改变土地集体所有性质，不得改变土地用途，不得损害农民土地承包权益"，并要求在农地承包经营权流转实践中严格遵守农地农用的基本原则。又如，在城镇化建设过程中，出现了土地征用过多、过滥的严重问题。国土资源部发布的《21 世纪我国耕地资源前景分析及保护对策》指出，在严格控制征地规模的前提下，21 世纪头 30 年间，全国占用耕地将超过 5450 万亩，而这些都是通过审批的合法用地数量，还不包括违法征地的情形。据卫星遥感资料，前些年违法用地数量一般占用地总量的20%—30% 以上，有些地方甚至达到 80%。① 土地问题已相当严峻。与征地数量增长过快和违法征地现象严重相连的是绝大多数征用土地未被有效征用，而是被大量闲置、撂荒。全国开发区规划面积已达 3.5 万平方公里，圈占耕地 43% 闲置。这种浪费土地资源的现象如不加以有效抑制，后果将不堪设想。因此，必须严格控制非公益性建设用地的规模。

　　在农地制度创新要更上一层楼，必须健全农地管理的法律法规，形成法制完善、法治严厉的农地管理制度，加强国家对土地使用的直接调控切实保护好耕地。首先，要加强对农地利用的总体规划，完善国家对土地的宏观管理体系。在进一步开展对土地的数量、质量、权属关系、利用状况和基本条件等问题调查的基础上，建立土地档案，完善地

---

① 参见黄根兰：《农地如何被吞》，《改革内参》2003 年第 32 期。

籍管理制度，健全承包与租赁合同管理制度等。其次，要加强落实政策实施法律的实践指导，探索与不同地区相适应的耕地保护模式，在试点的基础上逐步推广。

三、农地制度创新的思路

马克思主义农地思想为深化农地制度的创新指明了方向。我们应该以科学发展观为指导，借鉴其他国家和地区的相关经验，在坚持和完善以家庭承包制为核心的农地集体所有制的基础上，通过稳定家庭承包经营关系，确保农户的经营自主权，逐步培育适应农业产业化的农地制度，从而使"三农"问题得以逐步化解。

(一) 健全农地产权体系

目前的家庭承包制实质上只是一种农地集体所有制的经营方式。虽然农民是集体产权的最终所有者，但在法律上并没有明确界定国家、村集体与农民个人之间的利益关系。在法律名义上，集体是农村集体土地的所有者，可以行使占有、使用、收益和处分的权利，但实际上，集体在现实生活中只有按照国家的有关政策实行发包土地与调整农户承包地的权利。而农户不仅没有土地的法律名义所有权，而且没有土地的处分权，农民仅仅拥有占有、使用土地的权利。在法律上，国家对于农村集体土地没有任何权利，但在具体的经济实践中，国家却可以通过相关法规政策处分土地。这三者之中，任何单方面都没有对农地的绝对"支配权"，造成农地产权主体缺位。在这种情况下，由于农民仍属于分散的弱势群体，维权能力弱，以致拥有各种权力资源的强势的利益集团，时常觊觎乃至损害农民的利益。市场经济的稳定持续运行的前提是产权明晰、权责明确。因此，必须在原有农地承包经营的基础上赋予农民完整的土地产权，使农户真正享有占有、使用、收益、处分四权统一的承包经营权，成为微观经济的主体和农地市场主体。农户土地处分权的缺位是推进农地流转的最大障碍。加速农地流转的前提是农民拥有土地的处分权。处分权的内容应当包括对承包经营权的出卖、出租、入股和抵押等。有了完整的承包经营权，才能真正形成农地使用权流转的市场机制，从而提高农地的利用效率。因此，修订完善有关农地使用权流转的法律法规是当务之急。

（二）完善农地流转机制

土地是农业发展不可或缺的生产要素，它不仅是一种自然资源，更重要的是它具有资产和商品属性。生产要素流动是市场经济的内在要求，流动是生产要素实现最优配置的前提条件。稳定农地承包关系并不排斥农地使用权的市场化流转。行政手段主导的均田制向引入市场机制配置农地资源的转变，以及在此基础上农地承包经营权在农户之间的自由流转，是我国社会主义市场经济发展的必然要求。一方面，城市化必然要求大部分农业人口逐步永久性地离开农村到城市就业和生活，农业劳动者的数量应当减少，为农业规模经营和产业化发展提供条件；另一方面，农业现代化要求土地适当集中以形成适度的规模经营。

但是，目前我国农地流转的状况并不乐观。比如，（1）流转不足。土地流转比例不足10%，参与农户不足5%，土地规模经营仍未形成。（2）流转不畅。在现行农地制度下，政府垄断土地的商业运营，造成同地不同价，价值与价格的严重背离。畸形的价格体系使农地流转中的市场机制失效。政府巧立名目的征地和集体频繁的土地调整，使土地承包关系长久不变虚拟化。（3）流转失范。一是农地流转的程序不规范。有的地方乡村组织越权代签，或者把承包地随意流转给村外的单位或个人；二是农地流转的手续不规范。农民进行的土地流转大多数以口头协议代替书面合同，就是有书面合同也是条款不齐全，导致流转双方的权益都得不到有效的保障。三是农地流转运作不规范。基层政府对农地流转的引导和服务不够完善。笔者在广东省揭阳市调研中发现，多数农地流转是在亲友、邻居之间自发进行。运作不规范，留下了纠纷的隐患。

完善农地流转机制，政府不能缺位。第一，加强立法和政策支持。

我国的农地流转法律法规还不完善。国家要加强立法，并采用经济、法律和行政手段，对农地流转进行宏观调控与监督管理，规范有关流转过程中各方主体的行为，规范农地承包经营权市场。第二，培育和扶持中介组织。国家在立法、政策、税收和资金等方面为培育良好的中介组织提供保障和扶持，使之更好地为农地流转服务。第三，强化政府引导和服务。农地流转是承包经营者的自愿行为，经营者意愿在流转过程中必须得到充分尊重。政府要为农地流转提供公正安全的制度环境和运作规范，以降低产权界定和转让中的交易费用。因此，政府应合理定位自己的角色，既要克服利用土地所有权强制农民进行土地流转并从中获取超额利润的"越位"行为，又要克服对违规流转放任自流，缺乏服务规范机制的"缺位"行为。要坚决从农地流转市场上退出来，变强制为引导，变干预为服务，做好土地流转的宏观调控、监督监测和中介服务（包括金融服务）。第四，必须依赖市场的作用。土地承包经营权具有市场属性。按市场原则推动农地承包经营权流转，使土地承包经营权资本化，最终实现土地作为社会化生产要素的增值功能。第五，保障农民的切身利益。在流转过程中，要尊重流转双方的意愿，转让价格应根据市场定价，土地级差收益应完全归农户，乡村组织不得侵占。农村剩余劳动力向城市非农领域转移。依靠土地承包经营权流转收益将履行进城农民的社会保障功能。

(三) 培育农民自组织

培育农民自组织，是克服小农经济弊端，进一步解放农村生产力的现实需要；也是新形势下整合农民群体力量的内在要求。我国农业生产规模小、效率低、技术水平不高、难以形成品牌、缺乏市场竞争力等问题仍然影响和制约着农业的发展。只有把农民组织起来，形成不同类型的经济合作社，使松散的农户连接大市场，将小农经济提升为大农经济，才能实现农业的规模化、产业化、集约化，才能进一步解放我国农业的生产力。

改革开放以来，伴随着经济发展和人民生活水平的提高，加上所有制结构、经济成分、分配方式的变化，农民群体内部也出现了经济利益主体多元化，形成了"农业劳动者阶层、农民知识分子阶层、个体劳动者和个体工商户阶层、私营企业主阶层、乡镇企业管理阶层和农村管理者"等阶层。① 主体的分化造成诉求的分散。如农业劳动者期望不减少土地，逐步改善生产条件和设施。而不以农业和土地为主要收入来源的私营企业主、集体企业管理者等阶层有的已经把承包地转包出去而专心务工经商。各阶层的目标已很难达成一致。主体目标的分散造成农民诉求整体力量的弱化，不利于诉求的实现，因此，必须通过经济合作社整合农民群体的力量，提高他们的组织化程度，梳理各种诉求，形成强有力的诉求表达，以维护农民群体自身的合法利益。

当今世界各国对于是否应该给予合作社特殊的促进政策有两种不同的看法：欧美日等发达国家主张给予合作社"国民待遇"以彰显市场公平，而发展中国家一般都主张给予合作社优惠待遇，以改变农村和农民的落后状况，促进国家和经济社会全面发展。我国是"三农"问题突出的发展中国家。政府应当对农民合作社的发展给予适度的促进。②

1. 在制度环境方面，政府要为合作社提供制度支持，为合作社的发展提供有力的法律环境和宽松的政策环境

《农民专业合作社法》（2006.10）为农民专业合作组织的建立、发展和经营提供了法律保障，为合作组织内部的产权关系、管理方式和分配制度的规范提供了法律依据。农民按照自愿互利、典型示范、国家帮助的原则建立了自己的组织——合作社（区别于农村集体组织，后者具有政府基层政权的属性）。合作社必须在充分尊重农民意愿的前提下，

---

① 参见陆学艺：《"三农论"——当代中国农业、农村、农民研究》，经济管理出版社2002年版，第18页。
② 参见国鲁来：《农民合作组织发展的促进政策分析》，载中国社会科学院农村发展研究所：《中国农村发展报告 No.7》，社会科学文献出版社2010年版，第277—286页。

将个体小农组织起来，形成规模经济，增强风险抵御能力，从而推动农业社会化大生产的实现。

2. 在政策支持方面，在合作社的初创阶段，政府应当给予合作社适度的政策支持

首先，在资金方面，合作社的资本实力薄弱，流动资金普遍不足。政府可以贷款的方式对合作社的发展给予资金援助，帮助合作社解决经营资金短缺的问题；财政资金以赠款的方式直接支持合作社的人员教育培训和知识普及，帮助合作社解决生产经营中的困难。农村合作金融发展滞后，严重制约了合作社的发展壮大。政府要在政策上鼓励和支持农民自己的信贷合作组织的发展。这样可以更好地满足合作社对发展资金的需求，促进合作社的健康发展。其次，在赋税方面，政府对合作社的经营收入减免税赋，并对开展非社员业务获得较多市场收益的合作社实行赋税减免。第三，在业务方面，政府对合作社的业务开展给予帮助和支持，组织小农户进入市场，为他们的产品寻找销路。加工、销售利润通过合作社分红返还给社员农户。农民因农产品附加值的增加而获得盈利，从而能够在激烈的市场竞争中生存和发展。

3. 在政府行为方面，政府要逐渐淡出合作社的内部管理，创造条件促进合作社的民间化，同时集中精力做好合作社的服务和监督工作

合作社的民间属性使之在社会经济生活中发挥着政府所难以发挥的独特作用。但是，从合作社的治理机制来看，目前很多合作社的官方属性非常明显。在决策层中，政府官员仍占据一定比重，政府主导型合作社仍占据优势地位。然而，随着政府职能的转变和企业自主性的增强，以企业主导型合作社必将成为合作社发展的主流。[1] 政府要加强而不是削弱合作社的自治、自我财力支持和自立，更不能干预性地参与或

---

① 参见潘劲：《农产品行业协会的治理机制分析》，载中国社会科学院农村发展研究所：《中国农村发展报告 No.7》，社会科学文献出版社 2010 年版，第 307—308 页。

控制合作社的发展。具体来说，政府要从法律上保障合作社自主决定领导人的产生和重大决策的酝酿，自主决定利润分配方案和开展符合社员利益的经营活动。政府不应干预合作社的内部事务和经营，而应让社员自己按照本社的原则改进效率。① 例如，政府可以把村民委员会作为农民利益的主要代言人。村民委员会作为村民的自治组织、农地的产权主体，其根本职责就是维护农民的土地权利，因此，它应当是村民民主权利的载体，是村民维护自己权利的谈判载体，而不应是政府的下级行政组织。

（四）强化政府服务职能

党的十七届三中全会指出，我国"农业基础仍然薄弱，最需要加强；农村发展仍然滞后，最需要扶持；农民增收仍然困难，最需要加快。"解决"三农"问题仍是我国的当务之急。在实现这一历史任务的过程中，政府承担着义不容辞的责任。在社会主义市场经济条件下，政府应有所作为。在深化农地制度改革的过程中，政府要善用"看得见的手"，为农业发展、农民增收、农村繁荣提供优质高效的服务。

培育农村要素市场。当前我国的市场经济体制已经逐步建立起来并且正在迅速发展。但城乡差距较大。城市市场发展相对比较完善，农村的市场尤其是以土地为主的要素市场却仍处于起步阶段。因此我国各级政府要设立各种服务机构，建立健全农地产权交易的登记机构、结算中心，完善执法、仲裁工作，强化对农村要素市场的培育、管理、调控和服务。保护产权和自由交易是政府的神圣职责。

提高农业产业品质。对农产品的生产、流通、加工、进出口、储备、消费等各环节的产业链进行系统规划。逐步建立以家庭农场、专业大户、农民专业合作社、农业企业之间相互合作、协调发展的农业产业

---

① 联合国粮农组织（FAO）：《农业合作社发展——培训员手册》，中加合作社促进与发展项目——中国工合国际委员会、加拿大合作社协会 2003 年版。

体系，并培育农业跨国企业，建立农产品国际产销加工储运体系，最终构建面向全球的农产品市场竞争体系，增强农业企业的市场竞争力。

加强农业财政投入。通过多年的城乡、工农剪刀差成就了我国城市和工业的长足发展。而农村、农业和农民因为长期的行政和市场等多种形式的挤压而凋敝羸弱，如今却成为城市、工业进一步发展的羁绊，因而是时候反哺农村、农业和农民了。国家要通过财政之手向农村倾斜、输血。我国目前实行粮食直补、良种补贴、农机具购置补贴和农资综合直补等政策，已经初步建立了发展粮食生产专项补贴机制和对农民收入补贴制度。但补贴力度有待提升，补贴方式也要作调整，将现行按耕地面积补贴，改为按向国家交粮数量补贴，建立多形式粮食补贴制度。同时，还应调整农资综合补贴政策。对农村的公共产品、基础设施建设和社会保障制度建设，政府也不能缺位。要利用公共财政加强农村基础设施建设和社会化服务体系建设，为农村发展创建平台。

（五）健全农村社会保障

建立农村社会保障制度是全面建成小康社会的主要目标之一，是发展社会主义市场经济的必然要求，是维护社会稳定和国家长治久安的根本大计，更是推动我国农地制度改革协调配套的制度安排。我国农村社会保障体系的缺失导致农民对土地的过分依赖。均田承包的农地制度使土地承担了过多的保障功能，阻碍了农地的流转和效率的提高，制约了劳动力的转移，刺激了人口的增长，抑制了农民的增收，固化了城乡二元格局，弱化了农村社会保障制度建立的紧迫性。因此，应该逐步淡化农地的社会保障功能，由农地保障转变为农地保障与社会保障并举，并最终建立完善的农村社会保障体系。

国家要建立被征地农民的社会保障体系，重点保障失地农民和人地比例较小地区的农民，这是长远之计。对失地农民，国家要增加补偿，土地补偿标准应与市场挂钩，按市场土地价格计算标准计算，补偿一定要到位，真正补偿到农民手中。更长远地看，国家应从提高农民素

质、转移农村劳动力，解决农村新增人口的生存和发展问题的角度出
发，积极稳妥地推进农村社会保障制度改革，逐步实现将农村的社会保
障由依靠承包土地转变为以社会保障为主，土地保障为辅的社会保障模
式，采取"因地制宜，量力而行，形式多样，农民自愿"的原则，多渠
道、多层次、多方式地兴办养老、医疗、生育、伤残等保险。此外，可
以在相对发达的农村地区创建农地承包者退出机制，不同形式地转让土
地承包经营权来换取社会保障；建立农地契约依法执行制度和农地市场
信息服务机构；建立农村土地产权抵押制度，促进以农地资产为基础的
农村信贷业的发展。

结　论

　　"三农"问题的核心，不是农业问题，而是农民问题，特别是农民的土地权益问题。① 农民的土地权益问题不只是一个法律问题和经济问题，更是政治问题和社会问题。农地制度是国家意志的一种体现。改革开放后家庭承包制作为对人民公社制度的否定，尽管是农民群众利益诱致的结果，但其最终确立并普及全国都离不开政府自上而下的支持和推广。国家设计始终是决定农地制度变迁的众多力量中的主要方面。②

　　改革开放的最初 10 年是农村自主发展并推动整个国民经济发展的黄金十年。农民不仅分享了农地的绝大部分地租收益，而且获得了用集体土地创办乡镇企业发展乡村工业的权利。农民不仅独占了土地"农转非"的地租增值收益，而且专享了土地资本化收益（简称"两大收益"）。这就是 20 世纪 80 年代农民增收、农业发展、农村繁荣的奥秘所在。然而，自 20 世纪 80 年代末以来却风光不再。随着城镇化的发展，尤其是乡镇企业改制和地方政府征地制度、开发区制度的设立，农民分享"两大收益"的权利逐渐弱化以至丧失（少数开发区和特区除外）。农民和农村被挡在了自主城镇化的道路之外，造成了乡村的衰败和农民

---

① 参见秦晖：《历史与现实中的中国农民问题》，2006 年 11 月 10 日，http：//www.snzg.cn。

② 参见高海燕：《20 世纪中国土地制度变迁的百年历史考察》，《浙江大学学报》（人文社会科学版）2007 年第 5 期。

的贫困。

毋庸置疑,中央政府一直致力于强化和维护农民土地权益的制度建设,如:《土地承包法》延长农地承包权期限;《土地管理法》保护农民地权不受侵犯;《物权法》促进农地承包权流转、入股、继承;等等。党的十七届三中全会确认农地承包长久不变并提出规范农地流转的制度设计。然而,这些制度建设收到预期效果了吗?实际情况是,和20世纪80年代相比,农民"两大收益"都明显下降。具体表现为,城乡差距居高不下、内需不振、农民失地、农民工飘游于城乡之间。为什么保护农民权益的政策法律非但没有增加反而减少了农民的"两大收益"?这种应然与实然相悖的现象值得反思。

回望改革开放三十多年来的农地制度变革,人们不难发现,促进从农业社会向工业社会转型的改革是新时期最重要的政治使命。改革成为国家利益的集中体现。但农地制度变迁,事关农民却"只见国家,不见农民",这便是"三农"问题产生甚至日重的根源。因此,要彻底解决"三农"问题,必须坚持科学发展观,把"以农为本"确立为农地制度创新的基本价值取向。"以农为本"即以农民为本位,在政治层面上要真正体现农民的公民待遇;在社会层面上要尊重农民的权利、自由和尊严;在经济层面上要强调发展的最终目的是满足包括农民在内的所有公民的物质文化需要。

今天,在新一轮的农地制度改革实践中应当如何落实"以农为本"?

第一,坚持正确的理论指导。农地制度创新必须以中国化的马克思主义农地制度理论为指导。在改革和发展的征程中,中国共产党人运用马克思主义农地制度理论,根据我国国情,提出了一系列的方针政策,并付诸实践,较好地解决了农地问题。中国化的马克思主义农地制度理论源于实践,又高于实践。只有始终坚持以中国化马克思主义农地制度理论为指导,才能既克服那些超越阶段的错误观念和政策,又抵制那些抛弃社会主义基本制度的错误主张。

第二，明确政府的角色定位。在土地管理中，政府只能是公正的"裁判员"，而不能再集管理者、运营者、裁判员角色于一身。具体要做到三个方面：其一，在土地市场中维护公平有序的市场秩序，而不是进行"家长主义式"的任意限制或者剥夺其他土地权利人的权利；其二，在国家和地方建立不同层级和不同功能但和谐统一的土地利用规划体系，通过规划对土地进行有效管理；其三，对于既反映公共利益需要又符合土地规划的项目，政府可以对土地权利人的权利进行限制或者征收，但必须对其损失进行事先公平合理的补偿。

第三，维护农民的土地权益。农民的土地权益得不到有效维护，农民的社会福利和素质发展都将是一句空话。明晰农地产权，为农地所有者和经营者提供有效的制度支持和法律保障。党的十八届三中全会已经赋予农民对承包地占有、使用、收益、流转及承包经营权抵押、担保权能。因此，要在农地实践中落实和维护农民完整的农地承包经营权。

第四，尊重民意，民主决策。尊重民意，特别是土地权利人的意愿，通过搭建合理的平台和设计合理的程序，让不同的利益主体（土地权利人、地方政府，投资者以及各种 NGO 等）有效参与到土地制度创新的决策和实施过程中来。公正、透明、开放、民主的制度决策程序，不但有助于决策的科学化，而且有利于相关决策获得民众的认同、信任和支持。

参考文献

一、经典著作

1.《马克思恩格斯全集》（第5、21、26、32卷），人民出版社1988、1973、1975年版。

2.《马克思恩格斯文集》（第2—4、6—8、10卷），人民出版社2009年版。

3.《列宁全集》（第29、40、41、43卷），人民出版社1990、1986、1987年版。

4.《列宁选集》（第1、2、4卷），人民出版社1972、1995年版。

5.《斯大林文集》，人民出版社1985年版。

6.《毛泽东选集》（第1、3、4卷），人民出版社1991年版。

7.《毛泽东文集》（第5—7卷），人民出版社1999年版。

8.《刘少奇选集》（下卷），人民出版社1985年版。

9.《建国以来刘少奇文稿》（第3册），中央文献出版社2005年版。

10.《邓子恢文集》，人民出版社1996年版。

11.《邓小平文选》（第2、3卷），人民出版社1994、1993年版。

12.《江泽民文选》（第1卷），人民出版社2006年版。

13. 胡锦涛：《坚定不移沿着中国特色社会主义道路前进 为全面建成小康社会而奋斗》，人民出版社2012年版。

14.《建国以来重要文献选编》，中央文献出版社1992—1998年版。

15.《十四大以来重要文献选编》（上、中、下），人民出版社1995—1999年版。

16.《十五大以来重要文献选编》（上、中、下），人民出版社2000—2003年版。

17.《十六大以来重要文献选编》(上、中、下)，人民出版社 2005—2008 年版。

18.《十七大以来重要文献选编》(上、下)，中央文献出版社 2009、2013 年版。

19.《中共中央关于全面深化改革若干重大问题的决定》，人民出版社 2013 年版。

20.《中共中央关于制定国民经济和社会发展第十三个五年规划的建议》，人民出版社 2015 年版。

二、学术著作

21. 安贞元：《人民公社化运动研究》，中央文献出版社 2003 年版。

22. 薄一波：《若干重大决策与事件的回顾》(上册)，中共中央党校出版社 1991 年版。

23. 柴强：《各国(地区)土地制度与政策》，北京经济学院出版社 1993 年版。

24. 陈建设、原玉廷：《农村土地制度建设研究》，中国大地出版社 2004 年版。

25. 党国英：《当前中国农村土地制度改革的现状与问题》，社会科学文献出版社 2005 年版。

26. 邓大才：《土地政治：地主佃农与国家》，中国社会科学出版社 2010 年版。

27. 丁长发：《农业和农村经济学》，厦门大学出版社 2006 年版。

28. 董栓成：《中国农村土地制度改革路径优化》，社会科学文献出版社 2008 年版。

29.《杜润生文集》，山西经济出版社 2008 年版。

30. 杜润生：《中国农村制度变迁》，四川人民出版社 2003 年版。

31. 杜鹰、唐正平、张红宇：《中国农村人口变动对土地制度改革的影响》，中国财政经济出版社 2002 年版。

32. 冯玉华：《中国农村土地制度改革理论与政策》，华南理工大学出版社 1994 年版。

33. 盖国强：《农村土地承包经营权立法的宗旨及主要任务》，中国经济出版社 2000 年版。

34. 甘藏春：《农村集体土地股份合作制理论与实践》，中国大地出版社 2000年版。

35. 贺雪峰：《地权的逻辑》，中国政法大学出版社 2010 年版。

36. 黄贤金等：《农村土地市场运行机制研究》，中国大地出版社 2003 年版。

37. 黄小虎：《新时期中国土地管理研究》，当代中国出版社 2006 年版。

38. 黄祖辉：《土地适度规模经营》，杭州人民出版社 2000 年版。

39. 贾艳敏：《农业生产责任制的演变》，江苏大学出版社 2009 年版。

40. 姜爱林：《土地政策基本理论研究》，中国大地出版社 2001 年版。

41. 解玉娟：《中国农村土地权利制度专题研究》，西南财经大学出版社 2009年版。

42. 靳相木：《中国乡村地权变迁的法经济学研究》，中国社会科学出版社 2005年版。

43. 李成贵：《中国农业政策：理论框架与应用分析》，社会科学文献出版社 2007 年版。

44. 李胜兰：《我国农村产权制度改革与农村城镇化发展》，中山大学出版社 2004 年版。

45. 廖洪乐、习银生等：《中国农村土地承包制度研究》，中国财政经济出版社 2003 年版。

46. 林善浪：《中国农村土地制度与效率研究》，经济科学出版社 1999 年版。

47. 林翊：《中国经济发展进程中农民土地权益问题研究》，经济科学出版社 2009 年版。

48. 林毅夫：《制度、技术与中国农业发展》，格致出版社 2008 年版。

49. 陆学艺：《联产承包责任制研究》，上海人民出版社 1986 年版。

50. 罗平汉：《农村人民公社史》，福建人民出版社 2003 年版。

51. 刘俊：《土地所有权国家独占研究》，法律出版社 2008 年版。

52. 刘俊：《土地权利沉思录》，法律出版社 2009 年版。

53. 吕滨：《中国农民增收问题》，江西人民出版社 2004 年版。

54. 梅德平：《中国农村微观经济组织变迁研究：1949—1985：以湖北省为中心的个案分析》，中国社会科学出版社 2004 年版。

55. 孟勤国等：《中国农村土地流转问题研究》，法律出版社 2009 年版。

56. 曲福田：《中国农村土地制度的理论探索》，江苏人民出版社 1991 年版。

57. 钱忠好：《中国农村土地制度变迁和创新研究》，中国农业出版社 1999 年版。

58. 钱忠好：《中国农村土地制度变迁和创新研究（续）》，社会科学文献出版社 2005 年版。

59. 秦晖：《农民中国：历史反思与现实选择》，河南人民出版社 2003 年版。

60. 阮文彪：《中国农业家庭经营制度研究》，中国经济出版社 2005 年版。

61. 宋洪远等：《改革以来中国农业和农村经济政策的演变》，中国经济出版社 2000 年版。

62. 孙弘：《中国农地发展权研究：土地开发与资源保护的新视角》，中国人民大学出版社 2004 年版。

63. 唐未兵：《中国转轨时期所有制结构演进的制度分析》，经济科学出版社 2004 年版。

64. 唐忠：《农村土地制度比较研究》，中国农业科技出版社 1999 年版。

65. 同春芬：《转型时期中国农民的不平等待遇透析》，社会科学文献出版社 2006 年版。

66. 高王凌：《人民公社时期中国农民"反行为"调查》，中共党史出版社 2006 年版。

67. 王贵宸：《中国农村合作经济史》，山西经济出版社 2006 年版。

68. 王景新：《中国农村土地制度的世纪变革》，中国经济出版社 2001 年版。

69. 王景新：《现代化进程中的农地制度及其利益格局重构》，中国经济出版社 2005 年版。

70. 王卫国、王广华：《中国土地权利的法制建设》，中国政法大学出版社 2002 年版。

71. 王先进：《中国土地使用制度改革：理论与实践》，中国审计出版社 1991 年版。

72. 王宪明：《中国小农经济改造的制度选择研究》，中国经济出版社 2008 年版。

73. 王琢、许滨：《中国农村土地产权制度论》，经济管理出版社 1996 年版。

74. 王作安：《中国城市近郊失地农民生存问题研究》，经济科学出版社 2007 年版。

75. 温铁军：《土地的"福利化"趋势与相关制度安排：走入 21 世纪的中国农村土地制度改革》，中国经济出版社 2000 年版。

76. 温铁军：《中国农村基本经济制度研究》，中国经济出版社 2000 年版。

77. 徐勇：《包产到户沉浮录》，珠海出版社 1998 年版。

78. 严金泉：《延长土地承包期的政策前提研究》，中国大地出版社 2001 年版。

79. 杨菲蓉：《梁漱溟合作理论与邹平合作运动》，重庆出版社 2001 年版。

80. 杨一介：《中国农地权基本问题：中国集体农地权力体系的形成与扩展》，中国海关出版社 2003 年版。

81. 姚洋：《土地、制度和农业发展》，北京大学出版社 2004 年版。

82. 叶国文：《土地政策的政治逻辑：农民、政治与中国现代化》，天津人民出版社 2008 年版。

83. 叶剑平：《中国农村土地产权制度研究》，中国农业出版社 2000 年版。

84. 原玉廷等：《新中国土地制度建设 60 年回顾与思考》，中国财政经济出版社 2010 年版。

85. 袁铖：《制度变迁过程中农民土地权利保护研究》，中国社会科学出版社 2010 年版。

86. 张红宇：《中国农村的土地制度变迁》，中国农业出版社 2002 年版。

87. 张忠根、田万获：《中日韩农业现代化比较研究》，中国农业出版社 2002 年版。

88. 赵冈：《历史上的土地制度与地权分配》，中国农业出版社 2003 年版。

89. 赵阳:《公有与私用:中国农地产权制度的经济学分析》,三联书店 2007 年版。

90. 周诚:《土地经济学原理》,商务印书馆 2003 年版。

91. 周其仁:《产权与制度变迁:中国改革的经验研究》(增订本),北京大学出版社 2004 年版。

92. [韩] 朴振焕:《韩国新村运动——20 世纪 70 年代韩国农村现代化之路》,潘伟光等译,农业出版社 2005 年版。

93. [美] 科斯、阿尔钦、诺斯:《财产权利与制度变迁:产权学派与新制度学派译文集》,刘守英译,上海人民出版社 2004 年版。

94. [美] 诺斯:《经济史中的结构和变迁》,陈郁等译,上海三联书店、上海人民出版社 1994 年版。

95. [美] 西奥多·W.舒尔茨:《改造传统农业》,梁小民译,商务印书馆 2006 年版。

96. [美] 詹姆斯·C.斯科特:《农民的道义经济:东南亚的反叛与生存》,程立显等译,译林出版社 2001 年版。

97. [日] 关谷俊作:《日本的农地制度》,金洪云译,三联书店 2004 年版。

98. [英] 伯恩斯坦:《农政变迁的阶级动力》,汪淳玉译,社会科学文献出版社 2011 年版。

99. [英] 弗兰克·艾利思:《农民经济学》,胡景北译,上海人民出版社 2006 年版。

三、相关史料

100.《新中国成立 55 年统计资料汇编》,中国统计出版社 2005 年版。

101. 黄道霞等主编:《建国以来农业合作化史料汇编》,中共党史出版社 1992 年版。

102.《第一、二次国内革命战争时期土地斗争史料选编》,人民出版社 1981 年版。

103. 国家农委编：《农业集体化重要文件汇编》（上），中共中央党校出版社1981 年版。

104.《中共党史参考资料》（第 8 册），人民出版社 1980 年版。

105. 史敬堂等编：《中国农业合作化运动史料》（下），三联书店 1959 年版。

四、学术论文

106. 常秀清、尉京红：《我国农地制度变迁与效率评价》，《农村经济》2006 年第 5 期。

107. 陈定洋：《公平与效率：中国农地产权制度变迁中的博弈》，《云南省委党校学报》2005 年第 6 期。

108. 陈献锋：《现行土地征用制度存在的问题探析》，《农业经济导刊》2007 年第 3 期。

109. 陈运遂：《失地农民的社会心理对社会稳定的影响及对策》，《农村经济》2007 年第 9 期。

110. 程怀儒：《对现阶段我国农村土地问题的思考》，《经济问题探索》2004 年第 11 期。

111. 崔炳伟：《失地农民社会保障制度变革研究》，《农村经济》2007 年第 9 期。

112. 党国英：《关于征地制度的思考》，《现代城市研究》2004 年第 3 期。

113. 邓大才：《效率与公平——中国农村土地制度变迁的轨迹与思路》，《经济评论》2000 年第 5 期。

114. 邓大才：《农村土地集体所有权收益资本化》，《重庆社会科学》1999 年第 4 期。

115. 丁文：《土地征收侵权原因及对策分析》，《中国土地科学》2007 年第 4 期。

116. 方浩：《中国农地制度变迁：一个分析框架：来我国农地制度变迁过程的理论分析》，《中共浙江省委党校学报》2006 年第 1 期。

117. 冯继康：《农村土地制度：内涵界定与特征解析》，《齐鲁学刊》2004 年第 1 期。

118. 郭碧娥：《产权理论视角下家庭联产承包制度的反思》，《经济探索》2008年第4期。

119. 马才学：《农地制度创新的外部环境与创新模式研究》，《经济论坛》2006年第23期。

120. 何琼、秦华：《对当前我国农地制度创新的思考》，《甘肃农业》2005年第10期。

121. 贺雪峰：《农民土地：什么农民的土地》，《经济管理文摘》2005年第20期。

122. 贺振华：《农村土地流转的效率分析》，《改革》2003年第4期。

123. 胡亦琴：《农地产权的制度残缺与效率提高》，《江南大学学报》（人文社科版）2007年第3期。

124. 黄宗智：《制度化了的"半工半耕"过密型农业》，《读书》2006年第2—3期。

125. 金文成、刘春明：《农村土地流转情况、问题和建议》，《农村经济文稿》2001年第7期。

126. 靳相木等：《农村税费改革可能造成土地公有制的虚拟化》，《中国农村经济》2001年第11期。

127. 孔祥智、王志强：《我国城镇化进程中失地农民的补偿》，《经济理论与经济管理》2004年第3期。

128. 黎元生：《农村土地产权配置市场化与制度改革》，《当代经济研究》2007年第3期。

129. 李全伦：《土地直接产权与间接产权：一种新的农村土地产权关系》，《中国土地科学》2007年第1期。

130. 李燕琼：《城市化过程中土地征用与管理问题的理性反思》，《农业经济导刊》2007年第3期。

131. 李竹转：《美国农地制度对我国农地制度改革的启示》，《生产力研究》2003年第2期。

132. 刘爱军：《农地产权厘定是保护农民合法权益的基础》，《农业经济导刊》

2007 年第 2 期。

133. 刘荣材：《关于我国农村土地产权制度改革与创新的探讨》，《经济体制改革》2007 年第 1 期。

134. 刘乐山：《我国土地使用权流转机制的缺陷与完善》，《当代经济研究》2002 年第 3 期。

135. 卢继宏、郭建军：《政府在失地农民权益保障中的角色定位》，《农村经济》2008 年第 2 期。

136. 钱忠好：《农村土地承包经营权产权残缺与市场流转困境：理论与政策分析》，《管理世界》2002 年第 6 期。

137. 任辉、赖昭瑞：《中国农村土地经营制度：现实反思与制度创新》，《经济问题》2001 年第 3 期。

138. 沈滨、柳建平：《中国农村土地制度变革与农业绩效》，《生产力研究》2003 年第 1 期。

139. 孙万国：《农地征用制度的制度经济学分析与创新路径研究》，《农业经济导刊》2007 年第 9 期。

140. 王永慧、严金明：《农地发展权界定、细分与量化研究》，《中国土地科学》2007 年第 2 期。

141. 王周宾：《现代产权制度与农村土地制度改革》，《河南社会科学》2004 年第 3 期。

142. 温铁军：《农民社会保障与土地制度改革》，《学习月刊》2006 年第 10 期。

143. 徐汉明：《马克思土地股份产权理论及现实意义》，《湖北日报》2005 年 2 月 24 日。

144. 徐琴：《新中国农地制度：绩效与变迁》，《学海》2000 年第 5 期。

145. 姚洋：《集体决策下的诱导性制度变迁：中国农村地权稳定性演化的实证分析》，《中国农村观察》2002 年第 2 期。

146. 杨宏力：《现行农村制度框架下的农民土地产权与交易成本》，《农村经济》2007 年第 10 期。

147. 袁林、赵雷：《国家与产权：农村土地制度变迁的绩效分析》,《经济与管理》2008 年第 3 期。

148. 张红宇：《对当前农地制度创新的几点看法与评论》,《农村经济》2005 年第 8 期。

149. 张术环：《当代日本农地制度及其对中国新农村建设的启发》,《世界农业》2007 年第 6 期。

150. 张琦：《中国农村土地制度改革模式探索》,《当代经济科学》2006 年第 5 期。

151. 朱林兴：《导入市场机制　改革征地制度》,《探索与争鸣》2004 年第 2 期。

152. 朱民、尉安宁、刘守英：《家庭责任制下的土地制度和土地投资》,《经济研究》1997 年第 10 期。

153. 朱明芬：《浙江失地农民利益保障现状调查及对策研究》,《中国农村经济》2003 年第 3 期。

154. 朱秋霞：《论现行农村土地制度的准国家所有制特征及改革的必要性》,《中国社会科学评论》2005 年第 4 期。

155. 朱米均：《试论我国征地制度市场化改革的探索》,《农业经济导刊》2007 年第 4 期。

156. 周建国：《新中国农村土地制度变迁的民法学分析》,《黑龙江省政法管理干部学院学报》2008 年第 6 期。

157. 周其仁：《农地征用垄断不经济》,《中国改革》2001 年第 12 期。

158. 周其仁：《中国农村改革：国家与土地所有权关系的变化：一个经济制度变迁史的问题》,《管理世界》1995 年第 3 期。

159. 赵光南：《中国农地制度改革研究》,博士学位论文,武汉大学,2011 年。

160. 程雪阳：《中国土地制度的反思与变革》,博士学位论文,郑州大学,2011 年。

161. 王琦：《中国农村土地承包经营权制度的法理学分析》,博士学位论文,吉林大学,2011 年。

162. 姜锋：《中国农村土地制度问题研究》，博士学位论文，中共中央党校，2008 年。

163. 林翊：《中国经济发展进程中农民土地权益问题研究》，博士学位论文，福建师范大学，2009 年。

164. 刘芳：《中国农村土地制度安排与创新研究》，博士学位论文，西南财经大学，2008 年。

165. 汪先平：《当代中国农村土地制度研究》，博士学位论文，南京师范大学，2007 年。

166. 徐旭：《沿海发达地区农地制度实证研究与思考》，博士学位论文，浙江大学，2002 年。

167. 许月明：《土地家庭承包经营制度绩效与创新研究》，博士学位论文，华中农业大学，2006 年。

168. 邵彦敏：《中国农村土地制度研究》，博士学位论文，吉林大学，2006 年。

五、外文资料

169. Rachelle Alterman et al., *Takings International：A Comparative Perspective on Land Use Regulations and Compensation Rights*，ABA Publishing，2010.

170. Peter Ho, *Institutions in Transition：Land Ownership*，*Property Rights and Social Conflict in China*，Oxford University Press，2005.

171. Kawano S. "Effects of Land Reform on Consumption and Investment of Farmers" in Ohkawa, K.et.Al, eds., *Agriculture and Economic Growth：Japan's Experience*，University of Tokyo Press，1969.

172. Appu P. S., *Land reforms in India：A survey of policy legislation and implementation.* New Delhi：Vikas，1996.

173. Zvi Lerman, Csaba Csaki and Gershon Feder, *Land Policies and Evolving Farm Structures in Transition Countries.* Washington：The World Bank，2002.

174. Carter, M.D.Fletchner, and P. Olinto, *Does Land Titling Activate a*

Productivity Promoting Land Market? Econometric Evidence from Rural Paraguay.
Department of Agricultural and Applied Economics.University of Wisconsin-
Madison, 1995.

175. Turner M., L. Brandt and S.Rozelle, *Property Rights Formation and the
Organization of Exchange and Production in Rural China.* Department of Economics.
University of Toronto.Mimeo, 1998.

176. Harvey M. Jacobs, "The Future of the Regulatory Takings Issue in the United
States and Europe: Divergence or Convergence?" *The Urban Lawyer*, 2008, 1.

177. Peter Ho, Land Property, "Rights in China: Past, Present and Future", in
Max Spoor (ed.), *The Political Economy of Rural Livelihoods in Transition Economies:
Land, Peasants and Rural Poverty in Transition.*London.Routledge. 2008.

178. Daniel W.Bromley, "Formalising Property Relations in the Developing
World: The Wrong Prescription for the Wrong Malady", *Land Use Policy*, 2008, 26.

179. Catherine Boone, "Property and Constitutional Order: Land Tenure Reform
and the Future of the African State", *African Affairs*, 2007, 106.

180. Biyan P. Schwartz & Melanie R., "Bueckert.Regulatory takings in Canada",
Wash U Law Repository, 2006, 5.

181. Klaus Deininger, "The Potential of Land Rental Markets in the Process of
Economic Development: Evidence from China", *Development Economics*, 2005, 78.

182. Elizabeth Fortin, "Reforming land rights: The World Bank and the
Globalization of Agriculture", *Social & legal studies*, 2005, 2.

183. E.g.Fred Dattolo, "Is the China Miracle Too Good to Be True?", *Philade-
lphia Trumpet*, 2004, 6.

184. Tom Daniels, *The Purchase of Development Rights, Agricultural
Preservation and Other Land Use Policy Tools~the Pennsylvania Experience, Increasing
Understanding of Public Problems and Policies*, 1998.

索 引

附　录　农地制度调查表

地址：_____市_____区（县）_____镇（乡）_____
_____村

调查员姓名：_____受访者姓名：_____填表日
期：_____年_____月_____日

　　调查说明：为了调查、掌握农地制度的现状和创新经验，研究当前农地利用与流转中存在的问题，提出与经济和社会发展水平相适应的农地制度安排和创新，推动农村社会经济发展，特组织本次对农户土地经营状况的专题抽样调查。调查数据仅供研究之用，请您放心填写。衷心感谢您的热心支持！

一、家庭基本情况

姓　名	年　龄	是否村组干部	文化程度		从事的主要工作	
				1. 小学及以下 2. 初中 3. 高中 4. 大专 5. 本科及以上		1. 务农 2. 务工 3. 农工兼业 4. 经商 5. 办厂 6. 其他
		1. 现任 2. 曾任 3. 不是				
			受教育年限	年		
家庭人口数量			家庭劳动力数量			

姓　名	年 龄	是否村组干部	文化程度	从事的主要工作
家庭年总收入	____万元	家庭收入分布状况	农业收入：____万元 （种植业收入：____万元） 非农业收入____万元	

二、农地状况

1. 农地来源

（1）来源：从集体承包_____亩（指家庭承包土地）；有偿承包他人土地_____亩（_____元／亩／年）；无偿使用他人土地_____亩；其他来源_____亩。

（2）从集体承包土地，各农户的土地数量在当初是根据什么标准进行分配的？

①完全按人口数量平均分配

②完全按劳动力数量平均分配

③综合考虑人口数量和劳动力数量

④其他：_____

请说明分配的具体方法：_____

2. 农地分布

耕地（包括水田_____亩和旱地_____亩）共分成_____块。承包最大地块离家_____百米。

三、农地经营

1. 你家是否抛荒过土地 （1）是　　 （2）否

2. 你家耕种土地，是因为：

（1）收入稳定，自己喜欢

（2）没有别的获得收入的途径

（3）确保全家生计安全

（4）可以增加家庭收入

（5）种不种无所谓，只是不愿抛荒

（6）其他：_____

3. 这几年您耕种土地收入增加了吗？

（1）增加了，但不多

（2）增加很多

（3）没有明显的变化

（4）减少了，但不多

（5）减少了很多

4. 在耕种土地过程中，您最担心的是：

（1）年成不好，收入无法保证

（2）承包期限发生变化

（3）成本太高，收益无法保证

（4）农产品价格太低

（5）其他：_____

5. 按目前的状况，您愿意在土地上进行更多投入吗？

（1）愿意　　（2）不愿意　　（3）不知道

6. 在农业生产中所采用的机械化程度如何？

（1）大部分机械化　　　（2）部分机械化

（3）少量机械化　　　　（4）无任何机械化

7. 在什么情况下您愿意在单位面积土地上增加投入？

（1）土地私有化

（2）承包经营权永久化

（3）农产品价格大幅上升

（4）土地规模扩大

（5）耕种效益更好的农产品

8. 您认为取消农业税，实施国家农业补贴政策，对您耕种土地有何影响?

(1) 减轻农民负担,增加农民收入

(2) 提高农业生产的效益

(3) 会导致土地流转价格上升

(4) 影响不大

9. 在今后几年内,你愿意以何种方式经营你家的承包地?

(1) 继续自己经营

(2) 私下转包他人

(3) 委托村集体转包

(4) 放弃土地承包权

(5) 把土地折价入股,进行股份合作

(6) 其他:_____

10. 在农业生产中,您所面临的主要困难是:_____

四、土地流转

* 答题说明:如果您在这些年没有流出土地,请回答第 1 题;如果您没有流入土地,请回答第 2 题。

1. 这几年您没有把土地转包他人的主要原因是(多项):

(1) 除了务农,没有其他活可干

(2) 种地不需太多劳动力,自己有能力耕种

(3) 转包收入低于自己种地

(4) 想转包,但没人愿意要或出价太低

(5) 想转包,但村集体组织不同意

(6) 担心转包后,收益得不到保证

(7) 担心转包后,自己想种时难以收回

(8) 其他:_____

2. 您现在没有从他人处流入土地的主要原因是(多项):

（1）缺乏更多的劳动力

（2）种地效益太低，增加土地对增收贡献不大

（3）没人愿意转让

（4）转让价格太高

（5）没有好的生产项目

（6）担心承包他人土地后，收益得不到保证

（7）其他：＿＿＿＿＿＿＿＿＿＿

＊答题说明：如果您有把土地流出给他人，请回答以下第3—7题，如果没有则跳过。

3. 土地流出数量和价格

地块	面积（亩）	年限	年租金（元）	付款方式	流转形式
1					
2					
3					
4					

填表说明：在付款方式和土地流转形式栏目中，用数字填写，各数字的含义是：

付款方式：（1）分年度以现金支付（2）一次性全部以现金支付（3）以一定数量的粮食为标准，折合现金支付（4）按一定数量的粮食支付（5）其他方式

土地流转形式：（1）私下转让（包）给其本组农户（2）私下转让（包）给其本村农户（3）私下转让（包）给外村农户（4）委托村集体转包（5）村集体反租倒包（6）转让给企业（7）土地互换（8）参与土地股份合作（9）国家征用（10）其他方式流出

4. 流转出去时，有正式的书面合同吗？（1）有　　（2）没有

5. 土地流转出去后，由谁领取国家农业补贴？

（1）户主本人　（2）耕种人　（3）其他：_____

6.您流出土地的主要原因是（多项）：

（1）缺乏劳动力

（2）自己耕种土地的效益太低

（3）离家太远，耕种不便

（4）种地太辛苦

（5）转让所得比自己种地收益高

（6）其他：_____

7. 如果在事先约定的时间内，你就想收回土地，自己耕种，你会怎么办？

（1）没办法　（2）强硬收回　（3）双方协商　（4）服从合约

* 答题说明：如果您有从他人那里流入土地，请您回答以下第8—12题。

8. 土地流入数量和价格

地块	面积（亩）	年限	年租金（元）	付款方式	流转形式
1					
2					
3					
4					

填表说明：在付款方式和土地流转形式栏目中，用数字填写，各数字的含义是：

付款方式：（1）分年度以现金支付（2）一次性全部以现金支付（3）以一定数量的粮食为标准，折合现金支付（4）按一定数量的粮食支付（5）其他方式

土地流转形式：(1) 本组农户私下转让（包）(2) 本村农户私下转让（包）(3) 外村农户私下转让（包）(4) 通过村集体转包（5）公开

投标 (6) 土地互换 (7) 其他方式

9. 土地流入时，有正式的书面合同吗？(1) 有　(2) 没有

10. 土地流入后，由谁上缴各项税费？

(1) 户主本人　(2) 耕种人　(3) 其他：_____

11. 您从他人那里流入土地的主要原因是（多项）：

(1) 有多余劳动力

(2) 给亲戚朋友帮忙

(3) 种地仍然有利可图

(4) 能够明显增加收入

(5) 其他：_____

12. 在当前情况下，您认为种多少亩地比较合适？_____亩。

13. 您是否愿意扩大土地耕种面积？

(1) 愿意　(2) 不愿意　(3) 不知道

14. 您是否有能力扩大土地耕种面积？

(1) 有　　(2) 没有　　(3) 不知道

15. 如果愿意，您愿意以什么样的方式扩大土地耕种面积（多选）？

(1) 从他人那里私下转包

(2) 更多地承包集体土地

(3) 通过集体从他人那里转包

(4) 购买土地（如果土地能够买卖）

(5) 与他人合伙经营

16. 如果您愿意通过从他人处私下转包来扩大土地耕种面积，您愿意支付的最高租金是多少？_____元/亩/年

17. 您认为阻碍您耕种更多土地的最大障碍是什么？

(1) 怕国家政策变动

(2) 自身经济实力不足

（3）没人肯把土地转包给您

（4）担心土地经营权（收益权）得不到有效保护

（5）没有好的土地开发项目

（6）担心农产品价格太低

（7）其他（请具体说明）：_____

18. 如果有人出很高的价格承租你的土地，您愿意租给他吗？

（1）愿意　（2）不愿意　（3）不知道

19. 如果您愿意，多少租金，您才愿意：_____元／亩／年。

20. 您希望租金如何支付？

（1）分年度以现金支付

（2）一次性以现金支付

（3）按一定数量的粮食支付

（4）以一定数量的粮食为标准，折合现金支付

21. 如果对方准备长期租您的土地，您是否会要求一个更高的租金？

（1）会　　（2）不会　　（3）不知道

22. 您认为，土地转包后，收益权能得到保证吗？

（1）绝对能　　（2）能　　（3）不一定　　（4）不能

23. 如果您已经能够通过务工经商或其他工作获得很高的、稳定的非农收入，您愿意放弃土地承包权吗？

（1）肯定愿意

（2）基本愿意

（3）不一定

（4）不愿意

（5）绝对不愿意

24. 如果您已经能够通过务工经商或其他工作获得很高的、稳定的非农收入，您会把土地抛荒吗？

（1）肯定会　　　（2）可能会　　　　（3）不一定

（4）不会　　　　　（5）肯定不会

五、土地股份合作

1. 您了解土地股份合作制吗？

（1）完全了解　　　（2）基本了解　　　（3）不了解

2. 如果要在本村实行土地股份合作制，您的意见是：

（1）赞成　　　（2）不赞成　　　（3）不知道

3. 本村是否已具备推行土地股份合作制条件？

（1）具备　　　（2）不具备　　　（3）不知道

4. 如果本村已推行土地股份合作制，你家入股了吗？

（1）已经入股　　　（2）没有入股

六、土地制度

1. 您认为承包土地的所有权属于（单选）

（1）个人（家庭）　　　　　（2）村民小组（生产队）

（3）村集体经济组织（大队）　　　　（4）村委会

（5）国家　（6）政府　（7）共产党　（8）不知道

2. 您在承包土地时所签订的承包合同中，发包方是谁？

（1）村民小组（生产队）　　　（2）村集体经济组织（大队）

（3）村合作经济组织　　　　（4）村委会　　　　（5）乡政府

（6）没有承包合同　　　　　（7）不知道

3. 您认为承包土地后是否拥有以下权利

（1）私下进行转让、转包、出租

①可以　②不可以　③给本村的可以，外村的不可以

④给本村民小组的可以，其他人的不可以

（2）经村集体同意后，进行转让、转包、出租

①可以　②不可以　③给本村的可以，外村的不可以

④给本村民小组的可以，其他人的不可以

（3）土地使用权进入土地市场交易

①可以　②不可以　③不知道

（4）把土地使用权进行抵押

①可以　②不可以　③不知道

（5）把土地承包经营权折价入股，进行土地股份合作

①可以　②不可以　③不知道

（6）如果自己不想种，把土地抛荒

①可以　②不可以　③不知道

（7）如果自己不经营，放弃承包经营权

①可以　②不可以　③不知道

（8）由子女继承

①可以　②不可以　③不知道

（9）户口变化后继续耕种土地

①可以　②不可以　③不知道

4. 您赞成农村土地私有化吗？

（1）赞成　（2）不赞成　（3）无所谓。为什么？＿＿＿＿＿＿

七、土地调整

1. 村里共进行了几次土地调整：＿＿次，其中大调整＿＿次，小调整＿＿次。

2. 您认为在今后 30 年内是否还会进行土地调整（多项）？

（1）肯定不会　　　　　（2）可能还会有调整

（3）肯定会　　　　　　（4）大调整不会、小调整会

（5）这完全由政府说了算　（6）这完全由干部说了算

（7）不知道

3. 您认为在今后 30 年内土地是否应该进行调整

(1) 应该进行调整

(2) 不应该进行调整

(3) 应该进行局部调整（小调整、大稳定）

(4) 无所谓

4. 如果您认为应该进行调整，那么多少年调整一次土地比较合适?
_____年一次，为什么? _____

5. 您如何看待"增人不增地、减人不减地"政策?

(1) 完全赞成　　(2) 基本赞成　　(3) 无所谓

(4) 不太赞成　　(5) 坚决反对

6. 您认为谁有权进行土地调整?

(1) 国家　　　　(2) 地方政府　　　(3) 村干部

(4) 村民委员会　(5) 村民代表大会　(6) 不清楚

7. 您认为村里作出土地调整的原因是（多项）:

(1) 中央政策规定　(2) 上级政府要求　(3) 部分村民要求

(4) 全体村民要求　(5) 村干部要求　　(6) 不知道

8. 在土地调整过程中，反对的村民多吗?

(1) 没有　(2) 极少数　(3) 有一些　(4) 比较多　(5) 很多

9. 您对村干部的评价是:

(1) 很好　(2) 好　(3) 一般　(4) 不太好　(5) 很不好

八、农地征用

1. 征地次数及数量

自 1995 年第 2 轮承包以来，村内被征地____次，共被征地_____
_____亩。最近一次征地行为中被征地_____亩。

2. 村内最近一次征地行为的目的是:

(1) 修建公路、铁路或飞机场（2) 建设学校（3) 修建灌溉设施

（4）修建加油站　（5）兴建开发区或工业园区　（6）兴建工厂　（7）城市住宅区扩建　（8）为了将来的工商业发展　（9）其他（请注明）：_____

_____

*3—7题　征地补偿

3. 在最近一次征地中，村集体得到了多少补偿？

（1）村集体获得了补偿　　　　（2）村集体没有拿到补偿

（3）所有补偿直接发给了农民　（4）不清楚

4. 补偿方式是什么？

（1）一次性补偿　　（2）分期支付

（3）有补偿，但目前还没有发下来

（4）没有补偿　　（5）不清楚

5. 全村农民都得到了补偿还是只有被征地农户得到了补偿？

（1）全村农民都得到了补偿　　（2）只有被征地农户得到了补偿

6. 被征地农户得到了多少补偿？_____%

平均补偿价格为_____元/亩或_____元/人。

7. 政府卖地的平均价格是_____元/亩。

*8—9题　对征地的满意度

8. 对于本村最近的一次被征地，你满意吗？

（1）非常满意　　（2）满意　　（3）不太满意

（4）非常不满意　　（5）不清楚

9. 对于不满意的原因（多项）

（1）补偿太低

（2）补偿不足以维持农民长期的生活

（3）农民失地之后没有合适的就业机会和收入来源

（4）土地的市场价格或者政府转手把地卖掉的价格远远高于补偿水平

（5）补偿的金额是政府单方面说了算，没有征求农民的意见

（6）大量的补偿被当地政府或者干部截留或者滥用掉了

（7）到时间应该付给农民的补偿现在仍被拖欠

（8）农民没有得到任何补偿

（9）其他原因（请注明）：＿＿＿＿＿＿

＊答题说明：如果土地被征用，请您回答以下第10—14题。

10. 在土地被征用后，政府提供就业技能培训（1）有　（2）没有

11. 您最希望的就业安排形式是：

（1）政府安置就业

（2）被征地单位安排就业

（3）自谋职业或自主创业

（4）其他：＿＿＿＿＿＿

12. 您的家人找到合适的工作吗？（1）有　　（2）没有

13. 被征地后您从事的主要工作是：

（1）工厂工人　（2）建筑装修　（3）绿化保洁

（4）服务员　　（5）司机　　（6）销售　　（7）保安

（8）自我就业　（9）村务管理　（10）短工

（11）其他：＿＿＿＿＿＿

14. 你没有找到合适的工作的原因是：

（1）没有专业技能　　（2）年龄偏大

后　记

　　人生路上总有如诗风景值得留恋，博士求学阶段更是令人回味。这一段路，苦闷和快乐并存，挫折与成功同在。今朝回首，师友亲人那一张张熟悉的脸庞在眼前闪现。在这不寻常的成长历程中，我一刻也离不开你们。你们的厚爱一直催促着我激流勇进、奋力拼搏。

　　当我将最后一个字码进电脑，既如释重负又百感交集。本书是在我的博士学位论文的基础上形成的。书稿得以完成，得益于恩师杨菲蓉教授对我的精心指导。从论文的选题到资料的收集，从构思到启笔，从初稿的撰写到字斟句酌的推敲，无不凝结着恩师的智慧和血汗，倾注着恩师的关切和期许。如果我有所进步，首先应当归功于恩师潜移默化的引导和悉心的栽培。恩师学识渊博又谦和宽厚，治学严谨又善于创新，诲人不倦又平易近人。为了磨砺提高我的能力，恩师多次指导我参与课题的申报和研究以及专著和教材的撰写。恩师指导论文一向严格，如果她认为学生写得不够理想，就一定要求继续修改，决不轻易拿出去。这不仅使我对研究充满了兴趣，而且养成了锲而不舍、精益求精的治学习惯。在论文修改的过程中，恩师为我指点迷津，虽寥寥数语却字字珠玑、一语中的，令我茅塞顿开。恩师不仅在学业上为我授业解惑，助我去谬存真，而且在生活上也对我呵护备至。感谢恩师！您的柔声细语让我倍感亲切、心怀景仰；您的谆谆教导使我获益匪浅、终生难忘。是您，使我领会了为学之道，对学术常怀敬畏之心；是您，使我感悟了为人之道，对生活常怀感恩之心。能成为您的弟子乃吾三生之幸！在学习和深造的过程中，承蒙各位老师教诲启迪，春风化雨，谨此深表敬意！叶煜荣教授生前一直激励我考博读博。李萍、郑永廷等名师讲授专业课程严谨睿智、鞭辟入理，让学子享受了一场场思想的盛宴、一次次精神的沐浴。钟明华、周全华、吴育林、孟庆顺、吴炜、温朝霞等各位导师在论文开题、写作和预审中给予细心的指导和宝贵的建议。博士学位论文答辩委员会专家陈金龙、郭文亮、叶启绩、袁洪亮和谢迪斌对论文给予的精心指导使我受益良多，为我日后的努力指明了方向。李文珍、刘燕、王丽荣、谭毅、黄晓星、马爱云、郑吴志、李安勇、黄寿松、罗嗣亮、樊莲香、钟一彪、林楠、欧阳永忠、吴素香、朱跃、杨云、凌春贤、戴怡平、姜建华、计琳、黄晨、李健飞、姜东国和杨成等老师和朋友们的热情鼓励和真诚帮助，是我人生不可或缺的财富，使我感受到人间真情的宝贵，为我的生活增添了缤纷的色彩。再次道谢，是你们使我在持续充实中日臻成熟，是你们使我的求学之路不再崎岖。在此我虽然无法一一列出你们的姓名，但感激之情深埋心底。

"嘤其鸣矣，求其友声"。同窗赵锦英、吴亚玲、朱映雪、曹春梅、奥田真纪子、邵发军、陈烯、武晟、贺希荣、练庆伟、黄修卓、夏志有、董伟武，总是急人所急，毫不犹豫地伸出援手。课堂上的听讲讨论，论坛上的交流激辩，无不令我眼界大开，收获颇丰。师姐刘娟和师妹刘霞不仅在论文写作上给予我启发，而且在工作和生活上给予我温暖。甘伟忠、万俊、孙天龙、蔡禹、雷兵兵和陈婷婷等兄弟姐妹给予我动力。石贵勇、谢蓉、丁香桃、贾汇亮、杜敏、范瑞、赵永清、李洪涛、马宁、王静芬、赵旭、余翔和谭一笑等学友的理解和关爱令人感动。一路有你们相伴，我才行走得顺畅踏实。你们的热忱时时激荡着我的心灵，你们的情谊是我一生的珍藏。祝愿你们竿头更进，成就自己的幸福人生。

广东省揭阳市惠来县农业局局长吴拓先生、揭阳职业技术学院的大学生志愿者、样本区乡镇的领导和村干部对本次农地制度改革调研给予热忱高效的支持和帮助。鞠躬！

不惑之年为解惑求真而学，非亲历难以体味。家人的给力为我构筑幸福的港湾。"父母之恩，云何可报，慈如河海，孝若涓尘。"我从一个懵懂无知的孩童成长为一名高校教师再到完成博士学业，养我育我的父母居功至伟。感恩双亲！姑翁的无私奉献和勤劳操持让家人得以安心敬业乐学。老人家的慧心巧手让我从家务中抽身出来投入工作和学习。能成为您们的长媳，是我的福分。爱人是我坚实的支柱。江郎才尽，因你及时点拨而豁然开朗；窘境造访，因你耐心开导而柳暗花明。有你撑起一片天，我的生活才更有滋味。女儿年年被评为"三好学生"。孩子的成长是我最大的欣慰。每念及此，常感温馨，又感歉疚，暗自思忖：学成之后，一定加倍用功。

需要特别指出的是，人民出版社的领导、专家和同志们对本书的出版给予了热忱的关心和大力的支持，尤其是责任编辑崔秀军先生倾注了大量的心血。诚挚感谢同志们的辛勤劳动！

本人工作和读博期间，得到本单位中山大学社会科学教育学院院长李辉、副院长林滨、龙柏林和沈成飞等领导的关怀和帮助。本书的出版工作得到学院领导的高度重视与倾力支持，受到本单位经费全额资助。对此，特表由衷谢意！

感谢学术界的前辈和专家，你们的丰硕成果是我汲取养分的沃壤。书稿即将付梓，书中肯定存在诸多不足和缺失，至祈前辈不吝赐教。提前感恩为本书的纰漏谬误之处予以批评指正的各位专家。

"生命是一个过程，事业是一种结果。如果你为了一个事业目标已经竭尽全力，最后即使没有结果，生命本身的丰富也是最好的结果。"借俞敏洪先生之语与友共勉，并祝愿天底下所有的学子都是"即将到来的日子"。

陈淑琼

2015 年冬于竹丝村